J. R. Commons and W. Wissler

コモンズ/ウィスラー
制度的経営学の追究

長坂　寛・田中一郎
［著］

文眞堂

はしがき

　このたび著者にとって懸案であった「制度的経営学」に関する本書が好運にも刊行される運びとなった。
　その萌芽は改めて思い出すと，学生時代に出会った占部都美教授稿「制度的経営学の方法——J. R. コモンズの制度的方法を中心として——」に触発されて，無我夢中で執筆した初論文に由来する。
　その後，クーンツ等の分類による経営過程学派等に研究の力点をシフトした時期もあり，さらに10年余にわたり企業経営に携わっていたために「制度的経営学」に対する関心が揺らぎはじめかけていた。
　しかし近年にいたり大学に職を転じたために，研究論文の作成と紀要等への投稿の機会がえられた他，有能な共同研究者との出会いや文献等の情報収集を享受できる環境にいることに気づいた。その結果，「制度的経営学」に再挑戦する形で執筆した論文が「初出一覧」に示した5編になった。
　本書の構成と特色は，およそ次の通りである。
　序章では，オリエンテーションを兼ねて，あえて著者の初論文等をベースにして全体像の解説を試みた。
　第1章のJ. R. コモンズに関しては，彼のプロフィールは勿論のこと，彼の主著の序論及び理論をいずれも弟子達の単独の論文を選び，その抄訳をあてた。
　第2章の「T. ヴェブレンとJ. R. コモンズ制度経済学の比較」は，J. R. コモンズの教え子レオナ・スピルマン博士の論文であり，J. R. コモンズ著 *The Economics of Collective Action* の編者序文にその旨が記されていることを発見したことによる成果である。
　第3章では，わが国の先達者が一様に「制度的経営学」の原点とみなしているW. ウィスラー著 *Business Administration* を後進の人々の研究の便宜を考慮して，特に重要と思われる「序論」と「結論」の他，6章に及ぶ抄訳を収録

した。

　第4章では,「制度的経営学の原点を繙く」ことを目標に論述した。その過程では, J. R. コモンズから W. ウィスラーへの影響度合いに注目した他, わが国の先達者が前記の W. ウィスラー著のみを制度的経営学の拠点にしていることに疑問を呈した。なお, それらを検証するために, W. ウィスラーの他の著作である「社内報（機関誌）の内容と構成の研究」と「業務監督と組織」の論文を参考までに収録した。

　このような形で寡聞にして本邦未公開と思われる論文を稀覯文献として紹介できた本書の出版は意義深いものと自負したい。

　終章では, 混沌とした状態にある制度学派経済学の動向に注目しつつ制度的経営学の発展に寄与するために W. ウィスラーに関する新たな研究視点を設ける必要性と抱負を述べた。そして本書が「制度的経営学」の研究終了報告ではなく, 研究続行中すなわち「研究追究」中であることを強調した。

　著者として配慮した点は, 本書が今後の研究者の糧となるように, 換言すれば資料提供も兼ねた一部「研究ノート」らしい役割を期待したことである。したがって, 本書の執筆中に去来したことは, いかに「研究テーマ」の選定とその「研究テーマ」に関連する広範囲な文献（情報）の収集が重要であり, それらが作品の優劣をきめる鍵なので真剣に取り組む必要があること。いうまでもなく,「研究テーマ」は日々の流行に流された浅薄なものではあってはならず, 地味ながら物事の核心をついた持続可能なものが望ましく, 長期間の醸酵によって一段と味わい深くなるものを選択すべきだと痛感した。

　「文献」に関しては, その質と量は論文自体に直接反映するだけに全力をあげて収集に取り組まなければならない。良質の「文献」探しには,“勘”と“運”も影響するので油断大敵であり,“温故知新”も忘れてはならないことである。

　さらに重要なことは,「文献」の読み込み, すなわち深掘りである。たとえそれらが日本文であっても, まして外国語の場合では難解な文字や表現方法が使用されているので, 簡単にその真意が摑めない場合がままあるものである。そのような場合には, 当然のことながら“読書百遍, 意おのずから通ず”の言葉通り繰り返し読むことを勧めるが, さらに要点の抜き書き, 引用箇所の書き

写し等を行い眼と手（書くこと）の方法が有効であることを経験上述べた。

　本書は以上るる記した通り，臥薪嘗胆という表現が大袈裟すぎるならば「継続は力なり」の成果として誕生したものとはいえ，大きな誤謬と独断を犯している恐れもあるので大方の忌憚のないご批判とご教示を頂きたいと切に願っている。

　本書の刊行にあたり，共著者である田中一郎教授の紙価を高めるほどのご尽力と出版を快く引き受けて頂いた斯界の雄といわれる㈱文眞堂の前野隆社長と山崎勝徳氏に対して，衷心より感謝の意を表したい。

2019 年（令和元年）初夏
長坂　寛

　　明日死ぬと思って生きなさい。
　　永遠に生きると思って学びなさい。
　　　　　　マハトマ・ガンジー

目　次

はしがき ………………………………………………………… *i*
初出一覧 ………………………………………………………… *vi*

序章　制度的経営学への接近 …………………………………… *1*

第1節　J. R. コモンズとの出合い ……………………………… *1*
第2節　W. ウィスラーに挑戦 …………………………………… *5*
第3節　60年ぶりに再会 ………………………………………… *11*

第1章　J. R. コモンズのプロフィールと彼の理論 …………… *14*

第1節　J. R. コモンズのプロフィール ………………………… *14*
第2節　主著 The Economics of Collective Action の序論 …… *21*
第3節　J. R. コモンズの理論 …………………………………… *30*

第2章　T. ヴェブレンと J. R. コモンズの比較とわが国先達者の受けとめ方 ………………………………………………… *63*

第1節　T. ヴェブレンと J. R. コモンズ制度経済学の比較 …… *63*
第2節　わが国先達者の受けとめ方 ……………………………… *75*
第3節　制度学派の主要理論 ……………………………………… *77*

第3章　W. ウィスラーの主著 Business Administration による所見 ………………………………………………………… *86*

第1節　序論と結論 ………………………………………………… *86*
第2節　アプローチの方法 ………………………………………… *107*
第3節　用語等の定義 ……………………………………………… *122*

第4節	労使関係	*131*
第5節	人間と機械	*139*
第6節	人的要因	*149*
第7節	管理的統制の定量化	*159*

第4章　制度的経営学の原点を繙く …… *173*

第1節	本書に見る J. R. コモンズからの影響	*173*
第2節	本書に対するわが国先達者の関心度	*179*
第3節	W. ウィスラーに対するわが国先達者の評価と要点	*181*
第4節	W. ウィスラーに関する新たな研究視点	*188*
第5節	検証のための W. ウィスラーの著作	*191*

終章　制度的経営学に関する研究の総括 …… *204*

第1節	制度学派経済学の現状と未来	*204*
第2節	制度的経営学を書き終えて	*208*

索引 …… *212*

【初出一覧】

「アメリカにおける所謂制度学派的経営学への接近」『松蔭大学紀要』第 14 号，2011 年 3 月，147-160 頁。

「制度学派的経営学における J. R. コモンズと彼の業績に対する所見」『松蔭大学紀要』第 16 号，2013 年 3 月，151-185 頁。

「制度学派的経営学に関する若干の考察と稀覯文献の紹介」『松蔭大学紀要』第 18 号，2015 年 3 月，179-195 頁。

「制度学派的経営学における W. ウィスラーの業績と彼に関する新しい研究視点」『松蔭大学紀要』第 19 号，2016 年 3 月，137-196 頁。

「制度学派的経営学の原典に関する研究─W. ウィスラー主著 "Business Administration" を繙く─」『松蔭大学紀要』第 23 号，2018 年 3 月，105-126 頁。

序章
制度的経営学への接近

第1節　J. R. コモンズとの出合い

　著者（長坂）が"アメリカにおける所謂制度学派的経営学"（以下，単に制度的経営学と称する）に始めて接したのは，1956（昭和31）年1月に出版された占部都美著『近代経営学』（白桃書房）によってである。同著書は382頁からなり，なかでも〔補篇〕「制度的経営学の方法—J. R. コモンズの制度的方法（Institutional Approach）を中心として—」（以下，本書では占部論文と称する）を読了したときの感激というべきか興奮は，六十余年たった現在でも忘れることができない程刺激的だった。
　当時のわが国の経営学の潮流は，第二次世界大戦前のドイツ経営経済学からアメリカ経営学へシフトしはじめた時期であり，アメリカ経営学はドイツ経営経済学に比べて研究の方法があっても学問の方法が顧みられない，すなわち，理論がなく実践の集大成にすぎないという見方や批判が大勢を占めていた。
　それだけに，アメリカ経営学の理論的バックボーンを潜在的に探し求めていた著者としては，制度的経営学がその役割を果たしうるのではないかと期待を抱いた次第である。
　占部論文を熟読後まもなく，日本橋丸善において偶然にもJ. R. コモンズの主著である *The Economics of Collective Action*（1951）を入手することができた。
　著者は占部論文と *The Economics of Collective Action* を手懸りに，「アメリカ経営学—制度学派的経営学とコモンズの思考—」（以下，初論文と称する）と題する約14,000字の論文を大学4年生の時に自発的に執筆した。なお，著

者にとって初論文ともいうべきものが経営学の泰斗・佐々木吉郎博士の目にとまり，経営書房発行の『経営セミナー』1958年6・7月号に掲載される幸運に恵まれた。

「アメリカ経営学―制度学派的経営学とコモンズの思考―」（初論文）は3部からなり，1部はアメリカ経営学の特徴について，2部は制度学派（Insititutionalism）および制度的経営学について，3部はJ. R. コモンズの思考を中心に論述したものであり，その概要は次の通りである[1]。

1部では「国際的共通財としてのアメリカ経営学」とはどのような特徴をもち如何なるものか，特にアメリカ特有の学的方法としての制度的経営学を研究するにあたり，当然その基盤であるアメリカ経営学についての予備知識が必要であると思ったからである。

そのために当時，経営の総合雑誌として権威のあった，財団法人日本証券投資協会発行の「PR（パブリック・リレーションズ）」"特集 アメリカ経営学総批判"などに掲載された諸先生の見解にもとづいて論述した。

2部の制度学派にはT. ヴェブレン（Thorstein Veblen），J. R. コモンズ（J. R. Commons），W. ウィスラー（Willis Wissler）などが属しており，さらにこの学派がT. ヴェブレンとJ. R. コモンズとの二つの学派に分かれているとされていることを紹介した[2]。

その上で制度学派の特徴を『経営学辞典』から拾い，次のように記した。(1) 時代時代の経済問題に対して，この学派一流の解答を与えること。(2) 問題を制度的にみること。(3) 取引（Transactions）を経済行為の基本的なものとみること。(4) 価値表現にも前述の各制度にしたがってresonable valueのresonableが異なり，稀少性，潤沢性，将来性等の意味内容も異なってゆくこと。個人活動よりも集団活動に重点をおき，その変化を真空管的にまたは純粋的にみようとするのではなく，なるべくありのままの政治経済，社会経済，法律経済，宗教経済等々の重なりあった，累積現象の中に前述の問題の本質や，その価値評価を求めようとすること，などである。

次いで，拙稿の執筆動機となった制度学派と制度的経営学との関係について指摘している重要な箇所の考察へと進んだ。

(1) 経済学の一派である制度学派が経営学で問題となるのは，その制度的方

法が経営経済学的方法の特質をもっており，社会科学的方法論としての制度理論を経営学の方法的基礎とする点にあると思う。
(2) 経済学の一派として制度学派が存在するけれども，それを制度的経営学として，アメリカ経営学の一派とみなすことはできない。
(3) アメリカに制度学派というものはあっても，制度的経営学という既成の体系があるとはいえない。また同じく，制度的経営学がアメリカに既製品として存在するわけではない。

2部のまとめでは，制度学派と制度的経営学の将来性について探ることにした。その結果は，次の通りであった。この学派が将来どのように発展するか，もちろん確乎たることはいえない。けれどもこういう事実がある。それは，今40歳ないしは50歳以上のアメリカ経営学者達は一様に制度学派に対しては疑惑の眼をもってみている。けれどもそれ以下の若手は，この学派の発展に期待をもって臨んでいる。第三者からみても，制度学派はこれからの学問であり，真にアメリカ的というにふさわしい学問となるであろうと思う。

以上は主として，占部論文と前記「PR」掲載の諸論文を中心に記述した。

3部ではJ. R. コモンズの思考について，彼の主著といわれている *The Economics of Collective Action* にもとづいて，(1) 集団行為（Collective Action），(2) 取引（Transaction），(3) 実効規律（Working Rule），(4) ゴーイング・コンサーン（Going Concern）とは何かをやや詳細に論述した。なぜならば，制度学派といわれている人々の多くは，人間の集団行為を考え，そこでは人々の取引がなされ，その間にやがて制度の産物としての活動のルール（実効規律）ができ，それが同一化することにより，やがてゴーイング・コンサーンが生まれ，これが経営学の対象となると主張しているからである。

1. 集団行為

J. R. コモンズの組織社会観は，個人行為よりも集団行為に重きをおく思考である。

現代は，集団行為の時代であり，20世紀における集団経済行為の主なものは，株式会社，労働組合，政党であるとしている。

経済学の創始者アダム・スミスが集団行為は独占であると非難し，また20

世紀はじめにはT.ヴェブレンは集団行為は、ただで何かを得るもの（getting something for nothing）であると非難したのであるが、彼等の非難の的となった集団行為は一方的（oneside）集団行為であり、団体交渉を内容とするJ. R.コモンズのいう双方的集団行為、すなわち「集団民主主義」とは異なることに注意を払わなければならない。

2．取引

J. R.コモンズは集団行為の根源形態であり、その構成単位である「取引」を次のような図表をもって分類を説明している。

なお、この図表に関連していえることは、近代大企業の主な利益の一つは、経営的取引（manegerial transaction）と配分的取引（rationing transaction）の範囲が拡大されることによって、交渉的取引（barging transaction）が排除されつつあることである。

取引の範囲	取引の種類／時の経過	(一)交渉的心理 （誘因・緊張・目的）	(二)将来の行為に対する責務 （協約・契約・義務・行為の規則）	(三)債務の履行 （管理・経営・主権）
	交渉的 （法的平等）	説得又威圧	行為と支払いの義務	価格と数量
	経営的 （法的不平等）	命令又服従	富の生産	
	配分的 （法的平等）	命令又服従	富の分配	予算 税 価格決定 賃金決定

3．実効規律

J. R.コモンズは、最も端的に彼の制度的方法を特色づけており、制度の産物とみられる実効規律を次のように定義づけている。「実効規律とは、集団行為の経営者または管理者が従属する個人の行為を響導する方法である」。

J. R.コモンズは実効規律を説明するにあたり、すべての経済的活動は交渉、取引、管理の三段階を通じておこなわれるとして、主婦が食料品商から馬鈴薯を買う場合、団体（集団）交渉、鉄鋼会社がロール・スチールを売る場合、さらに政府が税金を徴収する場合を例にあげて前記の三段階を説明している。

4．ゴーイング・コンサーン

　制度学派の人々が経営学の対象であるとしている，ゴーイング・コンサーンは組織である（A going concern is an organization）と定義している。

　換言すると，ゴーイング・コンサーンは，調整された活動の組織であり，調整された活動とは一般的な目的をもった集団行為であり，また一般的な実効規律によって規制された集団意思を意味している。この組織としてのゴーイング・コンサーンは，社会生活のあらゆる局面に存在しており，具体的には20世紀の主要企業形態になりつつある株式会社をあげることが出来る。

　企業（concern）は，集団行為を通じて生活費や利益を得る参与者がいる限りは継続（go）し，個人は離合集散するが，企業はもしもある形態でなければ，他の形態で継続するのである。このことから，J.R.コモンズのいう「制度」は「ゴーイング・コンサーン」であると結論づけられるのである。

第2節　W.ウィスラーに挑戦

　1958（昭和33）年大学院修士課程に進学，早速修士論文のテーマをきめる段階になった。

　著者は初論文が経営雑誌に掲載されたこともあり，継続性も考えて躊躇することなく，今度はW.ウィスラーの立場から制度的経営学をさらに把握してみようと，「制度的経営学の研究―W.ウィスラーの所説を中心として―」にした。とはいえ，W.ウィスラーに関連する文献は見当たらず，彼の主著といわれている *Business Administration* すら母校の図書館の蔵書にはなく，某大学図書館に特別長期借用をお願いして活用させて頂いた始末であった。

　事実，1966（昭和41）年10月に出版された『アメリカ経営思想批判』（未来社）において，三戸公教授でさえこの時点で次のように述べておられる。

　「W.ウィスラーに関する研究は古川栄一『アメリカ経営学』（経林書房，1959年）以外に見当たらなかったが，最近二つ発表された。一つは村本芳郎教授の「ウィスラーにおける制度的接近について」（日本経営学会 第35回大会年報『貿易自由化と経営学の諸問題』所収）であり，いま一つは，北野利信

教授『アメリカ経営学の新潮流』(評論社) である」。

そのような経緯を経て執筆した修士論文は約40,000字に及び,その目次は次の通りになった。

　第1章　序論
　第2章　アメリカ経営学の特徴と問題点
　第3章　プラグマチズムと制度学派
　　第1節　プラグマチズム
　　第2節　制度学派
　第4章　W.ウィスラーの所説を中心として
　第5章　W.ウィスラーの業績に対する評価と制度的経営学の今日的意義
　第6章　結論

なお,本節では紙幅の関係から第1章「序論」と第4章「W.ウィスラーの所説を中心として」のみを要約すると以下の通りとなる。

第1章「序論」では,第二次世界大戦の結果,敗戦という莫大な犠牲を払いながらアメリカ経営学に関する文献をはじめ多数の情報の入手によって,わが国の経営学界は大きな影響を受けるに至った。その最たるものは,学問としてのドイツ経営学とアメリカ経営学に対する評価,もしくは見方の違いである。すなわち,従来はドイツ経営学の所謂学問的方法とか体系を重要視する反面,アメリカ経営学は単なる知識の集積であり,それらは資料としての利用価値しかないものとして取り扱われがちであったわけである。再言すれば,ドイツ哲学的思考にもとづくドイツ経営学の方法論を正しいとして,実践性を尊ぶアメリカ的学風を蔑視していたのである。

しかし,その後,アメリカ経営学においても経営学各側面の個別的研究がますます精彩を加えられたと共に,所謂経営学の方法とか体系とかについても留意するものが増加する傾向がみられるようになってきた。その代表として,マーシャル (L. Marshall) の思考をあげることができるだろう。彼 (マーシャル) は,企業経営活動の領域を拡大し,生産と販売とその管理からなる内部作業と組織,相互関連,割当,釣合いからなる外部作業を併せて考える必要があるといっている。また上記との関連から,経営者の生活を制度的生活 (Institutional Life) であるとして,特別の人を除いては,そのあるところの制

度的生活の条件下で活動せざるをえないと述べている。
　これらマーシャルによって示された全体的に一つの纏（まとま）りをもった経営学の一型式を一層明確理論的に形成しようとしたのが，W.ウィスラーの *Business Administration* であるといえるのではないか。したがって，マーシャルと共にアメリカ経営学の理論化に貢献したといわれ，また前述したマーシャルの「制度的生活の条件下の経営生活に言及した経営学」をさらに発展させたW.ウィスラーの経営学を研究する必然性は高まるばかりである。
　W.ウィスラーの経営学とは何か。簡潔には次のようにいわれている。
　「J. R. コモンズの思考を基礎として経営学を体系化し，J. R. コモンズの学説に従って，制度主義経営を理論化したところにW.ウィスラーの経営学の新しい特徴がある」。
　彼の主著によって，「アメリカにおいても，経営学の方法とか体系化とかについても留意するものが増し，経営学の学問論が両者の間に相違はあってもドイツ経営学の独占物ではなくなってきた」といわしめるようになったと，一般に認められているようである。
　ここに至って，所謂学問的方法論，あるいは体系化が欠如していたアメリカ経営学に対して，W.ウィスラーが制度的方法，特にJ. R. コモンズの思考にもとづいてアメリカ経営学の体系化を試みた，所謂「制度的経営学」を彼の主著 *Business Administration* にもとづいて考察する意義を見出すことが出来るのである。
　第4章の「W.ウィスラーの所説を中心として」では，彼の主著といわれている *Business Administration* にもとづき，修士論文の中核をなす部分を次のように論じた。
　その要約を示すと，W.ウィスラーは「経営管理への制度的接近」という立場をあきらかにした上で，経営学は「人間の満足と福祉」とに関する故に，心理学，社会学，経済学などの社会科学に関連しているが，特に企業本来の関心事に関連が深いという。
　しかし，企業はあくまでも企業（Business is Business）であるので，その主要な関心事は企業の利益でなければならない。企業の成功は，一般に公衆（the public）と呼ばれる人々の同意に依存している。したがって，企業にとっ

て必要なことは，社会的勢力と規律に対して，大いに敏感でなければならない。このように企業と社会的関係とを強調するW.ウィスラーでさえ，企業の主要な関心事はその利益であると明言していることは注目に価する。その上で，社会的集団的行為を重要視して，人間は誰一人として自分一人だけで生活できる者はいないとして，J. R. コモンズのいうところの実効規律（Working Rule）の一例として説明している次の箇所を引用している。すなわち，「いかなる個人といえども，他の個々人または個々人の集合体がどのようになしつつあるかを考えることなしに，生活資源を稼ぎまたは富を積むことはできない。各人は自発的または強制的に多くの集団的統御の参加者の一人である」。

「経営の制度化における集団活動の重要性の増加について」W. ウィスラーは，チャールス・W. シャープ（Charles W. Schwab）の次の言葉を用いて説明している。「今日，個人の独力では，誰一人として大いに複雑多岐にわたる企業の経営方針とその管理を，具体化させることも，統制することも，あるいはまた支持することも出来ない。要するに経営は，制度化してきたからである」。

この経営の制度化については，J. R. コモンズの「『制度』は骨組ではない。それらは期待される行動の劃一性である」という言葉の引用からはじまりさらに詳しく述べている。

経営は，制度化の実際的内容である行動が，恒久性をもち，さらに予測されるようになってこそ，制度化されたといいうるのである。換言すると，これは，経営活動が，所有者の恣意や経営者の放逸な決定ではなされないときこそ，経営が制度化されたといいうるのである。

このような意味合いをもつ制度としての経営は，それ自体の計画をもち，その計画通りに行動するようになる。

経営自体がもつ計画は，何に起因するかといえば，その内部にいる人々の「精神」に依存している。計画化する「精神」の実体である経営者は，恣意的に行動するのではなく，制度としての経営が必要であるとする立場から自分の方向を導くようになってくる。このような経営者は，終局的には，自分が裁量する範囲が徐々にせばめられていき，経営者は「お飾り者」（Figure Head）もしくは「ゴム印」（Rubber Stamp）の代用にすぎなくなるだろう。

「制度化された経営において，経営者は終局的には『お飾り者』もしくは

『ゴム印』の代用となる」という，このユニークな表現のみから組織と経営者の関係を考察すると，いきおい「組織」の過大評価と「経営者」の過小評価に陥る可能性がでてくる。しかし，W. ウィスラーは，この点に関して，ともすると見落とされがちなのであるが，はっきりと興味ある考えを披瀝している。

それによると，「組織は，静的な物である」(An Organization is a static affair)。その意味するところは，組織は全能力をもっていることは事実だが，しかし，経営者がその組織の中に経営するという生命の呼吸を吹き込むまでは，それ自体には自動力がないと主張している。

「集団行動との関連におけるリーダーシップについて」においては，集団行動とリーダーシップは，近代社会の一対の柱であり，経営管理の諸原理，技術，統計にいずれも関連があるという。

その実体であるリーダーを次のように定義している。

(1) リーダーは，権限を生ずる。
(2) リーダーは，計画を立てる。
(3) リーダーは，部下に命令する。

さらに，リーダーを努めようとする理由を社会学者のルドルフ・バインダー (Rudolph Binder) の考えを引用して，次のように説明している。

すべての個人は，自己完成を望んでおり，またすべての個人は，無二である。個人が完成を目指すためには，他の多くの人々に依存しなければならない。そのために集団の利益に対しては，高度の忠誠心を持っている。さらに加えるには，彼は，集団の中に経済的な満足を大いに得られるような新しい型の活動を見つける。そのような人は，リーダーになる素質を持っている人である。実際問題として，知識だけがリーダーシップの能力とは思えないが，企業経営において，科学的なリーダーシップを有するためには，知識がぜひとも必要であると補足している。

「企業経営における専門経営者の必要性について」では，次のようにいっている。

生産はもはや華々しい冒険であるとは考えられなくなった反面，難しい科学となってきた。このような時にこそ，理想的なリーダーとは如何なる人か考えてみる必要があろう。

経営者にとって，経験，直感および決定は依然として価値あるものだが，それだけでは充分ではなくなってきた。というのは，経営の諸問題が今や複雑になってきたからであり，経営者と相並んでジェネラルスタッフさえ必要になったのである。具体的には，個々の問題は，各人の技術にもとづいて，個々別々に研究されてその後に問題に応じた範囲内で調整されなければならなくなったからである。このような状態から専門的経営者が必要となり，その誕生も存続も可能であると主張している。

W. ウィスラーは，「ゴーイング・コンサーンとなる組織の発展について」という見出しのもとで，適切なゴーイング・コンサーンとなる組織とは，次のように段階的に発展したものだとしている。

(1) 企業を統制すべき組織的な目標と執行方針を設定すること。それらの中心的な目的は，すべての計画とすべての行為を照会することである。
(2) このような組織的な目標と執行方針とを明確，完全，かつ権威ある公式に発表すること。
(3) この方針を効果あらしめるために，機械を創造すること。
(4) 機械を動かすために計画と手法とを考えること。
(5) 計画を実行するために，経営者を選抜すること。
(6) これらの少数の執行者を用いて集権的な経営を効果的に執行統制を行い，計画を遂行すること。

今にして思えば，著者は1950年代当時，制度的経営学やJ. R. コモンズ，W. ウィスラー等に関する文献が少なかったにも拘らず，臆面もなく初論文や修士論文にそれらをとりあげたばかりに大変苦労する結果になった。なぜならば，今日のようなインターネットによる検索システムはなく，他大学の紀要を閲覧したり請求する方法も知らず，またその知恵もないまま，ただひたすらに占部論文とJ. R. コモンズの *The Economics of Collective Action* とW. ウィスラーの *Business Administration* の原書のみを頼りに執筆する状態であったからである。

第3節　60年ぶりに再会

　約60年前に執筆した初論文と修士論文をこの機に及んで再検証しようと考えるにいたった経緯を記すと次の通りである。
　その一つは、当時の文献不足を口実にできるとはいえ、学生の分際で「制度的経営学」に挑戦してしまったという思いがあったので、いつの日にか、整然とした問題の核心をついた論文にするために「補稿」を作成したいとの思いがあったこと。
　二つめは、教師という現在の立場から本人が執筆したということはさて置いて、これらの論文をどのように評価し、また加筆、修正などの作成指導をすべきであろうか、ということであった。
　前者に関しては、考察のレベルはともかくとしても、J. R. コモンズにはじまり W. ウィスラーの所説を追いかけた流れからいえば、当然のことながら制度的経営学の学祖といわれている T. ヴェブレンに関する研究へと進むのが順序であろう。否むしろ、新たに制度的経営学に関する研究計画を立案するならば、アメリカ経済学における制度学派と共に T. ヴェブレンから取りあげるのが妥当であろう。
　しかし、1950年代当時、T. ヴェブレンに関する文献が少ないばかりか、英語の堪能な教授でさえも T. ヴェブレンの英語はノールウェイ訛（なまり）もあり、哲学者特有の表現も多く難解であると敬遠ぎみであった。そんなこともあり、多少時間的余裕ができた時に取り組もうと後まわしにしていた。
　とはいえ、60年余という長期間、潜在的には制度的経営学に対する関心は持ち続けていたらしく、知らず知らずのうちに入手していた関連文献は初論文と修士論文に引用した文献以外では、下記の通りになっていた。
　そこで、こららの文献を中心に改めて制度的経営学に関する論文を執筆するために研究計画を立ててみると、およそ次のようになった。

Ⅰ　制度学派経済学の興隆（又は発展と現状）

　本章は主に小原敬士著『アメリカ経済思想の潮流』（勁草書房，1951 年），第 7 章「制度学派の発展」と都留重人著／中村・永井・渡会訳『制度派経済学の再検討』（岩波書店，1999 年）にもとづいた考察を論述する。

Ⅱ　アメリカ経営学の特質

　本章は戦後いち早く執筆されたと思われる 1946 年 9 月 6 日執筆完了の古川栄一稿「アメリカ経営学の特質」を中心に論述する。本稿は東京商科大学産業能率研究所『アメリカ経営学研究』（経営評論社，1948 年）収録。

Ⅲ　T. ヴェブレンの企業論

　T. ヴェブレンについては，J. A. ホブスン著／佐々木専三郎訳『ヴェブレン』（文眞堂，1980 年）と T. ヴェブレン研究の本邦第一人者である宇沢弘文著『ヴェブレン』（岩波書店，2002 年）の 2 冊，彼の企業論については，T. ヴェブレン著／小原敬士訳『企業の理論』（勁草書房，1965 年）と戦後いち早く執筆されたと思われる 1946 年 8 月 31 日執筆完了の桜井信行稿「ヴェブレンの企業論」を直接参考にして論述する。なお，桜井稿は前記の古川稿と同一書に収録されている。

　さらに必要に応じて，大正時代にすでに翻訳，出版されている T. ヴェブレン著／大野信三訳『有閑階級論』（新光社，1924 年）と T. ヴェブレン著／猪俣津南雄訳『特権階級論』（新光社，1925 年）を参照する。

Ⅳ　J. R. コモンズの集団行動の経済学（J. R. Commons, *The Economics of Collective Action*, 1951）

　本章は J. R. コモンズ著／春日井薫・春日井敬訳『集団行動の経済学』（文雅堂書店，1958 年），前記小原敬士著，pp. 202-212 を詳細に読み，初論文に加筆，修正して完全性を高める。

Ⅴ　W. ウィスラーの事業管理論（Willis Wissler, *Business Administration*, 1931）

本章は北野利信著『アメリカ経営学の新潮流』（評論社，1963年）収録の第3章「ウィッスラーの動的経営組織論」，古川栄一稿「ウィスラーの経営学説」（一橋論叢59巻4号，1968年4月1日），田代義範著『経営管理論研究』（有斐閣，1970年）収録の第7章「制度的管理論―ウィスラーの管理論―」および村本芳郎稿「ウィスラーにおける制度的接近について」（経営学論集，34号，日本経営学会，1962年10月30日），三戸公著『アメリカ経営思想批判』（未来社，1966年）収録の第1章，序説「〔補〕ヴェブレンからバーリ・ミーンズまで」により修士論文を補修する。

Ⅵ　アメリカにおける制度的経営学
　本章は上記第1章から第5章を通して，アメリカにおける制度的経営学を体系的かつ明解に論述することを目標とする。その結果，制度的経営学が及ぼした影響力，貢献度などの歴史的意義と現代社会での経済・経営への反映などを考察する。

　以上，制度的経営学への強い思い入れにより改めて研究の構想と意欲の一部を示してみたが，ある著名な哲学者が"ハイデガーを解明するのに三十余年を要した"と述懐されていることの轍(てつ)をふむ思いである。

注
1) 初論文に引用した文献は文中に記載の通り，主として J. R. Commons, *The Economics of Collective Action*, 1951, 占部論文, ㈶日本証券投資協会発行の「PR」"特集 アメリカ経営学総批判"掲載の諸論文である。修士論文は前記のほかに Willis Wissler, *Business Administration*, 1931 を加えたものである。
　　当然のことながら初論文および修士論文には，それぞれ引用箇所は明記してあるが，本書ではそれ自体を素材とみなして省略することをお断りする。
2) 本書におけるこの3名の表記に関しては，原則として，引用文も含め T. ヴェブレン，J. R. コモンズ，W. ウィスラーに統一した。ただし，書名，論文タイトルは原名のままとする他，W. ウィスラーに限りウィッスラーという表記は当該著者（訳者）の意図を忖度して原文のままとしてある。

第1章
J. R. コモンズのプロフィールと彼の理論

第1節　J. R. コモンズのプロフィール

　ここに記載する「ジョン・ロジャーズ・コモンズ」は，J. R. コモンズ教授の弟子の一人であるウィスコンシン大学教授セリッグ・パールマン（Selig Perlman）が，『アメリカ経済評論』（*American Economic Review*）1945年9月号に発表したきわめて見事な伝記で，*The Economics of Collective Action* に収録されているものの邦訳である。

ジョン・ロジャーズ・コモンズ
　J. R. コモンズは，1862年10月13日にオハイオ州ダーク郡ホランズバーグ（Hollandsburg, Darke County, Ohio）で生まれ，1945年5月11日にノース・カロライナ州ローリーで，82歳で没した。
　彼は，オーバリン大学（Oberlin College）とジョンズ・ホプキンス大学（The Johns Hopkins University）に学び，ウェズレイヤン大学（Wesleyan University），オーバリン大学，インディアナ大学（The University of Indiana），シラキュース大学（Syracuse University），ウィスコンシン大学（The University of Wisconsin）で教鞭をとった。
　経済分野における彼の独創的な研究の成果は枚挙にいとまがなく，あたかも広範な内容を網羅した教科書の目次を見るようである。すなわち，価値と分配，経済思想史，公益事業体，移民，住宅問題，労働法，社会保険，労働組合主義と産業政策，労働史，独占価格，指数，景気循環と安定，関税といった分野で業績を残している。これに加えて，彼は政治科学の分野においても，公務

員と行政，地方行政，比例代表制に関する研究の成果を残している。

　J. R. コモンズは米国労働史の創造者であった。ただ，この分野での研究は，彼の恩師であり，彼に研究を始めるきっかけを与えたリチャード・T. イリー (Richard T. Ely) によってすでに行われていた。J. R. コモンズは1904年，イリーにウィスコンシン大学に招かれ，そこで教鞭をとりながら，『米国産業社会実録史』(Documentary History of American Industrial Society) を著わした。この実録史は1909年から1911年までの間に11回に分けて発表された[1]。J. R. コモンズはウィスコンシン大学で30年間教えた後，大学を辞めた。しかし，大学を辞めてから死去するまでの10年間，彼は着実に研究とその成果の出版を続け，行政組織で働く教え子や，研究生活を送る教え子と緊密な関係を保った。

　彼は，マッキンリー大統領によって設立された産業委員会，ウィスコンシン産業委員会（1911〜13年），米国産業関係委員会（1913〜16年）といった公的組織と職務上の関係を持った。また，1923年にはリプリー (Ripley)，フェッター (Fetter) 両教授と共に西部4州を代表して，ピッツバーグ・プラス事件に関して開かれた連邦取引委員会の会合に出席した。この事件は，USスチールによる価格差別に関する事件である。さらに彼は，ミルウォーキー市に初めて社会主義の市長が誕生した1910年から1912年の間に同市に経済能率局を設立し，ここの責任者となった。

　非公式な組織との彼の関係も同様に多彩であった。今世紀（20世紀）の初頭には彼は，全米市民連合 (National Civic Federation) のために使用者と労働組合員の間の協定を推進した。1906年と1907年には同連盟のために，公益事業体の運営の公共的側面と民間的側面を調査した。この2年間に彼はまた，他の研究者と共同で，ラッセル・セージ財団 (Russel Sage Foundation) のためにピッツバーグの鉄鋼業界における労働条件の調査を行った。さらに1909年には，ウィスコンシン州マディソン市にある彼の大学の研究室の一角で，米国労働立法協会 (American Association for Labor Legislation) が誕生した。1924年から1926年まで彼は，シカゴの衣料産業の任意失業保険制度の会長を務めた。また彼は，アメリカ経済学会 (American Economic Association) の会長 (1917年)，全米経済研究所 (National Bureau of Economic Research)

の副所長（1920～28年），全米通貨協会（National Monetary Association）の会長（1922～23年），それに全米消費者連盟（National Consumers League）の会長（1923～35年）を務めた。

　J. R. コモンズは米国議会の委員会に何度か出席しているが，その中でも特に，1913年に出席した委員会で，州際通商委員会による鉄道会社の物的評価を求めたラフォレット（シニア）法案を支持して意見を述べたのが内容的に最も広範に及んだものであろう。J. R. コモンズとラフォレットとの親密な関係は，1905年に当時ウィスコンシン州知事であったラフォレットがJ. R. コモンズに公務員法の草案作成を依頼したときから始まっていた。1907年には彼はウィスコンシン州の公益事業法も起草している。

　J. R. コモンズの学者としての最大の貢献は恐らく，経済制度のライフ・サイクルを取り扱ったことであろう。彼は経済制度を「個人行動を統制する団体行動」と定義した。彼は言葉や理論が「独り歩き」することを嫌った。彼は，人間の動機が無数の結合となって現れることを経験によって知っていた。そのため彼は，ブルジョアジーとプロレタリア，専門家と事業家のように大くくりにして比較することの意味を疑っていた。そしてこのようなものは大英博物館や大学の研究室でしか通用しないと感じていた。今の社会はあまりにも複雑で大まかな表現では説明できないと，彼は考えていた。そして実験者の想像力を持ち，苦労を厭わず，疲れを知らない慎重な研究者の力が必要であると感じていた。彼は「印刷工組合」の会員として早くから関わりを持っていた労働制度の研究から始めた。

　J. R. コモンズは，高い社会的地位と教育のある助言者たちの援助を仰がずに労働者たちが考案した制度—すなわち労働組合や協同購買組合，協同作業場など—に特に注目した。彼は，これらの無学の政治家—これはウェッブ（Webb）の言葉であるが—の足跡を辿ることに楽しみを持った。彼らが試行錯誤を繰り返した結果，これらの組織が確固たる基盤を築くに至った。そしてこのような運動の研究者として彼は，下から湧き上がったこれらの創造力が，使用者や救世主的インテリ，政府といった外部からの支配とは相容れないものであることを知った。

　J. R. コモンズにとって，労働者たちは，「歴史」と呼ばれる女神がこれから

造り出そうとする新しい社会の抽象的な歯車ではなかった。彼らはむしろ，その人生においてより高い生活水準とより強い自尊心を持ちたいという正当な野心を持つ具体的な存在であった。いずれの目的も，民主国家における労働者の地位を得るとともに，仕事と職場における市民権を獲得することで，主に実現しうるものと，彼は考えており，労働者たちも同様に考えていた。自己決定権を持つ存在として労働者とその運動は，独自の目的と価値観を定めることができ，彼らの仲間から選ばれた指導者によって定められた目的を遂げるために，彼らが進むべき道について知識人から専門的助力を求める権利もあった。もし労働者の諸目的が相矛盾するものであれば，知識人はそれを知らせてやるべきである。もし労働者の目的が社会の利益とならず，従って最終的に彼ら自身のためにならないとすれば，知識人はまたそれを教えてやるべきである。知識人は特に社会地勢学の専門家であり，かつ団体行動の熟練した予測者でなければならない。

　J. R. コモンズは，このような独断的でない知識階級と，苦闘する運動との間の有益な相互関係を過去の歴史に当て嵌めた。彼はこうして，集団慣習と慣習法との間の相互関係，新たな社会階級の台頭，そして認知されるための彼らの苦闘についての興味深い学説を打ち立てることになった。『資本主義の法制的基礎』(*Legal Foundations of Calpitalism*) において，彼は「地代交渉」をめぐる闘争で，貴族たちがいかにして英国王を包括的土地所有者から，彼らの代表と王との間で交わされた集団的契約によって定められた地租の受取人の地位へ押し下げたかを述べている。同様にして英国の商人は，定期市における臨時市場裁判所の法廷に参加することによって，彼らの商習慣を裁判長に押しつけるようになった。判事たちはこれによって彼らの無知が埋められると喜んだ。このように，始まりは，印象的なものではなかったが，英国国家に対する商人の重要さが増すことをより認識するようになった判事たちと，新しい状況の変化に適合する慣習を絶えず造り続ける商人階級との間の数世紀に及ぶ交流により商法が生まれ，最終的に慣習法に組み入れられた。このように意義のある結果を生み出したのは，商人階級による不断の働きかけ，下からの圧力をあえて吸収し，彼らを失望させまいとする独断的でない知識階級（すなわち判事たち）の姿勢，そして最後に，法の流れの視点から慣習のどれを受け入れ，

どれを受け入れないかを決める司法によるふるい分けである。ここでは，「財産」を単に「物理的」なものだけでなく，「無体」および「無形」のものをも含むという考え方が取られている。

　J. R. コモンズは，晩年において，米国の判事たちが労働運動の慣習—すなわち適正賃金や標準労働時間，ユニオンショップ，年功序列—を英国の先輩たちが商習慣を扱うのと同様に扱うのを見て喜んだ。彼は初期にはオーストラリアの仲裁調停裁判所の政治的資質に大いに印象づけられた。ただ，彼が感銘を受けたのは労働争議の強制調停の制度についてではなかった。我が国の政府の「知識人」が独断主義から転換したのは産業界と公務員の労働運動がニューディールの追い風の中で勢いを得てからである。これらはすべて J. R. コモンズが考える社会変化の方向と一致するものであった。

　こうして階級闘争に関する J. R. コモンズの考えは発展していった。それは，新興グループが旧来の階級を一掃してしまう闘争でもなければ，旧来の階級が支配していた社会構造を倒壊させるためのものでもない。それは，新興階級の慣習のための住居として新しく広大な別棟を古い建物に付け加えるための努力であった。このような「階級闘争」は，ある人々にとっては，目的は惨めなほど限定されているように見えるかも知れないが，その精力的な特性については何ら惨めなところはない。そして，世の中に認められるために先駆者として闘った人々は，最前線で歴史を造り出した人々でもある。J. R. コモンズは，知的民主主義者の一人としてサミュエル・ゴンパーズ（Samuel Gompers）を非常に尊敬していた。ゴンパーズは，「米国労働者連合」が自らの下で崩壊するのをとめようとして，米国の労働運動についての学説を展開した人物である。

　J. R. コモンズの知的民主主義は，彼がインタビューする際に最もはっきり表れた。彼のやり方は決して「節度の技術」を用いるものでもなければ，無知を装い相手のエゴに訴えて情報を引き出そうとするものでもなかった。それは本当の模索であった。はっきりした目的を持たず，ある質問をしてはまた別の質問をするというやり方であった。インタビューされた人々にとって会話が退屈でなかったのは，J. R. コモンズが，回答者の問題が個人的な悩みにとどまらず，すべての真剣な質問者にとっての一般的な関心事でもあり，かつ非常に

有益なものである，との確信を持ち，強い熱意でインタビューに臨んだためである。また，数時間後に発された一つの質問あるいは一連の質問が単に問題全体の根幹に触れたものであるだけでなく，これらの質問によって，最初の頃の手探りがほとんど無駄な動きのない秩序だった探求だったことが，あたかも奇術を見るように明らかになったこともあった。それが問題のより深い理解と，新鮮で有望な解決策の提案につながるのである。傍観者にとっては，洞察力と理性がともに働く興味の尽きないショーである。

　J. R. コモンズは真の節度と類まれな知的勇気を合わせ持っていた。多くの事実資料に関していくつかの仮の解釈があり，そこから唯一の解釈と思われるものがおぼろげながら現れた場合，（その解釈を認めることで）自分の評判を落とすことを彼は決して恐れなかった。学者が持つ慎重さを過度な評価だと考える風潮の中で，彼は正確さを追求することを厭わず，正確さを尊重していた。J. R. コモンズは疲れを知らない研究者で，朝は四時に起きて働いた。彼の共同研究者は，彼が原稿に引用の誤りを一つ見つけても，自ら全巻の原稿を原文に照らしてチェックし直していたことを知っていた。

　恐らく J. R. コモンズの最も大胆な理論的業績は，『米国産業社会実録史』第七巻および第八巻の序文である「米国製靴業者，1648年～1895年」であろう。この研究において彼は経済構造の変化，「交渉する諸階級」の形成，および各階級の「交渉力」の変遷について並はずれた状況分析を行っている。彼は，スト参加者や「スト破り」，職長，「取引屋」が初期の労働不法共謀裁判で行った証言を基にこの状況分析を行った。これらの証人には，古生物学者が行うような再構築作業で後に経済の研究を行うことになる J. R. コモンズに研究材料を与えているという認識は全くなかった。

　J. R. コモンズは全ての人間は平等であるという理想に触発された社会研究者としてだけでなく，政治家としても偉大であった。実際，学者であることと実践的な政治家であることは彼において永久に分かつことのできないものであった。政治家として彼は，産業関係における民主的な目的は，どれほど善意の意図を持ち，よく訓練された官僚でも達成できないことを知っていた。目的の達成は，関係する組織全てによる自主行動によって可能となり，政府は援助するのであり，支配するのではないという認識を持っていた。彼はまた，弱

者の団体を祭り上げることもしなかった。彼は自身を「一般人」と考えていたが，使用者団体や工業家協会などの，より恵まれた地位にある団体を軽蔑することもなかった。これらの人たちが労働安全や労災補償，婦女子労働時間短縮などについて立法委員会で妨害したときには，彼は大いに彼らと争った。しかし一方で，彼らの力を利用し，労働組合の側に立って，制定された法律が効率的に執行されるよう努力もした。

政治的に保守派に属するいくつかのグループにおいて，制定された法律を意義あるものとするため彼は個々人に高い目標と水準を求めた。彼はこうしてすでに35年も前に，今日の発見とされている，いわゆる「農奴への道」問題に取り組んでいた。そして彼は，政治手続きの官僚化に対する効果的な防止手段として，関係グループの指導者による「諮問委員会」の設置を考え出した。

大学院生および大学生の教師として，また激励者としてJ. R. コモンズは米国で最も偉大な人物の一人である。J. R. コモンズに接すると学生は偉大な人とともにあることを感じるが，決して萎縮することはなかった。それは，理論的観点の確認についてであれ，実行可能な仕組みの考案についてであれ，自分自身の考えが必要であることを，学生たちが感じていたからである。J. R. コモンズ教授は学生自身が出して来る考えを常に歓迎した。例えば，ゼミの一学生が提案した1911年の労働災害補償法における「使用者選出方法」を，彼は称賛した。この考え方は，以後長い間にわたりこの法律の合憲性を決める要となっている。実際に，自らの研究成果を学生や共同研究者の功績として認める彼の寛大さに，学生や共同研究者はいつも戸惑っていた。彼の寛大さと気遣いは学生の他の関心事や希望にまで及んだ。

J. R. コモンズには，我が国の学界や政府において重要な地位を占める者を含め何百人という教え子がいる。そして，彼らが今日あるのは，絶えず彼らを優しく激励し続けたコモンズ教授夫妻に負うところが大きい。メンドータ・ビーチ (Mendota Beach) の近くにある夫妻の家では毎週「金曜の夜の集い」が開催され，教え子たちが集まった。その数が60人にも及ぶこともしばしばであった。教え子たちはそこで世界の著名な経済学者や公職者と会い，彼らの前で各自の研究分野に関する意見を発表する機会を得た。そして，「集い」に出席したことのある多くの公職者は今，この「集い」を，J. R. コモンズが「初

演説」を行った，非公式で打ち解けた雰囲気の「議会」として懐かしく思い起こすのである。

ウィスコンシン大学
セリッグ・パールマン

第2節　主著 *The Economics of Collective Action* の序論

　本節で紹介する「序論」("Introduction") は，*The Economics of Collective Action* の編者であるケネス・H. パーソンズ（Kenneth H. Parsons）が執筆したものである。
　彼は，この他に「編者序文」("Editor's Preface") および「J. R. コモンズの理論」("John R. Commons' Point of View") をも執筆している。

序論

　J. R. コモンズの生涯は，米国産業主義の発展の縮図である。彼は1862年に生まれ，印刷工として最初の仕事を始めた。その後，労働組合員，教師，研究者，行政官，そして政府に対する助言者といった，知性が求められ，影響力がある幅広い分野で活動した。彼は，ある状況において，戦略的要素を見つけ出し，事態の解決方法を考え出すことのできる，稀に見る能力を持っており，研究者として非常に優れていた。J. R. コモンズは，台頭する産業主義の実際の「現場」についての経済学的研究を通して，独自の包括的理論を考え出した。彼は米国の労働運動の発展をその揺籃期から見てきた。彼はまた，米国の資本主義産業の日々のメカニズムをよく理解しており，彼ほどこのことを理解していた大学関係者は少なかったであろう。彼はさらに，公益と私的利益のために考え出した「予測の保障」という方法で，荒れ狂う産業主義を安定させ，その進展を文明的な目標に向けるための計画の策定と行政機関の設立に，助言者，研究者，行政官そして最高の社会の考案者として参画した。これを通して彼は，集団行動と経済力が求められるこの20世紀において真に民主的な経済政策の基礎の確立に貢献する思考体系を作り出そうとした。

本書は彼の長い一生の総仕上げである。本書で彼は，彼が米国人の経済活動に対する関与的観察者として60年を通して展開した基本的な考え方を初めて分かりやすい言葉で説明しようとしている。彼の他の理論的著作である『資本主義の法制的基礎』(1924年，マクミラン）と『制度経済学』(1934年，マクミラン）は研究論文であり，本書は解説書である。

　しかし，J. R. コモンズにとっては，解説もまた創造である。彼は経験という縺（もつ）れの中から論点の糸を引き出し，体系的主張という織物を織ることで，自らの考えを修正し，作り変えた。彼が晩年に大きな関心を持ったのは，二つの問題—というよりむしろ一つの問題の二つの側面—である。そしてこれが本書の特徴となっている。すなわち，(1) 自然科学と社会科学の根本的な差異と，(2) 評価を判断の一側面と見ることの必要性である。この二点についての彼の考えは，初期の著述において述べられている考えを大きく進展させたものである。

　そのためこの最新作は，論理的にはJ. R. コモンズの考えを理解できる初めての書物ということになる。本書においては，彼の考えの基となる諸要素が，彼が識見を得た様々な問題と経験に関連付けられ，体系的に述べられている。

　J. R. コモンズは，1905年頃にウィスコンシン州の労働災害問題に取り組んだときに，研究者としてまた社会考案者としての天分を発揮した。産業界は雇用条件についての使用者と労働者の間の激しい衝突によって分裂していた。労働災害についての対立が特に激しかった。労働環境は危険で，しかも災害に対する法的責任は慣習法の過失の原則によっていた。災害が使用者の過失によるものと裁判が認めたときは，普通は会社の職長または監督者が逮捕されたり，時には懲役刑を受けたりするだけであった。株式組織は法の届かないところにあった。

　J. R. コモンズは早くから鉄鋼産業で安全工学を応用する可能性に強い関心を持っていた。ウィスコンシン州で彼は責任の有無にかかわらず労働者に傷害補償をし，これを経営者の費用とすることを提案した。また，これと関連して彼は，機械に安全装置を取り付け，労働者と使用者の双方に「安全精神」を持たせることによって産業における事故を減少させることを提案した。彼は，安全の向上による生産増で災害補償の費用は十二分に賄えると信じていた。彼は

また，災害の責任に対する刑事告発を廃止し，会社には刑罰または義務として傷害の程度に見合った災害補償を行わせる案を出している。彼は「罰金は会社の財政に直接響くが，会社を刑務所に入れることはできないから刑法による処罰は会社にとって痛くも痒くもない」といつも言っていた。さらに彼は，使用者が自分たちの相互保険会社を作るのを支援した。これによって，労働者の安全を向上させ，使用者がそれに応じた利益を受けられるようにした。

　まず災害を調査し，それから恒久的計画策定のために適切な行政的手段を作り出すという経験は，J. R. コモンズの考え全体に強い影響を与えた。産業界のより見識のある人々が達成可能であることをすでに証明している目標の達成のために，労働者と使用者が共に努力することによって産業界全体の業績の水準を現実に上げることが可能だと彼は考えた。これが合理的価値という彼の考えの根底にあるものの一つである。違反摘発のために従来採用していた「警察官」の代わりに安全専門家を工場検査官として採用することによって，安全についての使用者の関心が高まり，検査官の業務に威厳を与えることになることを彼は知った。このことは，考えや意見がどのようにして紛争を解決し，互いの利益になる相互関係を作り出すことができるかを示したものであった。

　この経験によって彼はまた，経済力の重要性と，公私の目的を達成するために経済力をいかに活用すべきかについて深い理解を得た。初期の慣習法による刑事罰を，事故に関係した個々人に科すのではなく，経済的刑罰を会社そのものに与えることが望ましいという考えに基づき，彼は，どのような力をどの程度使えば会社の義務の履行を確保できるかについての概念を導き出した。また，安全綱領の立案にあたって産業界の各利害関係者に実際に参加してもらうためウィスコンシン産業委員会が様々な手続きを作成したが，これによって J. R. コモンズは，専門家による調査研究と，行政委員会の会員である代表的利害関係諸団体の意見を結び合わせることで，この 20 世紀の集団行動の時代に必要な国家の「第四部門」を作り出せるという優れた考えを導き出した。J. R. コモンズは，ウィスコンシンでの災害予防についての経験を，本書では「行政部門と民間管理部門の協力」(Cooperation and Public and Private Administration) 第 16 章—労資行政 (Capital-Labor Administration) という暗示的な題名のもとに論じている。

J. R. コモンズが1910年頃にウィスコンシン州のために公益企業法を立案した経験は，他のどの研究よりも彼の見地に影響を与えたようである。彼は，公益のための経済規制を可能にし，正当な法的手続きによって司法による「合理性」の判断を得られるような公的措置を講ずるよう求めた。この研究によって，J. R. コモンズと彼の学生は，今まで裁判で採用されていた経済原則を徹底的に研究することになった。この研究が熟して1924年の著書『資本主義の法制的基礎』となり，彼は「合理的価値」の分析をさらに進めることになる。

　「合理的価値」の研究において J. R. コモンズは裁判所の判決の分析を集中的に行ったが，彼の目的は評価に関する法理論の範囲を超えるものであった。彼は，人間の考え方で最も難しい問題――すなわち，真の利害の衝突のある状態において行動の評価と合意を両者共同で行うこと――に対する人間の意志の作用を研究するための社会実験の場を探し求めていた。

　彼は本書で評価についての考えを述べる中で，この経験について次のように語っている。「しかし経済学者が最終的に，銀行家と法律家の政治理論と，彼らの暗黙の評価理論の研究を始めた時，経済学者はその基礎が人間の意志（それが個々人のものであれ，組織化されたものであれ）全体と同じように包括的であることを見出した。従って，法律家にとっての社会実験の場，すなわち証人尋問と証拠調べを行う法廷において，法律家は自制または克己の力としての人間の意志に基づく行動の特質を探り，理解しなければならないということになる」（第11章「経済学者の価値学説」(The Economists' Theory of Value), pp. 164-191)。

　合理的価値に関するJ. R. コモンズの研究方法の中心となったのは，実際に文明を一歩一歩前進させ，特に衝突から相互協力へと導くような一連の行動を可能にするためのアイデアを得るのに人間の経験という巨大な宝庫を利用することであった。J. R. コモンズの考えは，職務の遂行とその評価を規定したワーキング・ルール（行動規範）に注目することによって初めて社会的価値を客観的に捉えることができ，またこのようなワーキング・ルールは正当な業績評価のためにより明確な内容とすることが可能であるというものであった。

　J. R. コモンズの知的生涯全体に共通して見られるのは，人間の意志を経済分析の領域に持ち込もうとする彼の努力であろう。1944年の夏に彼は「私は

50 年前に『意志の経済学』を考え出したが，当時私が追及していたものを誰にも理解してもらえなかった」と言っていた。彼は晩年，経済学者が，人類は目的をもった自らの意志によってではなく，外部の様々な「力」によって動かされているという仮定に基づいた分析方法を用い，機械的な類推と物理科学の模倣を行うことによって，主観的評価という不十分な理論へ誤り導かれたとの確信を強めていった。J. R. コモンズは相対的価値学説を追求した。これは，行動の目的が，考えついたり，利用できたりする行動の選択肢に本来的に関連しているという理論である。彼は自らの経験を分析し，価値判断に到達することによって，この本来的な関連性を見出そうとした。このようにして彼は希望的観測と習慣的な仮定による独断を避けた。彼はそのため，「人間の意志の実験の場」を見つけたときはいつも，そこで共同活動の評価の研究をした。

「意志の経済学」の追求を振り返って彼は本書で次のように述べている。「経済学者が物理科学をまねていた時代の経済学説においては，各個人は外界の力によって統制されており，自己抑制力のない原子や分子……その他のこれに類するものと同様に取り扱われていた。……彼ら（経済学者）の科学は，物質主義に基づいていた。そして実業家が経済学者と同様に，離職率や労働組合，無記名投票，奴隷解放といった，「自分の意志」を持った労働者が作り出す状況に直面したとき，彼らは労働者を不正直者とみなし軍隊を呼ぶか，あるいは物理的力による因果関係の経済理論ではなく，人間の意志による目的を研究し理解するという方法を取るかのいずれかを選ばなければならなった」（『経済学者の価値学説』pp. 154-155）。J. R. コモンズは，人間の活動が意志によるものであることをはっきり認める研究と理解の方法を考察し，用いることに彼の一生を捧げた。

J. R. コモンズの研究方法は，経済力の時代における集団行動の構造を分析することにより社会統制の諸問題を取り扱うことに力点を置くものであった。彼は経済が自動的に自己決定するメカニズムになっていないことを知っていた。彼の考えでは，経済は人間の決定や判断，行動—すなわち，個人によるものであれ集団的なものであれ人間の意志の動き—によって前進するものである。それゆえすべての民主的統制（すなわち非独裁的統制）に共通して見られるのは，対立する利害関係者を含めた関係者の意志が集団的意志として一つに

まとまることを可能にする手続きである。

　J. R. コモンズは労働史や労働調停，災害補償，産業政策，産業委員会，失業保険，社会保障，公益企業規制などの分野で新たな道を切り拓いた。これらの実際的分野における彼の貢献は計り知れないものであった。

　J. R. コモンズは様々な問題に直面し，それに対する深い理解を得ることで自らの理論を確立していった。そしてそのことがこれらの貢献を可能にした。彼の一般理論は，特定の問題に対する自らの識見を詳しく述べ一般化したものであった。彼は社会思想における基本的な問題に関してどのような立場を取るかについて自らの考えを理論的に集約した。経済学の理論を考え出すためのこの方法は，前提に基づいた理論展開の技術のみを教え込まれた者にとっては，理解できないものかも知れない。J. R. コモンズの才能の真の偉大さは，経済問題の現実的解決に自らのアイデアを活かした経験から理論を導き出すという彼の大胆さと独創性を理解して初めて分かるであろう。

　J. R. コモンズの思想は，社会的関係についての彼の理解に基づいている。彼は，経済はメカニズムや有機体ではなく社会組織であるとの仮説に基づいて理論を展開している。社会組織としての経済は，そこに参加する人の行動の仕方ということになる。組織は活動の安定と規制によって成り立つ。活動は，市民社会（すなわち法律的に認められた自らの意志を持つ人々の社会）において，各個人が自らの意志を行使できる範囲を規定したワーキング・ルールによって規制されあるいは統制されている。これが J. R. コモンズの考えである。

　この考えから，個々人は全く人に頼らず生きていける存在ではなく，また社会はその成員である個々人を単に合計しただけのものではないことが分かる。個々人は成員となっている制度またはゴーイング・コンサーン（継続組織）に参加することを通して，初めて意味のある存在となる。J. R. コモンズは，労働組合の組合員となることが労働者を恐怖と屈従の状態から，経済社会における市民の権利にふさわしい新たな勇気と尊厳を持つ存在へと引き上げていくことに深い感銘を覚えた。J. R. コモンズの思想におけるこの側面は，社会制度を「個人行動を統制し，解放し，拡大させる集団行動」と捉える彼の考え方に端的に表れている。

　同様に様々な価値もまた基本的に制度的なものであり，社会組織に関連する

ものであると，彼は考えた。例えば彼は，自由は人が生まれながらにして持つ自然権ではなく，社会活動において得た権利であるという考えを持っていた。この考え方によれば，自由は，個人行動を抑制し，解放し，拡大させる集団行動によって作り出されたものである。個人的自由は，個々人の行動に対する動機付けと制限の均衡を集団行動によって保つことによって得られるというものである。集団行動を通して，個人行動が確実になる自由の範囲が作り出される。自由とは，個人やゴーイング・コンサーンの予想が保証されるということである。J. R. コモンズはこの問題を本書中の歴史的な論評で次のように見事に要約している。「コーク（Coke）のいう英国人の習慣法上の権利は，スミスのいう人間の自然権となったのである」。

この短い論評によって，なぜ本書における彼の主張が，経済活動統制を取り扱ういくつかの章において輝かしいクライマックスを迎えることになるかが分かる。第16章「労資行政」で，J. R. コモンズは，最も激しい社会的対立—すなわち，労働者と資本家の対立—において現れてきた経済活動統制を分析している。20世紀は集団行動の時代であると，J. R. コモンズは繰り返し強調している。彼は，集団行動の特に重要な主体として会社と労働組合，政党を挙げている。ここには経済的かつ政治的衝突という根本的な衝突が発生する。これは，彼らが関係者全体の利害との調和を考えずに自らの利害を主張することからのみ生ずるものではない。利害と経済力の違いは三者の間に実際に存在する。

J. R. コモンズにとって，経済力の概念が十分に理解されていないことは不思議なことであった。経済力を十分に理解しないため，労使間交渉を全体主義と区別できないという，この時代の大きな問題の一つが生まれたと，J. R. コモンズは考えていた。彼にとって，労働組合と会社は単に経済活動の近代的な組織形態に過ぎなかった。経済活動管理の目的は，これらの組織の内部に本当の経済的民主主義体制を作り出すことである。「労資行政」についての章で彼は次のように述べている。「米国の経済制度を全体主義世界から守り，制度の崩壊を食い止めることは，従来の政党と政府の間の交渉でなく，主に，組織された資本家と組織された労働者の間の労使交渉を行うことで可能になる。他の経済組織も，それが農民，商人，銀行家，専門職に就く人のいずれによるも

のであれ，組織の方針と運営方法を「労資関係」というこの重要な経済的視点に沿ったものにしなければならない。……もし米国の民主主義が「救われる」ものとすれば，会社と労働組合による集団的経済組織によってであろう。従来は，経済理論における平等な個人間には均衡が保たれているとされていたが，今日では，自律的な企業と労働組合の間の力関係に基づいた経済活動管理か，労資双方あるいは双方の指導者に対する軍事力による弾圧のいずれかを選ばなければならない。しかし，一九世紀の経済学者たちによって理論的に構築され，一般に受け入れられるようになった政治経済学の全体系は，社会は「民主主義」という理想の名の下に個々人が自由と平等，友愛の精神を持つ完全なものであり，人々は経済組織における実際の「集団民主主義」の視点で考え行動することを知らない，という前提に立っていた（pp. 296-298）。

　J. R. コモンズが大きな関心を持った諸問題は後に新たな重要性を帯びることになる。戦時中は必然的に大統領と軍部に非常権限が集中していたため，経済政策は後回しになった。しかし平和の回復とともに，先進産業金融経済における安全保障や力関係，利害の衝突，経済政策といった大きな問題が再び現れることになった。

　これらの大きな問題に対処するための手段を考え出すことの必要性を認めるということは必然的に，物事を包括的に捉えることを意味する。J. R. コモンズはこのために必要となる幅広い解釈と見解を追求するため，他の経済学者がより詳細に扱った多くの問題を概略的に扱ったが，これは当然のことである。しかし，彼の理論には，生産や価格決定，均衡，社会統制などの具体的な問題を含む真の経済学一般理論の諸要素が含まれている。

　J. R. コモンズの研究方法が包括的であることは，彼が早くから割当取引に注目していたことから分かる。1928 年までに彼は取引における社会的関係の徹底的な分析を通して，従来の交換の概念をさらに発展させた。彼はその取引理論を作り上げるまでに 7 年を費やしたと言ったことがある。1934 年の著作『制度経済学』で彼は，取引を内容と社会的関係に従って売買取引，割当取引，経営取引の三つに分類することで，論点を単純化した。例えば，割当取引に関する彼の分析は，普通の（すなわち，市場における）取引関係と，割り当てと価格統制による取引関係の間に暗に存在する社会組織の基本的差異を示し

たものであり，先駆的な研究であった。戦争の勃発とともに，個々人の選択を制限し割り当てによる取引を行う必要が生じたとき，J. R. コモンズが以前行った分析は，政府が割り当てと価格統制を行う上で極めて有用であった。

J. R. コモンズの研究は，単にそのテーマが独創的であるだけでなく，考え方がほとんどの体系的経済思想と異なる哲学的発想に基づいていた。J. R. コモンズは真に生来の思想家であった。彼は米国のプラグマティズム（実用主義）の潮流の中で最も独創的な人物の一人であった。彼の思考のこの側面は，慎重かつ徹底的な研究に値する。これによって，私たちは彼の思考体系を決定づけたいくつかの問題を知ることができる。J. R. コモンズにとっては，観念は本質的に実行可能な一連の行動であり，決して仮定した現実の模写ではない。思考力の機能は決して単に記録的なものでなく，創造的かつ再建的でなければならない。因果関係は，社会的過程による統制の結果として生じるものと捉えるべきである。社会的事象は「制限要因による統制によって起こる」ものであり，従って，因果関係は単に既存あるいは現存の力学的な「力」の関係ではなく，研究を通し明らかにすべき現象の一側面である。真理は，単に仮定に基づいた一貫性や主張により検証すべきものではない。理論についての究極の真理や妥当性は，その理論に基づく行為の結果によってのみ検証されるべきである。J. R. コモンズはこのように考えていた。J. R. コモンズは，かつて自分で述べたように，彼の考えを実際に試して，それが正しいかどうかみてもらうよう政府の役人や労働組合の指導者を説得するのに一生を費やした。

J. R. コモンズが取り組んだ諸問題は社会哲学の全範囲にわたっている。J. R. コモンズは，彼自身の研究における手法の開発により独自に開発したと思われる社会的プラグマティズムの領域を研究対象とした。青年時代に彼は，ピアースの「我々の考えを明確にする方法」("How to Make Our Ideas Clear")という論文に出合い，J. R. コモンズ自身が当時苦闘していた中心的課題をピアースが物理科学の視点で解決していたことを知って歓喜した。

J. R. コモンズほど研究に一生を捧げた諸問題の領域に取り組む知的勇気を持った研究者は少ない。将来の経済学者たちにとって，公共問題における彼の考えの有効性を知ろうとすることは，彼の卓越した知識の源を知るという難題に立ち向かうことである。彼は，彼の創造力豊かな洞察力から得た識見を明確

化し，体系化するのに50年の間苦闘した。そして彼は世に伝えたいことの要点について説明し得たであろうという希望と冷静な信念のうちに世を去ったのである。

第3節　J. R. コモンズの理論

　本節の「J. R. コモンズの理論」は，編者ケネス・H. パーソンズの執筆による"John R. Commons' Point of View"の全訳である。この論文に対してJ. R. コモンズ教授自身が高く評価され，ぜひともこの論文を本書の序論に使用する特権を認めてほしいといったほどである。
　しかしパーソンズ教授達は，本書の内容と重要性について直接論述した序論を新たにパーソンズ教授が執筆することに合意してもらい，その結果が本章第2節に記載の序論となった次第である。

付録三
J. R. コモンズの理論*

編者　ケネス・H. パーソンズ

　米国では司法権に準拠した個々の事例や前例による慣習法に従って物事を具体的に考える。しかし欧州ではユスチヌスやナポレオン，アダム・スミス，リカードから受け継いだ演繹的な方法で考える。私たちは，本書の中で試みているように事象を一般化しようとする場合，一般原則のみを論じ，それが当てはまるかどうかについては個々の事例を研究する。このようにして米国の慣習法的方法が出来上がってきたのである。この習慣と前例，仮定による米国の制度は，欧州の経済学者や法律家のように，もともと独裁者が完全なローマ法をモデルに作り，立法によってのみ変更しうる法典の下で考える人たちには，理解するのは困難である。米国の制度は，立法府が司法府よりも上位とされる英国でさえ，理解されるのは難しい。法典に依存すると最後は革命に終わるが，慣習法では個々の事例において不法とされた場合，徐々にその契約の履行を排除していくのである[1]。

以上の言葉によって，J. R. コモンズは単に米国の社会思想の特徴についての彼の考えを示したのみならず，私が理解する彼自身の研究の方法の特性を簡潔に示した。これは当然のことである。なぜならば，南北戦争後に起こった米国経済の構造的大変化を，彼のように直接かつ深く経験した経済学者は，もしいたとしてもほんの少数に過ぎないからである。都市産業の勃興がこの国を農業国から先進工業国に変化させたこの時代に，J. R. コモンズは印刷工，研究者，産業行政の発案者兼行政者として，また多くの公務員に対する助言者として，労働運動に参加した。市民として我慢できる程度の秩序と安全の獲得を目的とした米国人の闘争のために，彼はあらゆる方法で尽くした。そしてこの間に，実験と試行錯誤によって，彼の包括的な理論を徐々に作り出したのである。本論文は彼の考えの基本を解説し，彼の学説によって提起されたいくつかの論点を，社会分析における他の研究方法と比較しながら明らかにしようとするものである。

一

　本質的に J. R. コモンズは，経済問題の分析にも，また難問を解決するための社会的活動の方向付けにも十分に役立つ経済学説を作り上げようとした。これこそ政治経済制度と呼ぶにふさわしいであろう。彼の最も包括的な研究成果が，『制度経済学』のタイトルで発表されていることを考えると「政治経済制度」といういい方は彼の業績を説明するのに適当でないかも知れない。しかし副題には「政治経済学におけるその地位」とある。彼は，ジョンズ・ホプキンス大学でイリー博士の下で学んでいた学生の頃から，この包括的政治経済制度の社会を思い描いていたと，どこかで述べている。労働組合や比例代表制，都市財政，行政委員会，銀行制度，制度派経済学を研究しているときでも，彼はいつもこのより広い枠組と，より大きな目標を忘れなかったようである。
　この意味では彼の研究は偉大な伝統の下に行われた。しかし，彼の理論は，社会統制，物事の過程を社会的事象の自然な表れとして受け入れること，集団行動，経済力の現実，利害の衝突，社会的評価によって提起される諸問題を中心に，独特の方法で構築されている。さらに彼は，政治と経済の関係，経済全体における企業の役割，経済活動にとっての立法と司法の意義といった全ての

政治経済が関わると思われる諸問題に対する答えを見いだそうと試みた。

このように多くの問題を分析するには，包括的で理論的な考え方が必要なことは明らかである。J. R. コモンズは元来，米国のプラグマティズム（実用主義）学派に属するが，研究では大胆なまでに創造的な理論を展開している。モリス教授がミードの考えに対して行った適切な論評は，J. R. コモンズの研究に対しても当てはまるようである。すなわち「ダーウィン主義と実験的方法，民主主義はプラグマティズムの流れの源流である[2]」。一方に J. R. コモンズの研究があり，他方にジョン・デューイと故 G. H. ミードの研究があるが，私には基本において両者の間に大きな類似性があると思える。しかし，J. R. コモンズが独自の方法で方法論的課題に取り組んだことは明らかである。彼がミードの研究を基にしたとは思えない。最近の著作で彼はデューイの研究を何カ所かで参照しているが，私の知る限り最も頻繁に参照したのはピアースの研究である。彼はたびたび「我々の考えを明確にする方法」[3]というピアースの論文に触れている。ピアースは，「洞察力のある先駆者たち」を称賛するという，論文の基本方針に沿って，第四章「制度経済学」をヒュームと共同で著している。

このように J. R. コモンズは，社会行動に関わる諸問題の解決における人間の知力の可能性を信じており，この点でプラグマティスト（あるいはインストゥルメンタリスト＝道具主義者）の考えと一致していた。社会行動においてこそ精神と自我が発達すると信じていたからである。社会統制に関わる諸問題に対する J. R. コモンズの関心と，社会制度を「個人行動を統制し，解放し，拡大させる集団行動」[4]とする彼の定義によって，これらの問題に関する彼の考えが推測できる。

二

経済または社会一般の本質を述べる一語があるとすれば，J. R. コモンズの理論展開では恐らく「組織」であろう。これはまさに，メカニズムや有機的組織体といった他の一般的な表現から抜け出した壮大な概念を作り出すきっかけになる[5]。重要な点は，組織としての社会構造は，そこで生活し働いている人間の意図や目的，活動の結果であり，それらが具現化されたものであるとい

うことである。しかし，これは研究領域の本質を総体的に表現したに過ぎない。

　社会的過程を考察することによって，J. R. コモンズの考えの基本に近づくことができる。経済学の一般理論を構築しようとする J. R. コモンズの試みについて他の人がどのようなことを述べていようと述べていなかろうと，J. R. コモンズは理論構築において常に過程分析に関わる問題に苦闘していたように私には思える。そして研究対象となった過程は基本的に社会的活動に関するものであった。

　このことによって，彼の分析が社会的関係—すなわち人と人との関係—に焦点が当てられていることが分かる。時と共にこれらの関係は変化するが，これらの変化は当然研究の対象となる。社会全体の大きな流れから経済的関係や経済的事実を抜き出したり，事例を詳しく調べたりする。このようにして社会全体における様々な現象の間の共通点を見つけることで，社会科学の統合を可能にする基礎ができる。J. R. コモンズがこのような方向を目指していたことは，少なくとも彼の研究からそれとなく分かる。彼は，特に法律学，倫理学，経済学，政治学といった社会科学間の調整に必要な基礎を作り出すための分析を行った。この調整は，企画立案や，経済の行政的・立法的管理—すなわち社会統制全般—を行うときに必要となる。

　ここで用いられている「社会的」とは「物理的」あるいは「自然的」と完全に独立させて区別すべきものではないということをここで強調したい。「社会的」という言葉は，ここでは「物理的」という概念を含むものとして用いられている。それは，「物理的」なもの—すなわち資源と生産—が社会的関係のシステムに組み込まれているからである。この考えはデューイが全般的に力説しているものであるが[6]，J. R. コモンズの分析においては全体を通してこの考えが暗示されているように私には思える。

　さらに，J. R. コモンズは利害の衝突を，自然で，必要な社会的過程の要素として受け入れている[7]。社会には個人行動と集団行動（というより集団行動における個人行動）がある。これらの行動には利害の衝突がある。しかし，衝突以上のもの，すなわち相互依存と秩序の維持もある。これが社会的事象の本質であると仮定すると，どのようにしたら安定した社会や機能する経済制度

ができるかということが問題となる。なぜならば，社会現象にもともと衝突や依存，秩序といった要素が含まれているのであれば，これらの要素は過去において分析・解決済みのものではなく，解決すべき問題として継続的にかつ永遠に繰り返し現れて来るということが明らかだからである。

　この節の冒頭で述べたことに立ち返り，組織としての経済が社会的過程とどのように関連しているかについて考えてみたい。答えは一般的なものになるかも知れない。なぜなら，社会的過程においては，組織が形成されるだけでなく，評価や生産が社会的活動として相互作用の全てを含む形で生じるからである。これらの社会的活動（個人行動と集団行動）が基本的な現象である。考え出された社会的手続きによって個人間の関係は安定化し，組織化される。組織とはこのように安定した関係のことである。形成された組織内においていくつかの選択肢が比較検討され，選択がなされるときはいつも評価という現象が生じる。J. R. コモンズは特に社会的評価についての研究に打ち込んだ。組織内ではまた，行動の調整と統合が行われる。こうして自然の原料が生産によって人類に有益な財とサービスに転換される。これらの区別は行動の各段階を仮に区別したものであることに留意する必要がある。ただ，暫定的ではあっても，これらの区別は J. R. コモンズの理論の全体を把握するうえで役立つであろう。活動，組織，評価，事業の四つのうち，次節ではまず活動の分析を行う。

三

　社会現象の核となるのは人間の活動と人間同士の関係である。従って本当の社会分析は人間の社会的関係の分析が主になると考えられる。いずれにせよ，これが J. R. コモンズが行おうとしたことである。「継ぎ目のないクモの巣」のように複雑に絡み合った社会の中から，J. R. コモンズは取引を研究の基本単位として選んだ。取引は単なる行動ではない。取引は社会行動であり，共同行動である。従って，取引には個々人の行為と社会における行動全体が関わってくる。

　経済行動あるいは個人の経済行為は，より包括的な社会行動の一側面に過ぎない。従って，J. R. コモンズの研究の中心テーマである経済行為を分析するには，経済行為を他の社会的活動とある程度区別する必要がある。とは言って

も，J. R. コモンズが意味する経済行動あるいは経済行為がどのようなものかを正確に示すことは容易ではない。これは，J. R. コモンズの考え方の基本が，言葉の定義を，今起きている社会的過程を研究するための道具として捉えるというものであったからである。彼は，言葉の定義を基本的命題として捉え，その内容を演繹的推論で解き明かそうとする考えは持たなかった。

一般的に，経済行為は，市民が実際の社会で生計を立て，富を生産し，得るための活動である。J. R. コモンズはかつて経済の概念を定義して次のように述べている。「……我々は自然を開発し，促進と制裁によって利益を分配するという，人と人との関係から始めた」[8]。さらに彼は「我々の研究対象は，協力，衝突，規則によって富を生産し，獲得し，分配するための人間の取引である」と加えている[9]。

経済の原理を最も簡単に表せば，部品（資源と言ってもよい）を最大限に活用するためにこれらをバランスよく割り振る（＝均衡化）することである。「『経済』という言葉自体，最小限の努力で最大限の結果を得るための均衡化の活動全体を意味する。従って，『経済』という言葉は常に部分全体関係を意味する」[10]。利用可能資源から最大限の財を生産することであれ，消費過程を通して消費者の欲求を最大限に満足させることであれ，経済が人と物との物理的関係にのみ関連していると考えれば，経済活動は比較的単純な個人の活動といえるかも知れない。しかし，個々人が取引という一連の流れの中で持ちつ持たれつの関係を通じて生計を立てている市民であるとなると，均衡化や経済活動は複雑になる。この経済活動の過程は取引の繰り返しから成り立っている。取引では，複雑な経済行為が人間の意志によって行われており，これはいくつかの異なる原理で分析できる。

J. R. コモンズ教授は通常，経済行動の五つの原理を用いている。ただ，彼は，独自の理論を展開する様々な段階において異なった数の原理を用いており，他の研究者にとっては異なる原理の組み合わせを用いたほうが有益であるかも知れないとも述べている。彼が用いた経済行為の五つの原理とは，効率性，希少性，将来の状態，集団行動のワーキング・ルール（行動規範），主権である。

これらの原理は社会行動の構造に元来備わっているものであり，社会行動に

おける経済行為の段階においては少なくともそうである，と J. R. コモンズは言っているように思える。J. R. コモンズは原理を「複数の行動の間に想定される類似性」と定義しており，行動の中における時間の経過が極めて重要であるとしている。「原理は時間の連続に関わるため，原理は原因や結果，目的の類似性である」[11]。原因や結果，目的は社会的過程おける行動についての概念に関連する。行動には選択を通じて目的が関係する。そして，原因と結果を伴う。原因と結果は，制限要因による統制と関連があるものと定義できる。

　この原理の構築の基になっているのは，基本的に，考えを行動に関連づけようとする努力である。これによって原理としての考えと，その考えを用いることによって得た知識とが行動に関連づけられる。このような原理は存在することにではなく，実用性があることに価値がある。原理は元来，事象や活動を研究するために定義された抽象的な考えである。あるいは，実際の社会において生計を立てている人々の実際の行為を分析し，抽象化することによって導き出された一般概念ともいえる。原理は，実際に選択や行動を行う人が気づいていようといまいと，彼らの選択と行動の方向性を表すものである。なぜならば，この方向性が実際の社会での人々の集団行為に暗に含まれているからである。

　効率性の原理は，自然の抵抗を克服しようとする行動に見られる類似性に関連している。この原理は物理的過程に影響を与える力と関連しており，経済行為の一側面としては原料を商品に加工する過程と関連している。要するに，社会一般で広く用いられている言い方をすれば，この原理は，十分でない自然資源を利用し，人間の目的のために原料を実際に役立つものに変える労働の様々な形態と関連していると言える。

　希少性の原理は価格と量に関わる交渉と関連している。これは，所有権譲渡と財の物理的引き渡しに関する条件についての交渉に見られる行動の類似性である。

　将来の状態についての原理は人々の予測と関連する。経済行為は，過去に経験したか現在経験している機会と障害に似たようなもの（変化はするかも知れないが）が繰り返されるだろうという人々の予測の上に成り立っている。将来に予測される目的と価値，結果が，今行う選択の基準となる。

　ワーキング・ルールの原理は，集団行動への参加者それぞれの権利と義務を

規定することによって集団行動が秩序を作り出し，集団行動への参加者の意志を一定に保つことができるような活動の繰り返しと関連している。この原理は習慣や先例，成文法に見られる活動の類似性である。これによって，予測したものが確実なものとなる。これは，交渉における優位性や権限を持つ人の意志を一定に保つことによって社会生活を可能にする究極の原理である。

　主権の原理は，法的に優位にある者が劣位にある者に対して行使する力と関連がある。国家の進化が，私人から身体的暴力や身体的な力を奪い，権力者にそれを与えた。主権の原理は，この力が繰り返されるであろうという予測と関連する。この原理は，権威のあるワーキング・ルールが破られたときに警察当局が取るであろう行動において見られる行動の類似性である。「個々人はこの国家の主権に守られている限り，奴隷や子供，婦女子，外国人という弱い立場から市民という守られた地位に引き上げられる。そして自分の企業が単なる団体の地位から，ゴーイング・コンサーン（継続組織）としての法人の地位に引き上げられる」[12]。

　「これらの五つの原理はそれぞれが相互に依存し合って，意志と言う一つの原理全体を成している……希少性，効率性，ワーキング・ルール，主権，将来の状態といったそれぞれの原理が互いに制限し合い，かつ補完し合う相互依存関係の中で行われる人間の行動と取引の全てが，変化を伴いながら繰り返されるだろうと予測することが原理全体を構成する。これらの五つの原理の間の機能的関係とはそういうものである。なぜなら，一つの原理において変化があれば，他の全てに変化を与え，取引全体あるいは企業全体にも影響を及ぼすからである。効率性が増せば，希少性は減り，ワーキング・ルールに変更が生じ，将来の状態に対する予測に変化が生じるであろう。さらには主権の行使にも変化が生じるかも知れない」[13]。

　五つの原則は，人間の意志が経済行為において何を克服しなければならないかを説明するために考え出されたものである。従って，これらは経済学における研究の領域を定めるのにも役立つ。J. R. コモンズが研究の対象とした領域は社会的活動であることは明らかである。ただ，社会的活動とは言ってもこれは物理的活動とつながっている。なぜならば，経済行為の一部は物理的世界と関連しているからである。自然の力を人間の意志で抑え込むことによって初

めて人の生活が成り立つ。これらの物理的事象には，人間が選択した目的とそのための行動の価値が伴う。習慣や組織化された集団行動，そして主権の力によって，ワーキング・ルールや人々の意志が一定に保たれ，予測が保障される。これらの様々な側面は，実際の状況における人間の意志によって一つになる。

　意志あるいは意欲の原理に対するJ. R. コモンズ教授の考え方は，彼の社会理論の重要な側面の一つである。彼の考える意志は「自由意志」ではない。彼は，意志を，自由裁量のある意志に制限を加える選択の自由と捉えた。この選択の自由は，部分的には物理的要素で，部分的には社会的要素で制限される。しかし，「何十億もの取引における何十億もの評価」が関わる社会的過程は「我々が意志と呼ぶエネルギーに向かって動いていく」[14]。

　行動することを含め，選択する場合，意志は目的を持った前向きなものである。「意志はいつも何かに立ち向かっている。意志はいつも実行し，回避し，忍耐している。それは，目的を持たない物理的な力のように弱い抵抗を示すのではなく，将来に目を向けた目的を持って，抵抗を克服するための行動である」[15]。とはいえ，実際の行動においては，意志はその限界まで働くことはない。意志は，自らの実行を制限することのできる唯一の力である。意志は，重大な危機の場合を除いてその持てる力全てを行使することを差し控える。

　従って，個々人は目的と自由裁量権を持って行動する社会の参加者である。行動には三つの識別できる側面がある。実行，回避，忍耐である。これは，自然に対する行動と反動においても，他の人との交渉や取引においても当てはまる。実行は選択の顕在的側面である。しかし，意志は，行使する力の度合いに制限を加えることで，忍耐する。回避の範囲は，参加者本人と他の関係者が現状においてやってはいけないことを集団行動によって規定する社会によって決められる。

　個々人が人格を持つ一人ひとりの人間になるのは，人間関係における選択（すなわち選び，行動すること）の過程においてである。「個々人は……言語や，他の人との協力，共通の目的に向かって働くこと，利害の衝突を排除するために交渉すること，自分たちが一員となっている多くの企業のワーキング・ルールに従うこと，といった慣習を学ぶ。彼らは，物理的，動物的自然の力の

ように，分泌腺で動かされる生理学的な肉体としてや，悩みや楽しみで動かされる『欲望の小球』として，互いに出会うのではない。社会的慣習の影響を受けた個人的習慣によって，集団的意志で作り出された極めて人為的な取引に参加する用意ができている人間として出会うのである……社会の参加者は，個々人ではなく，ゴーイング・コンサーンに属する市民である」。彼らは，機械的に画一化された人間ではなく，非常に異なる個性を持った人間である」[16]。J. R. コモンズは，個々人を「組織に属した個性ある人間」と呼ぶことがあった。

裁量と影響力においては個々人がある程度，中心的な役割を果たしているので，取引における合意は交渉によって成立する。共同行動に必要な総意は，経済的に同等な立場にある者の間では説得によって，経済的強者と弱者の間では強者の強制によって得られるであろう。この活動の領域を J. R. コモンズは「交渉心理」と呼んでいる。利用できる機会が少ないために利害が衝突する関係者が，互いに必要な物を相互に譲渡としあうのは交渉によってである。

交渉を通じて，当然与えられるべき機会から選択する場合でも，独占的機会から選択する場合でも，「人間の意志は，何十万という複雑な要因から一つの要因を選び出し，他の要因に内在する力に自分の意図する結果を生み出させようとする不思議な，しかし良く知られた能力を持っている」[17]。この見方は，経済行為に対する J. R. コモンズの解釈の中核をなす補完的・制限的要因に関する学説の基になっている。社会的活動の観点からみると，補完的要因と制限的要因は日常的取引と戦略的取引ということになる。制限的要因に注目する点で，この学説は J. R. コモンズの統制の概念の基礎を成すものである。物理的段階においては，統制とは制限的要因を操作することである。社会的状況においては，統制は戦略的なタイミングと場所で集団的意志に影響を与える指導力と表現するのが適当であろう。J. R. コモンズの因果関係に関する理論もこれと同じ考え方から生まれている。原因が制限的要因を抑制しているという考えである。

「もちろん，もし全ての補完的要因がある時点で制限的要因になるということがあれば，戦略的な要因は全くなく，事態は絶望的である」。企業にとっては破産を意味する。社会全体にとっては革命を意味する。一般的に「制限的要因がある時点で累積することはない。制限的要因は時間の経過とともに連続し

て起こる。人間の生活における経済的状況の研究にあたって最も重要で困難なことは，私たちが知る限り，戦略的かつ寄与的効果の研究である。これは行動における人間の意志に関する普遍原理に他ならない」[18]。

これまでの議論から，J. R. コモンズが，経済的・社会的関係のうち取引を研究の最小単位と考えていることが分かるであろう。取引は人と人との社会的関係の一つである。取引では，社会的過程における持ちつ持たれつの関係の中で，衝突し，相互に依存し，秩序を保ちながら人の心と意志が他の人の心と意志に出会う。このような取引の背景にあるのは個々人の行動である。一人の個性を持つ人間として，人は選択肢を比較検討し，選択する。しかし，社会における行動は，他の市民や組織化された社会の当局者と合意に達して初めて可能になる。「このように，活動の最終単位には……衝突，依存，秩序という三つの原理が含まれている。この最終単位が取引である……取引は，古典派経済学者の言う労働による生産と，快楽主義的経済学者の言う消費による満足の二つを結びつけるものである。なぜならば，人間が自然の力を手に入れたり，利用したりすることを，秩序維持のための規則により，制限するのがまさに社会だからである」[19]。

J. R. コモンズは，集団行動を単純化し，社会的関係の最も単純な形を得ようと試みた。そのため取引を研究の対象とした。しかし，取引は全て同じではない。取引の内容や当事者の立場によって異なってくる。J. R. コモンズは，取引を売買取引，経営取引，割当取引の三つの形態に区分した。

売買取引は法的に同等な立場にある者同士の間で行われる。紛争が起きた場合，仲裁者が両者を法の下に平等に扱う。経済的に同等な立場にある者の間で行われる場合，当事者が交渉により相手を説得することによって合意に達する。経済的立場に優劣がある者の間で行われるときは，労使間交渉で会社側が従業員の力を抑え込む場合のように強制によって取引が行われることもある。売買取引では，よく知られているように，市場価格—より正確には所有権譲渡の条件—が交渉の対象となる。

経営取引は，法的立場に優劣がある者同士で行われる。命令と服従の関係にある者の間の取引である。典型的な例は，現場の監督と作業員の間の取引である。一方が命令し，他方が従う。取引の対象は，機械の製造や物品の物理的引

き渡しなどにおける身体的能力である。

　実際は，売買取引と経営取引は相互に依存しており，はっきり区別することはできない。この二つは制限的要因と補完的要因として互いに関連している。「現代の賃金労働者は，説得あるいは強制によって取引を始める取引の当事者として，雇用者と同等な立場にあるとみなされる。しかし，いったん賃金労働者が職に就くと，職場では命令に従わなければならなくなり，法的に不利な立場となる」[20]。

　第三の形態の割当取引も，法的立場に優劣がある者の間で行われる。しかし，割当取引は，便益と負担を分け合うことに権限を与えられた者の間での交渉と合意によって行われる。税負担の割り当てが，企業と政府の間の典型的な割当取引である。例えば，最近では政府が農業調整法により農家に対して補助金を出すなどの便益を供与した。現在では戦争という非常事態にあるため政府が直接，経済を統制しており，通常の売買取引に代わり割当取引が行われることが増えている。法人の形を持ったゴーイング・コンサーンにおいては，経営幹部が予算を策定し，配当金を決めるのが典型的な割当取引である[21]。

　J. R. コモンズ教授は，以上の三つの形態を経済的関係と法的関係によって区別した。例えば，売買取引は法的に同等とみなされる者同士で行われるが，両者の間に経済力の違いがある場合もある。法的関係と経済的関係を総合して分析するこの方法は，J. R. コモンズの考え全体を通して目立つ大きな特徴である。

　J. R. コモンズは理論において一貫して，一つ一つの行動と取引は，社会的行動から派生したり，社会的活動の要素となったりするものであると捉えている。経済の機能に関連して集団行動を実際に分析しようとするJ. R. コモンズの試みは彼の主要目的の一つであった。二十世紀は集団行動の時代である。問題は，いかにして我々がこれらの大きな集団的圧力と集団活動を理解し，少しでも統制できるかということである。過去一世紀の経済思想を強く支配した個人主義の考えを持つ人にとっては，この問題の解決は急を要するものだろうとJ. R. コモンズは考えた。

　J. R. コモンズは社会制度を，「個人行動を統制し，解放し，拡大させる集団行動」と定義した。これは，研究対象とすべき一般的な見方や事実に一致する

ものである。この考え方には，社会的活動，社会的結びつきにおける個性の確立，社会的関係に対する社会統制の働き，そして社会的行動において社会組織を実現させるための手段が極めて重要であることが暗に含まれている。

四

　進化あるいは過程の観点から物事を捉えるのは，経済や社会に関する思想体系がどのようなものであれ，思想体系によって，組織的活動が未発達の段階からどのようにして出現したかを何らかの形で概念化する必要があるからである。J. R. コモンズの考えによれば，組織的活動の出現には慣習とゴーイング・コンサーンの関係が関わっている。

　組織化されていない集団行動においては，「慣習は行為や取引の単なる繰り返しや重複，変形に過ぎない」[22]。しかし，習慣的行為は一定に保たれた社会的行為であり，これが，日常行っていることがこれからも続くという予測を人々に与える。しかし，慣習は変化する。実際，変化する慣習の中から，人間の意志により意識的にせよ習慣的にせよ選択がなされる。

　集団行動のこのような基本的な形態の中から人間は行為と関係を選択する。その行為と選択は拡大し，発展し，そして社会組織に統合される。家主と借家人は双方に利益になる社会的取り決めを考え出す。公道を走る自動車の運転手は皆が右側を走れば，車は順調に流れ，より安全であることを知る。実業家は自分に役立つ仕事のやり方や手順を見つける。そのような行為が広く受け入れられることで，慣習となる。このような数多くの社会的行為から，人類は行為を選択し，より確実なものにし，一般に適用できるものにして来た。英米の伝統におけるこの機能の典型的な例は，優れた実践を選択し，それを国法にするという慣習法に見られる[23]。このように規則化された社会的関係が社会的組織の形態となる。この機能の素晴らしいところは，個々人や団体，組織が将来を確実に予測できるということである。しかし，問題は永遠に続く。なぜならば，秩序の維持と予測の保障は現在起きている社会的過程において行われるからである。

　社会的関係は，個人行動の自由の範囲を規定することで一定に保つことができる。基本的には，行動の自由とは，行動の回避の範囲を規定することであ

る。人は特定の行動を避ける義務を持っている。すでに述べた J. R. コモンズの分析を用い，より一般的な言い方をすれば，全ての行動は実行し，回避し，忍耐することである。集団的ワーキング・ルールは回避の範囲を定めている。これらの範囲内で人は実行したり，忍耐したりする。すなわち，ワーキング・ルールは，個人が自分の意志を行使できる範囲を定めているのである。基本的には，意志の行使は方向が定められ，統制される。そして，これらは社会的行動の習慣的レベルにおいても，組織化されたレベルにおいても起こる。

当事者の意志が集団行動の過程において一定に保たれると，ゴーイング・コンサーンを組織することが可能になる。一般的に言えば，ゴーイング・コンサーンとは，共通のワーキング・ルールに則った共通の目的と集団の意志を持った主体と，その集団行為の集合体であり，そこでは協調的な活動が行われている[24]。組織単位としてのゴーイング・コンサーンは，社会生活のあらゆる段階で起こる。

国家自体も，集団行動の流れの中から発展したゴーイング・コンサーンである[25]。我が国のような民主的憲法による政治体制においては，政府組織を運営する公務員の自由裁量権は立法的手続きと司法的手続きによって規定され，制限されている。米国においては司法の最高機関は最高裁判所である。ゴーイング・コンサーンとして，国は暴力を用いる権限を与えられている。この権限の行使は主権国家の持つ機能である。我々は国家によって市民の立場を与えられており，我々は市民として国の規則に則った経済行為を行う義務がある。そのため，J. R. コモンズは主権の原理を経済行為の原理の一つに加えたのである。

国家や各州，そしてそれらの関連部門や出先機関は，職員と共に各個人の行為を組織化するためのワーキング・ルールを策定する。これにより，人に義務が課せられる。人に義務が課せられることにより，他の人に相関的権利が発生する。財産や，J. R. コモンズが言う個人の地位は相関的権利から生じる。この権利は，国が他の人にも自分に課せられたのと同じように義務を課すだろうという予測に他ならない。

このことは，個々人や組織の経済的地位に関する J. R. コモンズの理論を概観することで，より明らかになる。我々は，決められた役割や裁量の範囲内で

は自分の意志を行使でき，自分の生活や関心事について自由に計画し，管理することができる。これが，予測の保障の組織的側面である。裁量の範囲は，主に国のワーキング・ルール（すなわち法律）の適用によって決められる。ワーキング・ルールは個々人と組織の地位を規定する。国が他の全ての人に義務を課す限りにおいて，我々は権利を有する。地位に関しては，他の人が義務を負っている限りにおいて，私の権利は保障される。彼らが規則を守る限り，私は自分の権利が保障される。しかし，このような関係を超えると，「自分の自由と，相手の自由によって自分が受ける影響との関係」が生じる。すなわち，他の人が私自身や私の財産を尊重する責任や義務がない場合は，私は彼らの自由によって影響を受けることになる。企業の場合は，好きな店で購入できるという顧客の自由の影響を受ける。しかし，銀行に負債のある企業は借金を返済するという規則を守らなければならない。企業がこのように規則を守ることで，銀行への借金の返済が保証される。

同様に所有財産も国の手続きと関係する。所有財産は，所有者が独占的に使用，販売，処分するために所有している物である。しかし財産権は，国が財産の所有者に与える社会的関係である。ここでもまた，このような権利は，他の人に義務を課すことによって初めて作り出される。このように，財産権は，法によって安定化する，まさに社会的関係である。人が財産を買うということは，その財産に対する権利を買うということである。そして，財産に対する権利を買うということは，国が権限を用いて，財産に対する購入者の債権を守るだろうという予測を買うことである。

J. R. コモンズは，特に自著『資本主義の法制的基礎』において，長く，途切れがちな法的手続きによって財産の意味が変わってきたことを説明している。当初の慣習法では，財産は，所有者が使用するための物理的有体財産を意味していた。それが徐々に変化し，物理的な物ではなく，価値の販売や交換を意味するようになった[26]。このように使用する物から販売する権利へと変化したことによって，財産の意味も物から，物に関して予測される行為へと変わった。このことから，J. R. コモンズは「『財産』という用語の定義は，個々人や社会が所有権を主張する物に関して取る行動を定義して初めて可能になる。個々人や社会はこのような行動を取ったり，取らなかったりする自由と義

務を持っている」と結論づけている[27]。これは，自由と経済力が私有財産の特徴であることを認めることである。

これらは，社会的組織において極めて重要な関係である。この関係によって，富を生み出し，収益を得る目的で企業が組織される。企業の経営者は企業を動かし始め，動かし続けなければならない。一般的には，このような指示を与える機能は行動における意志の機能と言える。企業の経営者は選択肢を評価し，その中から選択する。しかし，企業はある社会的状況において組織されるため，機会を利用するには，機会を見つけなければならない。そのためには，会社の経営者（あるいはその代理人）は，交渉と取引により機会の所有者と合意しなければならない。

機会を譲る場合でも，入手する場合でも，社会組織において機会がどのように位置づけられているかが戦略的に重要である。人が商品を売ったり，買ったりする場合，商品に対する権利の譲渡と，商品そのものの引き渡しが行われる。しかし，商品が実際に社会組織に組み込まれるのは，商品そのものではなく，財産権としての商品に対する権利である。従って，社会的関係が命令され，安定化して，国が他の人に対して必要最小限の義務を課すことを予測できるような社会でなければ，企業人は，ゴーイング・コンサーンを興し，運営できるという予測に対する十分な保障を得ることはできない。労働は商品とは本質的に異なる。労働者が身売りし，奴隷になることを法律が禁じているからである。働くという意志を売ることしかできない。

従って，社会組織の役割は，企業経営者が資源や市場を機会として利用できるようにすることである。これらの機会を実際にゴーイング・コンサーンが手に入れるのは，相手方との取引を通じてである。ゴーイング・コンサーンは時間の経過（すなわち社会的過程）の中で機能するため，企業にとっての機会とはまさに，取引が将来も続き，企業を動かし続けるという予測に他ならない。

売買取引を通じて，企業の経営者は，商品と労働に対する権利—すなわち，商品と労働を使うか，使わないかの権利—を得る。経営取引を通じては，企業内の人間は原料から加工品を作り出す過程で，経営者側から指示される。ゴーイグ・コンサーン内では，売買取引と経営取引は，補完的要因と制限的要因として関連している。第三の形態の配当取引としては，企業内において負担

と，配当などの利益が権限保持者によって割り当てられる例が挙げられる。取引が繰り返されるという予測がゴーイング・コンサーンにつながる。「当事者全ての共同の意志全体がゴーイング・コンサーンである。意志とはすなわち，工場を維持し，運営するための従業員と経営陣の意志，買いたいという顧客の意志，貸したいという投資家と銀行家の意志，売りたいという原材料供給業者の意志，参加したいというその他の人の意志である。参加し参加の対価を得る，いわゆる各人の「権利」は「自分の自由と，相手の自由によって自分が受ける影響との関係」という無形財産である。しかし，過去の役務の対価を得るという各人の権利は，企業にとっては，債務という無形財産であり，企業は債務者になる」[28]。

　ここでJ. R. コモンズは，基本的に，社会的行動と時間の経過に関する分析結果が得られるような，企業経営の分析方法を見つけようとしているように思える。企業分析では，分析を容易にするため，企業を，社会的構造全体とより深く結びついた，いくつかの異なった社会的関係に単純化する必要がある。企業を代表して取引を行うことによって，実際に企業を立ち上げ，動かし始め，動かし続けるのは経営者である。J. R. コモンズはこのような取引を，取引について行使可能な統制の面から分類しているようである。現在あるいは近い将来における取引は目的達成に必須のものである。意識せずに行われる取引は習慣的なものである。このように，最初の一，二回の取引は必須のものであるが，その後はある一定期間を経て習慣的なものになる。

　ここで，財産とゴーイング・コンサーンの間に暗に見られる関係を明らかにすることができる。売買取引を通じて労働者や納入業者は役務や材料を提供する。労働者は経営取引を通じて労働力を提供する。給料日までは労働者は企業に対して債権者である。他の全ての役務や材料についても同様のことが言える。債権者と債務者の関係は法的には権利と義務の関係である。債務者が法で課せられた支払いの義務を守ることが，債権者にとっての保証となる。

　債権者と債務者の関係は無形財産である。無形財産は約束を実行するという，相手の義務の上に成り立っている。約束が果たされるという予測と言ってもよい。無体財産の基本的な特徴の一つに債務の譲渡性がある。この偉大な社会的発明により，実際，支払いをするという単なる約束が，有形商品と同じよ

うに売買できるのである。

　交渉が債務の支払いのように強制力のある合意に達するような場合を除き，企業内における人と人の関係は，「自分の自由と，相手の自由によって自分が受ける影響との関係」である。作業員は，現場監督の解雇できる自由の影響を受ける。雇用主は，労働者の退職できる自由の影響を受ける。銀行は，貸すことを拒む自由を持っている。顧客は買わない自由を持っている。このような場合，実行する義務は存在しない。ここでは義務は単に回避の義務と言うことになる。当事者はいずれも，相手方が必要としているが持っていない物を，相手方に譲渡することを差し控えるかも知れない。譲渡の差し控えは，取引当事者の持つ資源と選択可能な機会によって制限される。企業は，続けて参加するという当事者の善意に頼らなければならない。大まかに言えば，有益な取引が続くというこのような予測は無形財産である。

　J. R. コモンズの財産分析の重要性は，彼の他の理論における論点を見ることでより明らかになる。彼は債務が譲渡性を持つ過程を明らかにし，譲渡性債務を彼の貨幣取引理論の基礎とした。財産と，個々の会社の資本価値は，基本的に，二つの異なった観点から捉えた一連の同一の関係と言える。財産は，一連の社会的関係であり，他の人や物に関して行為が一定に保たれるという予測を通して将来を現在と結び付けるものである。企業の価値は，このような予測に対する私的な権利である。しかし，財産に関する議論をさらに進めると，一大推論に到達する。すなわち，これまでの分析から次のことが分かるのである。国家権力，すなわち国家の機能は，あらゆる瞬間において企業にとって不可欠な要素である。それは，売買の対象となる物そのもの——すなわち財産権——が目に見えない国家の圧力によってのみ作られ，国家が当事者に義務を課すことによって当事者の意志が一定に保たれるからである。

　『制度経済学』に関する論評において，マックス・ラーナーは次のように述べている。「国家の権限を一般に認められる経済構造に組み入れるという，この理論を考え出したのは，J. R. コモンズ教授の業績である。彼の研究は，個人行動を統制する集団行動のあらゆる形態を対象としているが，彼が特に重点を置いたのは法的拘束力の研究である」[29]。

　財産関係の分析はJ. R. コモンズの理論構築に欠かせない研究と言っても過

言ではないだろう。方法論的に言えば，これは，一般に経済分析と呼ばれているものと大きく異なる。しかし，J. R. コモンズは，私的財産や所有権を出発点として「仮定」し，静止状態での経済活動の結果を推測するという，一般に用いられている経済理論を用いなかった。そうではなく彼は，経済的過程の分析から始め，その中で，財産関係が重要な要素であることを見つけ出した。従って，J. R. コモンズの研究方法と，一般的に行われている研究方法の基本的な違いは，J. R. コモンズが財産そのものの分析よりも，過程の分析を重視したということである[30]。英米の政治経済体制の中から，資本主義と呼ばれる現代の貨幣信用経済が徐々に現れるのに伴って，財産の意味が著しく変化してきたことをJ. R. コモンズは知った。このことは，現在の経済における評価の過程で重要性を増している経済力の発達を明らかにする上で特に重要である。

五

　評価についてのJ. R. コモンズの分析は，彼が合理的価値の理論と呼ぶ理論の中で説明されている。これは明らかに社会的評価についての理論であり，集団行動についての経済学理論の不可欠な要素を成すものである。合理的価値の理論は，売買取引に関する彼の分析が基になっている。取引は共同行動であるため，取引の評価には結合評価と，評価に対する合意が必要になる。彼はこれを「全ての取引における個々人の活動全体に対する評価と，個々人それぞれの評価についての理論であり，取引において当事者は意見と行動について合意するよう互いに説得し合う」と説明している[31]。

　評価に関するこの理論において，合理性の問題は，取引当事者の交渉力と関係してくる。合理性は，価格に関する合意において，経済力の格差がどの程度まで容認できるかの問題と基本的に関わっている。売買取引は，法の下には対等であるが，経済力においては大きな違いがある当事者同士で行われる場合もある。経済力は，他人への譲渡を差し控える権利を含む財産力が基になっているとも言える。ここでの「財産」は，個人的に使用するための有体物ではなく，裁判所の新たな定義の通り，市場への参入権としての価値を指す。「このように，商品やサービスを他の人に譲渡することを差し控える法的権限が，法

によってやっと認められたことにより，独占禁止法には反するが裁判所は合理的とみる取引の合理的制限が法的な地位を得ることとなった。同じように，交渉力，すなわち無形財産が経済における地位を得ることとなった。なぜならば，取引の制限こそが交渉力であり，取引の合理的制限が合理的な交渉力であるからである」[32]。

　評価の理論としては，この考えは一般の経済理論の展開と大きく異なるものである。J. R. コモンズは，個人的評価ではなく，社会的評価を行った。彼は，完全競争の限界での評価の理論を用いるのではなく，個人の権限の領域における評価を行った。彼は，個々人や企業にとっての増分価値としての資源を評価するのではなく，個人二人の間あるいは企業二社の間の関係の評価をした。

　さらに，J. R. コモンズの分析で，評価が社会的行動と社会組織の一側面であることが明らかにされた。彼の考えを一般化してみると，彼が従来の価格理論と異なる問題に関心を持っていたことが分かる。私企業はその名の通り，企業やそこに働く個人が自らの利益のために機能し，ビジネスのリスクを負い，自らに有利なように商談を進め，自らにとっての最大利益が得られるよう事業を調整する。彼はこのような仮定の基に社会分析を行ったように思える。要は，彼が関心を持ったのは私企業にとっての最大の利益についての分析ではなく，私の理解が間違っていなければ，個人的自由と経済が機能する様々な機会の構造を分析することであった。個々人や企業が利用できる機会とは，社会組織と社会的行動が持つ機能のことである。あるところで彼は，「完全な自由や平等，競争がないために再生産を犠牲にしてしまい，均衡を保てない世界では，社会的機会は他の人が持ち，管理し，譲渡を差し控えるものである」と述べている[33]。

　J. R. コモンズは，個々人が選択する場合，彼らが選択肢の評価をしないと言っているわけではない。また，J. R. コモンズの考えと，個々の企業にとっての資源利用の理想的パターンの間に矛盾があるわけでもない。この理想的なパターンでは，所与の条件において，資源利用の効率性を高めることが理論上どこまで可能かを追求する。これをさらに進めると，個々人は，自分自身の進むべき方向を定める未来像を描くための理想の評価パターンを考え出すことができるということになる。彼らは，経済的にやりくりできる範囲で，効率性や

実用性，安全性，遊び，余暇（合法的であればその他何でも）を考えて，未来像を描くわけである。しかし，個々人や企業経営者が，これらの個人的評価の下に共同行動を取るとき，社会的評価という概念も生まれる。

しかし，この考えを推し進めていくと，私の推論では，社会的評価の結果として現れるのは常に，力学的あるいは物理的過程の結末ではなく，価格であるということに必然的になる。価格は，売買取引において常に争点となる。売買取引においては，二つの個人的意志が出合い，両者による支払いの履行と財貨の引き渡しについて合意する。価格が争点であるということは，J. R. コモンズも言っているように，交渉がどのように激しい競争の下で行われようと，あるいは全く競争のない状態で行われようと，変わりはない。

ここには交渉に関する彼の概念が出ている。これは非常に広い概念であり，財貨やサービスの提供と，提供を差し控える権限とが含まれる。もし全ての取引が，完全競争という概念上の限界に近い状態で行われたとすれば，交渉力は単に財貨とサービスの提供ということになり，価格は生産原価と同額になるであろう。概念上の対極にある独占状態においては，取引当事者は財貨とサービスの提供を差し控える強い権限を持っており，売買取引は永久に合意に達しないであろう。交渉力に関するJ. R. コモンズの考えは範囲が広く，特定の場所と時間における機会に関して，これらの両極端の状況にいる当事者が持つ交渉力と，その中間にいる当事者が持つ交渉力の全てを含んでいる。

このことが全ての価格に共通する点であり，合理性の問題を議論するうえでの基礎となる。英米の経済における慣習法の伝統では，このような問題は裁判によって決着してきた。このことは特に，最高裁判所が行政府や立法府以上の権力を持つ米国において当てはまる。そのため，J. R. コモンズは，合理的評価に関する分析のほとんどを判例の研究によって導き出した。特定の事例の合理性を決定するため，裁判所は慣習法の下で，当事者双方が自発的であり，取引が公正であり，競争も公正であるという，自発的買い手と自発的売り手の原則を作り出した[34]。

利害関係や集団行動，法人，個人財産への権限の集中といったことが我々の経済の特徴となってきており，裁判で取り扱われる案件は，ますます難しくなってきている。とはいっても，許容できる個人の権限の程度は最終的には司

第3節 J. R. コモンズの理論　51

法が決めるべきことであるというのが，J. R. コモンズの考えである。公正さが重要なことは確かであるが，正当性だけを基に判断すべきではないと彼は考えた。より基本的な秩序という問題があるからである。

　J. R. コモンズの社会的評価の分析は司法判断の研究を中心に行われたが，彼の理論はそれだけにとどまらず，より広範にわたっている。社会的評価の理論はどのような理論であれ，利害関係者間の論争点を明らかにし，利害の衝突を解決するための原理に基づいたものでなければならない，とJ. R. コモンズが考えていることが少なくとも推論できる。この考えは，利害の衝突と依存関係，秩序を包含するものとして社会的過程を捉えることから，必然的に生じるもののように思われる。社会的評価の狙いは，共通の評価というものを実現させ，これによって秩序と相互依存を実現させることである。

　推論をさらに少し進めると，J. R. コモンズが，社会的評価を個人的評価と異なる種類のものと考えていることが分かる。社会的評価は，安定して，許容できる社会組織を実現させるために行われるものの一つである。ここでの価値とは，秩序や正当性，平等，安全などと，それに経済であると思われる。これらの価値の社会的位置づけが，結果として，人であれ，企業であれ，それぞれにとっての機会（あるいは機会がないこと），そして選択肢となる。我々の自由と人権—要するに，個人が持つ行動の自由裁量権—の範囲が決まるのはこれらの機会が作り出すシステムがあるからである。もちろん，社会秩序が崩壊したり，我々が当事者である経済が機能しなくなったりすれば，安定した機会はなくなり，飢餓や無政府状態，革命といった形で全てが消滅する。

　社会倫理の観点からJ. R. コモンズは，我々は社会的利益という幅広い理念によって，紛争を解決しているのではないと考えている。そうではなく，彼は，我々が紛争を解決することによって，そこから社会的利益と言う概念が生じるものでなければならないと考えている。要するに，社会倫理は紛争の解決と関連しているということである[35]。

　倫理の起源については二つの理論があるとJ. R. コモンズは考えている。「一つは，充足の人間社会における最大限の快楽という個人主義的理論で，個々人が自分の欲しい物を全て手に入れても他人を傷つけることはないという考えである。もう一つは，欠乏の人間社会における利害の衝突という社会理論で，

個々人が自分の欲しい物を全て手に入れると他人を傷つけるかもしれないという考えである。後者の考えに基づけば，倫理は，経済的紛争に関わる決定から発展した歴史的過程によって形成されたもので，倫理と経済は二元的なものではない」[36]。J. R. コモンズは後者の理論を取り入れている。

　これまでの節では，活動と組織，価値に関するJ. R. コモンズの考えの概略を説明してきた。次節においては，これらの理論的概念に関連付けて，経済の機能を分析する場合の論点を簡単に見ていきたい。

六

　売買取引と経営取引における活動の違いを区別することは，J. R. コモンズの分析全般を通して見られるものである。所有権と富，譲渡の差し控えと生産，希少性と効率性といった違いの区別である。それはまさに，占有あるいは所有と，財貨やサービスの生産との違いを，経済を通して分析することに他ならない。従来の分析では，希少な財貨は全て所有されているとされているが，J. R. コモンズの分析では財産や所有権，交渉行為は，生産に関する彼の分析と一致する変数として捉えられている。

　このような区別の基本は，均衡化の観点から捉えることができるであろう。均衡化の原理はもちろん一般的原理であるが，J. R. コモンズはこれを，制限的要因と補完的要因の原理として用いている。「制限的要因とは，その統制の力が正しい場所とタイミング，正しい形で，働くことにより，補完的要因が動きだし，意図した結果を生じさせるような要因である」[37]。補完的要因と制限的要因の均衡化を，意志選択行為の観点からみると，日常的取引と戦略的取引になる。これらの取引は，我々の近代経済において人間の意志が実際に物理的・社会的環境を統制する実際の過程を成すものである。

　企業の経営陣が物理的過程を管理するのは経営取引という社会的関係を通してである。取引が調整され，繰り返されることによって，ゴーイング・コンサーンとしての工場が組織され，動き続ける。そのような工場は，自然の原材料を利用価値のあるものに変えることによって富を生み出す。売買取引によって，実業家は原材料を買い，完成した製品を売る。このような取引が（時には割当取引とともに）行われ，繰り返されることによってゴーイング・コンサー

ンとしての企業ができる。このような工場と企業を一つにしたものがゴーイング・コンサーンの概念である。

こうして，生産のそれぞれの過程を，分析の目的で取り出すことができる。生産過程には，自然の抵抗を克服しようとする人間の全ての活動が含まれる。生産過程はインプットとアウトプットの割合で評価できる。インプットは労働力と材料の投入である。アウトプットは，文明の現時点において人間にとって役に立つと思われるものの生産高である。役に立つものでなければ，人間はそれを作ろうとしない。生産過程が企業の財務と相互関係にあるため，物の生産は価格と利益のために制限される。制限することは，差し控えることであり，生産ではない。使用価値の生産は，効率の原理の実証例である。それは，自らの目的のために自然の力を制圧しようとする人間の活動である。

一般論として，また広い社会的視点から見て，効率性はアウトプットとマン・アワー（一人一時間あたりの平均仕事量）の関係で測定できる。しかし，この尺度を用いて個別の企業の効率性を測定するのには限界があることを，J. R. コモンズは認めている。企業における労働力は，どのような企業においても，直接労働力が全てではないからである。とはいっても，社会的かつ歴史的な広い観点で見ると，全ての生産は労働力—すなわち，頭脳的労働力や肉体的労働力，管理的労働力—によるものである。この点における J. R. コモンズの考えの論拠，そしてマン・アワーが効率性を社会的に測定する適切な方法であるという彼の主張の根拠となっているのは，自然はケチだというリカードの「自然の吝嗇性の理論」である。自然は生産的でない。自然は，人間が自然の力を人間の目的のために使おうとする努力に対して，異なった度合いの抵抗を示すだけである。小麦畑を自然のままにしておけば，そこには雑草や牧草，潅木が生え，小麦はできない。

しかし，現に存在する基本的問題は，考え出された測定方法とは無関係であることに注意する必要がある。問題は，社会に生きる人間がどのようにして自然の力を利用でき，また利用しているかということである。いくつかの物理的関係が安定化し，一体化するのは，経済活動におけるこの段階である。物理的な組み合わせと均衡が，価格と無関係の独自の条件の下で反応する。とはいえ，そのような組み合わせは，単なる物理的な動き以上のものである。物理的

かつ力学的な，いくつかの基本的過程が，労働力を節約しようとする意図を持つ人間の目的に沿って，組み合わされ，均衡化されるのである。機械的な行動や反応，あるいは物理的な行動や反応が，機械や，ゴーイング・コンサーンとしての工場に変換されるのは人間の目的によるものである。

このように，J. R. コモンズは生産を，利用価値を生み出す過程と限定した。物の有用性を作り出すのは品質であるが，品質は物の生産量によって変化するものではない。ただ，個々人にとっての有用性の度合いは生産量，すなわちそれに関連する希少性によって変化する。文明のそれぞれの段階において，馬車が自動車に取って代わられたように，異なる物が求められる。これらの欲求を満たすのは，物理的組織の役割である。ゴーイング・コンサーンとしての企業や工場と一体化された経営取引を通じた集団的努力によって，自然の力や材料が，利用可能な物やサービスに変えられる。

売買的取引は，所有権の譲渡で成り立つ。生産過程で材料が供給されたり，生産物が売却されたりするのは売買取引を通じてである。これは収入と支出の関係でもある。ゴーイング・コンサーンが他の企業や資源，市場と実際に関連を持つのは売買取引を通してである。J. R. コモンズは，この関係を社会的見地から，希少性（すなわち，必要とされる量と利用可能な量の関係）という名で一般化した。これは，よく知られた需要と供給の関係である。この関係が取引に与える影響は金銭で測定できる[38]。

J. R. コモンズはここで，インプットとアウトプットの関係と，収入と支出の関係という二つの関係を区別している。前者を生産の物理的過程の一部と，後者を占有の過程あるいはビジネスの過程の一部と位置付けている。例えば，アウトプットは賃金労働者にとって収入とはならない。彼のアウトプットは雇用主の持つ材料を物理的に変化させただけのものであるからである。「誰がアウトプットを所有しているかが重要である。奴隷のアウトプットは所有者の収入になる。同様に労働者のアウトプットは雇用主の収入になる。労働者のアウトプットは労働力そして，その利用価値と同じである。雇用主が労働者に支払う金銭と同額の金銭が労働者の収入であり，賃金となる。利用価値と金銭の間に必然的な関連性はない。利用価値と金銭は，交換不可能な二つの異なった尺度で測定されるべきものである[39]。

インプットとアウトプットの関係と，収入と支出の関係の区別は，J. R. コモンズが行った効率性（生産）と希少性（所有権の譲渡）の区別が基になっている。均衡化の議論をする際に，最大効率点—すなわち，最小原価—の組み合わせに達するために，経済学者がドルを基準としたインプットを用いるのは珍しいことではない。しかし，ブラックの『生産経済学』[40]で述べられている分析に関して，J. R. コモンズは，効率性を測る，この方法は「私企業の経営の効率性を測るには重要で有用な方法であるが，社会的行動の観点から見ると間違った推論となる，と述べている[41]。経済理論に見られる多くの間違った推論と彼が考えるものを，彼は明らかにしている。これらの間違った推論は，物と所有権の区別や，生産と差し控えの区別，簡単に言えば彼が言う効率性と希少性の区別[42]が出来ていないために起こるのである。「このように，古典派経済学者はアウトプットと収入，インプットと支出を区別しなかった。原価と価値の意味があいまいなため，このような区別が出来なかったのである。彼らは人間のアウトプットがすなわち彼らの収入と考えたのである」[43]。

　J. R. コモンズがどのような種類の問題を研究しようとしたかは，例えば希少性から生じる合理性の問題を考えると，見えてくる。また効率性に関しては，J. R. コモンズは，技術的進歩の恩恵を誰が受けるかと言った社会的問題に関心を持っていた。希少性と効率性を区別しなければ，すなわち金銭を効率性の尺度と捉えるならば，従業員の賃金を値切ることによって高い純利益を得ている実業家も，従業員に高い賃金を払いながら優れた組織運営をしている実業家と同様に効率的であるとみなされることになる，と彼は考えた。

　ここでは私は，これらの問題についての従来の考え方へのJ. R. コモンズの批評に対する評価をするつもりはないが，彼の分析に暗に含まれる前提のいくつかを指摘したい。彼は，理論構築において，企業の方針を決めることができる資源利用の理想的パターンを考えるのではなく，企業の実際の経営を分析しようとした。完全競争の限界においては，原価が価値と同じになるということは「理論的」には正しい。しかし，J. R. コモンズの分析は，現在，不完全競争と呼ばれている状況で実際に起きている事象に常に向けられていた。J. R. コモンズは分析の基準を個人ではなく，社会に置いていた。彼は，効率性と希少性を，社会的行動の二つの異なる側面に関する研究を基にして定義した。ま

た，J. R. コモンズの考えでは，ゴーイング・コンサーンとしての会社は，私が理解する限り，常に従業員のいる組織である。J. R. コモンズは自営の起業家の経済活動は分析の対象としていない。彼の基準は社会であり，基本的に社会的行動である。

インプットとアウトプットの関係と，収入と支出の関係を測定することは，業績を測定することであり，業績は基本的に社会活動に関連している。この考えは，彼が集団行動の二面性に着目したところから導かれた。集団行動の二面性とは，人と会社の関係，あるいは自社と他社の関係を指すのであり，「純利益」をもたらす会社の経済的立場と人との関係を意味するものではない[44]。ここで，企業の総利益と総支出を考える必要がある。J. R. コモンズは，そうしないと利害の衝突が隠れてしまうと主張する。裁判所は企業の総利益と総支出しか扱わない。裁定が必要な利害の衝突が起こるのはこの点だからである。

業績に関して，このような社会的見方をすると，収入と支出は驚くべき意味合いを帯びてくる。J. R. コモンズは，度量衡を採り入れたのは裁判所であると結論づけている。業績を測る方法を社会が必要とし，その結果，ドルやポンド，トン，ヤードといった標準尺度が作られた。利害の衝突に関して裁判が行われる場合，当事者双方による合意が履行されたかどうかを確定する何らかの方法がなければならない。契約や法的合意は全て裁判による裁定の対象となる可能性を持っているため，これら全てに法的効力を与えなければならない。当事者の一方が三等赤色冬小麦百ブッシェルに百ドルを払うことに合意し，他方が決められた品質等級の小麦百ブッシェルを百ドルで引き渡すことに合意した場合，当事者が契約を履行したか，しなかったか，客観的に確認できる。

このように，われわれは，J. R. コモンズが繰り返し述べている点にまた戻る。予測を保障するのは義務関係の安定化であり，この予測の保障のために義務を明確なものにする必要がある。「尺度はまさに歴史的に作られてきたものであり，理論で作られたものではない。尺度は，正しい裁判を行うために慣習や法律によって歴史的に作られてきた制度だからである。全ての尺度は，言語がそうであるように，「名目的」なものであるが，同時に集団行動という実体を伴っている。そして，尺度によって，個人や法人がいくら支払われるべきか，どのくらい働くべきかを決めるワーキング・ルールに正確性が与えられ

る」[45]。

　J. R. コモンズの理論はここで一巡したように私は思える。この議論により，彼は社会的過程がいかにして現代企業の基盤となるかを示した。彼は，いかにして一般的組織や評価が，そして今では具体的で測定可能な方法が実現したかを分析した。もしこの分析が正しいとすれば，社会的過程において測定可能な方法が現れたことに関する，彼の発生学的説明についてのいくつかの論点がここから指摘できるであろう。我々が持つ一般的な疑問は，どのようなときに，そしてなぜ数学が社会的存在に応用できるかということである。J. R. コモンズはこの点について述べていないが，彼の分析から私が理解する限り，秩序と公正のために課された尺度によって社会的活動が規則化され，正確化されていれば数学が応用できると考えていたようである。

　このような彼の発生学的説明を考えると，，数学的分析が役立つ経済学の研究や調査から一般論を導き出すのに，ニュートン的な力学的世界を仮定する必要はない，と彼が考えていただろうと想像できる。そして，彼のこの考えが純粋な一般論の基礎となることは確かである。この一般論は，社会的カテゴリーに基づいたものであるが，分析すべき社会的関係が社会的活動の中で実際に定量化され，規則されている場合には数学的分析を最大限に活用している。さらにこのことは，ナイト教授がかつて講義で述べたように，統計的分析や数学的分析だけでは政策の研究は十分に行えないということも暗に示している。政策と社会統制は，社会組織，評価，それに行動に対する分析を必要とする。統計的方法だけでは，はっきりした社会的活動の分析ができず，また社会的活動の基礎的構造ではなく社会的活動の結果や残滓を扱うだけになってしまう。

七

　これまでの議論で我々は，J. R. コモンズの考えの本質的特徴—すなわち，彼の考えの大まかな骨組み—を説明してきた。しかし，彼の考えに暗に示されているいくつかの論点について，もう少し所見を述べることが適当であろう。
　例えば，J. R. コモンズは社会統制に関心を持っており，これが彼の理論に深く根ざしている。私はこれを，彼が法的分析と経済的分析を合わせた分析を行った基本的な理由の一つであると考える。依頼を受けて法案を起草したとき

彼は，法案は，経済分析から見て妥当であるだけでなく，裁判において合理性が認められるものでなければならないと考えた。そして彼は，契約条件を規定する立法府の行為であろうと，労働条件に関する労働組合の集団行動であろうと，それらの行為は雇用主の自由や財産の侵害になると述べている。米国の政治経済においては，このような侵害行為は，裁判所の判決による「正当な法の手続き」によって処理されるべきものである。

この分析を法的前提と経済的前提の両方に関連付けるということは本質的に，形式と内容とを含む目的と手段を関連付けるということである。これによって，実際の状況において何をすべきかという実践的判断が可能になる。ただ，達成可能な目的あるいは目標を指摘するだけではJ. R. コモンズが満足しなかったのは明らかである。彼が描いた理想がどのようなものであれ，彼はその理想の実現のための手段を理想と関連づけて扱うよう常に努力していた。

これと相関関係にあるのが，J. R. コモンズの因果関係の概念である。戦略的要因と制限的要因は一度統制されると，新たな事態の原因となる[46]。「自然においては，物事は単に『起こる』だけである。しかし，複雑な出来事では，人は自分の目的のために制限的要因を選択する。もしこれらの制限的要因が統制できれば，それ以外の要因によって，人の意図する結果が生じる。「原因」とは，経営取引や売買取引を通じて制限的要因や戦略的要因を，意志をもって統制することである。「結果」とは，補完的要因の作用と，日常的取引の反復のことである」[47]。これは，目的を持った人間行動における因果関係であり，行動の目的の一部は社会的過程を修正し，統制することである。戦略的要因が文字通り戦略そのものになる。

これらの要因を一つにまとめると，J. R. コモンズ独特の解釈と強調点が見えてくる。J. R. コモンズが唱えた「心の経済」では，制限的要因と戦略的要因に注目する必要がある。因果関係と統制に関する彼の概念が，研究の基本単位としての取引の選択についての概念の基礎である，と推論することは妥当であろう。統制の力が働くのは，まさに人間の意志と意志が出合うところにおいてである。取引は社会行動の戦略的つながりである。また，法的統制に伴って物質的所有が生じるため，法的統制に力点を置くことができる[48]。

もしこれらが，J. R. コモンズの理論の合理的な解釈であるとすれば，これ

らによって，経済学者による財産の扱いに関して，基本的な疑問が生じる。J. R. コモンズは財産関係に対して長い間関心を持ち続けていたが，彼の関心はより深い二つの問題にあったように，私には思える。社会分析において彼は，過程に重点を置く研究方法が必要だということを認めていたようである。要するに，社会的事実は，物事が連続して起こる状況の中で理解して初めて社会的なものとして捉えることができるという考えである[49]。第二に彼は，民主的社会統制に関する分析を試みた。彼の分析の論点はまさに，「経済学者が社会統制に関わる問題を分析しようとするならば，財産の研究を含める必要がないのか」ということである。

J. R. コモンズの行政委員会に関する先駆的な研究によって，企画立案と統制に対する彼の関心の強さが良く分かる。また，J. R. コモンズが，戦略的立場に置かれた人—裁判官や議員，知事，そして特に行政委員会の長—が下さなければならない決断に関連する理論を構築しようとしていたことが，あらゆる問題を通して見えてくる。こうしてみると，J. R. コモンズの考えが行政委員会に関する彼の議論に最もよく表れているのは当然のことである。この議論から，社会思想史や判例，正当な法の手続き，社会的衝突，社会的効率性，労働者と企業経営者の心理といったものすべてに対する彼の洞察力によって，人が次に何をなすべきかを示す単純な提案のように表面的には見えるものがどのようにして生み出されたかが分かる[50]。行政委員会は国の第四部門として作られた。行政委員会は，調査部門として，様々な利害関係者の対立する主張について実態を調べ，法が定める正当な手続きによって事実関係を調査する権限を与えられている。その目的は，経済における政治の力を用いて，両極端に分かれている当事者の主張に対して合理的な判断を下すことである。

この理論体系は，J. R. コモンズが社会的問題への関与を通じて考え出したものである。彼はこの理論体系を，彼が経験した，相反する迷路のような状況の中で進むべき道を示してくれる羅針盤と呼んだ。従ってこれは，一般理論である。そして彼は，経験の一つの側面から他の側面へ考えを移すことのできる定義を作り出すという基本的な問題と格闘した。しかしJ. R. コモンズの基礎範疇は包括的である。行動とは全て，実行か，回避か，忍耐かのいずれかである。制度は全て，個人行動を統制する集団行動である。取引は全て，売買取引

か，経営取引か，割当取引かのいずれかである。異なったものの中にある類似性を見つけようとするJ. R. コモンズのこのたゆまぬ努力は，実際の社会的関係の分析から理論を構築しようとする彼の試みの中に見られる。社会は切り離されたものではないからである。内在する利害の衝突が社会を分裂させることは，絶対にあってはならない。社会は，協力や共同行動，意志の疎通，制度によって持続的なものとならなければならない。基本的な懸案に対処できる理論によってのみ，このように広範な問題を扱うことができる。

　J. R. コモンズは，私が理解する限り，全ての経済分析が彼の考えのパターンに従うべきであるとは，どこにも述べていない。分析の目的が何かということを彼は考えていた。社会的行動の構造の詳細な分析が必要とならない問題も多く存在する。J. R. コモンズの考えでは，稼働率の問題，あるいは商品の量が価格に与える影響がそのような例であろう。J. R. コモンズの理論は，力学的な限界分析による手法が有用である問題ではなく，社会組織や評価，利害衝突，統制といった，より広範な問題に目を向ける方法を示している点で重要であると，私には思える。そしてこれらの問題は，今，文明を脅かし，社会思想に大きな挑戦となっている。これらの問題を扱うのに必要な識見と着想を求める人々にとって，J. R. コモンズの業績はアイデアの宝庫と言えよう。彼の考えは複雑で難しい。著作の中で彼が述べているのは，社会生活における基本的関係を探し求める探求的精神についての彼の考えであり，仮定の基礎命題から推測される結果を説明しようとする人についての考えではない[51]。

* *The Journal of Land and Public Utility Economics*, Vol. XVIII, No. 3, August, 1942, pp. 245-266 から許可を得て転載。

注
1) J. R. Commons, *Institutional Economics*, NewYork: The Macmillan Co., 1934, p. 713 および p. 223 から引用し，一部書き換えた。
2) Charles W. Morris, "Introduction to G. H. Mead," *Mind, Self and Society*, University of Chicago Press, 1934, p. x.
3) Charles S. Peirce, *Chance, Love, and Logic*, New York: Harcourt, Brace & Co., 1923, pp. 32-60 に再録。最初は，*Popular Science Monthly*, Vol. XII, January, NewYork: D. Appleton & Co., 1878, pp. 286-302 に発表された。
4) Commons (1934), *op.cit.*, p. 842.
5) J. R. コモンズはここではしばしば，企業（concern）と組織（organization）を同義で用いている。

Ibid., p. 619 以下を参照。
6) Joseph Ratner (ed.), *The Social Intelligence in the Modern World*, The Modern Library, pp. 1059-69 参照。最初は "Social as a Category," *Monist*, April, 1928, pp. 161-177 として出版。
7) Commons (1934), *op.cit.*, p. 3.
8) *Anglo-American Law and Economics*, 1926, p. 41.（ガリ版刷り）
9) Commons (1934), *op.cit.*, p. 121.
10) *Ibid.*, p. 621.
11) *Ibid.*, p. 94.
12) J. R. Commons, *Legal Foundations of Capitalism*, New York: The Macmillan Co., 1924, p. 121.
13) Commons (1934), *op.cit.*, p. 738.
14) Commons (1924), *op.cit.*, p. 8.
15) *Ibid.*, p. 79.
16) Commons (1934), *op.cit.*, pp. 73-74.
17) *Ibid.*, p. 89.
18) *Ibid.*, p. 90.
19) *Ibid.*, p. 58.
20) *Ibid.*, p. 65.
21) *Ibid.*, pp. 67-68, pp. 876-903.
22) *Ibid.*, pp. 44-45.
23) Commons (1924), *op.cit.* はこの問題を広範に扱っている。特に pp. 214-312 ("The Rent Bargain", "The Price Bargain", "The Wage Bargain") を参照。
24) *Ibid.*, p. 145.
25) *Ibid.*, p. 149 以下を参照。
26) *Ibid.*, p. 11 以下を参照。
27) Commons (1934), *op.cit.*, p. 74。
28) *Ibid.*, p. 422。
29) *Harvard Law Review*, 1935, p. 363.
30) J. R. コモンズは，この点に直接触れた T. ヴェブレンの考えに対して次のような興味深い意見を述べている。「T. ヴェブレンは，実在物から過程に議論の対象を変えるとき，売買と言う金銭的過程のない有体財産から，金銭的過程そのものである無形財産へと議論の対象を変えているに違いない」。Commons (1934), *op.cit.*, p. 658.
31) *Ibid.*, p. 25.
32) *Ibid.*, p. 344.
33) *Ibid.*, p. 331.
34) J. R. Commons, "Fair Return," *Encyclopedia of the Social Sciences*, Vol. 6, 1932-35, NewYork: The Macmillan Co., pp. 56-58 参照。
35) この点に関する J. R. コモンズ教授の基本的な論点を理解できたのは，シカゴ大学 The University of Chicago の Charner M. Perry 教授の助力によるところが大きい。Charner Perry, "The Arbitrary as Basis for Rational Morality," *International Journal of Ethics*, Vol. 43, 1932-33, pp. 127-144 および "Principles of Value and the Problem of Ethics," *Revue Internationale de Philosphie*, July 15, 1939 を参照。
36) Commons (1934), *op.cit.*, p. 225。
37) *Ibid.*, p. 628.
38) *Ibid.*, pp. 261-262.

39) *Ibid.*, p. 287.
40) John D. Black, *Introduction to Production Economics*, New York: Henry Holt and Company, 1926.
41) Commons (1934), *op.cit.*, pp. 276-277。
42) これは，基本的に T. ヴェブレンの言う産業と商取引の違いと同じである。
43) Commons (1934), *op.cit.*, p. 286。
44) 特に彼の論文 "Institutional Economics," *Proceeding of American Economic Association*, Supplement, March, 1936, pp. 237-249 を参照。
45) Commons (1934), *op.cit.*, p. 468。
46) ミード (Mead) はこの点に関して同様の意見を述べている。「一般的に，それ（原因）は，異なった結果を生み出すために，変化させることができるある状態のことである。」G. H. Mead, *Movements of Thought in the Nineteenth Century*, Chicago: University of Chicago Press, 1936, p. 277.
47) Commons (1934), *op.cit.*, p. 632。
48) 原因という概念によって，経済思想史を分析する方法が説明できるであろう。ラーナー (Lerner) は，経済思想史の分析に頭を悩まし，『制度経済学』に対する書評において次のように述べている。「経済思想の発達においては，最初に，ある問題が戦略的となり，次に別の問題が戦略的となる。問題を解決した人は，「洞察力の先駆者」として J. R. コモンズに認められる。例えば，マクラウド (MacLeod) は，経済の対象としての財産の重要性に対する彼の洞察力により，経済学の大家と肩を並べる学者として認められた」。Lerner, 前掲の *Harvard Law Review*, Vol. 49, p. 632。
49) この点に関する批評的論評に関して，Dewey, John, *Logic*, New York: Henry Holt and Co., 1938, Chapter XXIV, 特に pp. 501-502 を参照。
50) Commons (1934), *op.cit.*, pp. 840-873;Commons (1924), *op.cit.* の特に pp. 354-356;"Legislative and Administrative Reasoning in Economics," *Journal of Farm Economics*, May, 1942, pp. 369-392 を参照。
51) *Journal of Land and Public Utility Economics* に掲載されたこの小論を読んで，J. R. コモンズ教授は雑誌の編集長あてに次のような論評を送っている。「これは素晴らしい分析であり，総括である……パーソンズは，私が二十年間苦闘してきた私の主張を明確にするために大いに力を尽くしてくれたと思う」。

* *American Economic Review*, Vol. XXXV, No. 4, Sept., 1945, pp. 782-86 から許可を得て転載。
1 J. R. コモンズの著書および重要な論文のリストは，彼の論文『制度経済学』(*Institutional Economics*, Macmillan, 1934) pp. 9-12 に掲載されている。ウィスコンシン州マディソンにある The John R. Commons Labor Research Library には，J. R. コモンズの小論の全集（大部全九巻）が所蔵されている。

第2章

T. ヴェブレンとJ. R. コモンズの比較と
わが国先達者の受けとめ方

第1節　T. ヴェブレンとJ. R. コモンズ制度経済学の比較

1．稀覯文献との出会い

　J. R. コモンズ著『集団行動の経済学』(1951年) の編者序文[1] (Editor's Preface) の中に "Mrs. Leona Spilman worked with him several months in Madson about 1936 and 1937. She later presented a dissertation for her doctorate in which the points of view of Commons and Veblen were compared."（レオナ・スピルマン夫人は1936年から1937年にかけての数ヶ月間，マディソンで彼（著者注，J. R. コモンズ）と一緒に働いた。彼女は後にJ. R. コモンズとT. ヴェブレンの見地を比較した博士論文を提出した。）と記した一節を見付けた。爾来，J. R. コモンズとT. ヴェブレンに関する文献を読むたびに，このレオナ・スピルマン夫人による博士論文の存在が気になり，何時の日にか現物を手に入れて，その内容を見たいものだと思うようになった。なぜならば，制度学派の研究に欠かすことのできないJ. R. コモンズとT. ヴェブレンの見地の比較を正面から考察した博士論文であり，しかもその論文の執筆者がJ. R. コモンズと数ヶ月間一緒に働いた人であるからである（後に判明したことであるが，彼女は5年間にわたってウィスコンシン大学でJ. R. コモンズ教授の指導を受けた教え子の一人である）。

　著者の長年の願いごとが天に通じたのか，2013年になって幸運にも理解ある友人の協力によって "A Comparison of Veblen's and Commons' Institutionalisms, by Leona Spilman. A Thesis Submitted for theDegree of

Doctor of Philosophy. University of Wisconsin 1940"[2])の表記がある 222 頁の論文が入手でき，この論文に関しては，国内の論文に引用されたり，要約の形などで紹介されたことがすでにあるのか否かは，著者は寡聞にして知らない。したがって，稀覯文献ともいえるこの論文を全訳した形で，執筆者の真髄を広める責任を感じる程内容の濃いものであると思うので，その機会を探していたところである。論文の全体構想を把握するために「目次」と論文の中枢と思われる一部の箇所を紹介したい。

　レオナ・スピルマン夫人は論文の冒頭に，「私の目的は，T. ヴェブレンと J. R. コモンズが制度を論じるときに制度をどのように定義しているのかを明らかにし，また，両者の研究方法の類似点と相違点を示すことである」[3]と研究目的を表明している。ついでその研究の進め方としては，「私はまず二人の経済学者が用いた方法を可能な限り見つけ出そうとした。そしてそれらを比較し，対比させた。私はここで，彼らが活動の準備期間である若年期から，最も大きい研究成果をあげた成熟期へ，そして自分自身の一部とまでなった自らの研究を評価し，実社会に適用した老年期へと移るにつれ，彼らの方法がどのように変化して行ったかを明らかにしようと試みた」といっている。

2．レオナ・スピルマン博士の論文目次

「T. ヴェブレンの制度経済学と J. R. コモンズの制度経済学の比較」
　(1)　本研究の性格
　　ア．本研究の目的
　　イ．参考文献
　　ウ．研究の進め方
　(2)　J. R. コモンズと T. ヴェブレンの研究の背景
　　ア．米国における相反する潮流
　　イ．初期の T. ヴェブレン
　　ウ．円熟した研究へ向けた T. ヴェブレンの訓練
　　エ．初期の J. R. コモンズ
　　オ．1890 年から 1899 年までの教師時代の J. R. コモンズ
　　カ．T. ヴェブレンと J. R. コモンズの初期の研究比較

(3) T. ヴェブレンの研究
　ア．批判的分析
　イ．T. ヴェブレンの「科学的」経済学
　ウ．制度経済学
　エ．著書から見た T. ヴェブレンの研究方法
　　① T. ヴェブレンの進化論的過程
　　② オリンポス山からの視点
　　③ T. ヴェブレンの皮肉とスタイル
　　④ いくつかの基本的な考え方
　オ．後年の T. ヴェブレン
　カ．T. ヴェブレンのアプローチに基づいた結論
(4) J. R. コモンズの成熟した研究
　ア．実地調査研究の始まり
　イ．実際的・実験的アプローチ
　　① 行政過程
　　② 産業統治
　　③ 法制化
　　④ 民主的手続きの他の例
　　⑤ 実際的・実験的アプローチの評価
　ウ．二つの方法の比較
　エ．二人のアプローチに基づいた結論
　オ．歴史的・制度学的アプローチ
　　① 序論
　　② 産業界
　　③ 労働運動
　　④ 財産制度の進化
　カ．体系的・理論的アプローチ
　キ．J. R. コモンズの後年における研究
(5) 社会主義に対する T. ヴェブレンと J. R. コモンズのアプローチ比較研究

3．初期の T. ヴェブレン

　反逆児，T. ヴェブレン。「ソースティン・ヴェブレンは人に合わせようとしなかった……」。家では男の子とは喧嘩し，女の子たちを困らせた。しかし，彼は，社会秩序や有閑階級に対して，また，元の所有者からただ同然で手に入れた物を彼らに使わせるのに50％もの利子を課すような，ニューイングランドの狡猾な略奪者に対して，父が懐疑的意見を持っていたことについて真剣に考える少年でもあった。ソースティンが陽気な母親と笑ったり，おしゃべりしたりして幸せな少年時代を過ごしたことは事実である。しかし，自分の考えに耽る時間も多かった。そして，戦う米国先住民や南部連邦支持者といった嫌われ者たちの味方につくようになっていった。

　「ソースティン・ヴェブレンは人に合わせようとしなかった……」。彼の両親はノルウェーの人里離れた村から米国に移住して来た。彼は親の希望でカールトンカレッジに入学した。道徳と神学を厳しく教える大学に，彼は普段着で通わなければならなかった。ノルウェー語も諦めなければならなかった。彼は道徳と神の慈愛についての講義を受けたが，彼が読んだのは，あるドイツ人亡命者の蔵書で，大学で禁書となっていた本であった。カントやヒューム，スペンサー，ハクスレーなどの自由思想に関する本である。彼はヘンリー・ジョージの考えに傾倒した。ジョージは所有者から土地を取り上げるという突飛な考え方を明らかにしたことで大学から非難されていた人物である。T. ヴェブレンは社会主義に傾いていったが，カールトンカレッジの教授たちは，社会主義を私有財産に対する神聖な権利を侵すものと決めつけていた。そして「カールトンで他の学生が異教徒のキリスト教への改宗を願うスピーチをする中で，T. ヴェブレンは……『残忍さを求める訴え』というスピーチをした」。

4．初期の J. R. コモンズ

　働く J. R. コモンズ。J. R. コモンズは早くから School of Trial-and-Error で教養教育を受けた。13歳で印刷工の技術を身に付けた J. R. コモンズは，夏に労働組合の印刷工場で働くことで，オーバリン大学の在学途中まで学費を自分で稼ぐことができた。J. R. コモンズは，鶏の雛を孵したり，健康回復のためにぶらぶらしたり，本を売り歩いたり，母のために酒場反対の出版物を出した

り，地方選択権 (local option，酒類販売などを認めるかどうかを住民の投票で決定する権利) に賛同したり，ヘンリー・ジョージ・クラブに加入したり，観察者の立場で実験をしたためぎりぎりで大学の単位を取得したりと，様々な事を経験した。こうして見ると，ジョンズ・ホプキンス大学大学院に入学する前のJ. R. コモンズがどのような人だったかがだいたい想像できるであろう。

　ホプキンス大学でJ. R. コモンズはイリー教授から，「ボルチモアの住宅金融組合でケースワーカーとして働くよう指示された」。社会奉仕と経済を結びつけることによって，母がJ. R. コモンズになって欲しいと思っていた聖職者の仕事を行っている，と彼は感じていた。

　彼の人生は目まぐるしく変化し始めた。彼の人生に起きた様々な出来事を映画のスクリーンに映し出せば，次のようにいろいろな場面を見ることができるであろう。すなわち，結婚したこと，ウェズレイヤン大学で正統派経済学を1年間教えたが認められなかったこと，オーバリン大学で創造的教育を始めたこと，インディアナ大学で以前より条件の良い身分に就けたこと，シラキュース大学で新設の社会学部長に就任したこと，労働者が日曜に自由に野球の試合をすることを支持したこと (本来彼はこれを非難すべきだったがそうしなかった)，37歳で社会学部長の職を追われ活動的研究を始めるようになったことである。ここから彼の本当の成熟した研究の「始まりが始まる」。しかし，彼の生涯をかけた研究の絶頂期について述べる前に，次の問いを発し，可能であればその答えを見つけてみたい。すなわち，若き教師のJ. R. コモンズがどのような方法を用いて経済活動を観察し，それを発表したかということである。

5．T. ヴェブレンとJ. R. コモンズの初期の研究比較

　J. R. コモンズとは対照的に若いころのT. ヴェブレンは調査を行っていなかった。彼は父の農場で，植物の生態研究，アイスランド語で書かれた『ラックス谷の人々のサガ』(*Laxdaela Saga*) の翻訳，哲学書や「経済学書の変わった取り合わせ」の読書といった様々なことをして過ごしていた。彼が発表した2本の論文を読むと，彼が，推論の方法と，人々の不満に対する経済学的根拠について哲学的に考察していたことが分かる。彼は抽象的で，答えようのない

問題を掘り下げていたのである。

　T. ヴェブレンは多くの人と付き合ったり，大勢の前で講義したりすることが苦手だったが，J. R. コモンズはいろいろな組織のメンバーになったり，多くの論文を書いたりして，実状を説明し，その改善策を示していた。J. R. コモンズは自分が勤める大学で講義をする傍ら，労働者やキリスト教団体などと話し合う場を持った。T. ヴェブレンは様々なタイプの人たちを「何の努力もしないで物を手に入れる人たち」か，相手を凌ごうとする人たちかのどちらに一括りにした。J. R. コモンズは目の前の具体的な問題を見つめ，キリスト教の人類愛によって人々が政治的・法的行動を取り問題を解決しようとするか，あるいは労働者階級が組織活動を通じた自助努力を行うかを期待した。両者の考えはどちらも正統的ではないが，T. ヴェブレンの方がより懐疑的である。

6. 制度経済学

　多くの経済学者は T. ヴェブレンを科学的経済学者というよりは制度経済学者と呼ぶ。このため，ここで T. ヴェブレンが制度経済学をどのように捉えていたかを考え，J. R. コモンズの定義と比較対照することとしたい。

　T. ヴェブレンは1899年に最初に著した著作のタイトルを『有閑階級の理論：制度の進化における経済学的研究』（*The Theory of the Leisure Class: an Economic Study in the Evolution of Institutions*）とした。1934年に J. R. コモンズは自身の15番目の著書のタイトルを『制度経済学』（*Institutional Economics*）とした。これは一冊の本としては彼の著書で最も包括的なものである。T. ヴェブレンと J. R. コモンズはそれぞれの著書において「制度」に異なった定義を与えており，類似点はわずかである。

　T. ヴェブレンの定義する制度は「人間の普遍性に共通する定着した思考習慣」である。この定義の一つの例に有閑階級がある。彼はさらに古典派経済学者やオーストリア経済学者が考える思考習慣も制度に含まれると述べている。T. ヴェブレンのアプローチと彼らのアプローチの違いは，T. ヴェブレンの著書で制度について書かれた部分ではなく，調査方法について書かれた部分で述べられている。彼はここで「問題になっている制度は間違いなく制度として彼らの目的にはかなっている。しかし，これらの制度は，これらの制度の性格や

起源，発展，影響，それにこれらの制度が被ったり社会の生命構造の中に伝えたりする変化の影響に対する科学的研究の前提としては適当でない」と述べている。T. ヴェブレンはしばしば代表的な制度経済学者と称されるが，私有財産と政府という最も広く認められている二つの制度の必要性を認識していなかったことは指摘しておく必要があるであろう。

　J. R. コモンズの制度の定義は，「個人行動を統制し，解放し，拡大させる集団行動」であるが，彼以前の経済学者の研究にもこの種の制度主義の一面が見られる。ほんの一例を挙げれば，ジョン・スチュアート・ミルは，法律，慣習，政府の影響により実行される，個人行動に対する集団的統制について述べている。これらは全て J. R. コモンズの制度の定義に当てはまるであろう。

　一般化された思考習慣と集団的統制は，ある特定の時期や場所で起きている実際の経済活動との関係が非常に少ないため，極めて抽象的な観点から論じられることが多いであろう。T. ヴェブレンと J. R. コモンズが制度を論じたというそのこと自体で，彼らが非正統派的であると決めたり，科学的であると決めたりすることはできないが，彼らの建設的研究を子細に調べれば，そこに経済学への新たなアプローチの証拠を見ることができるであろう。

　先ず，制度経済学や進化論的経済学の点から，人間活動に対する T. ヴェブレンの研究がどのくらいうまくいったかを見るために，彼の業績について論じたい。

7．T. ヴェブレンのアプローチに基づく結論

　以下は，T. ヴェブレンの業績を研究した結果得た印象である。

　T. ヴェブレンは諸問題を直接調査する学者ではなかった。彼は自身の理論を二次資料に基づいて構築した。二次資料はベラミーやマルクスの理論と同じくらい理論的なものが多かった。

　彼は学界における一匹狼だったように思える。彼は，現実社会で働く様々な意見を持った人たちと協力し合うことがなかったように思える。

　彼は，自身の理論に合う二次情報を資料として用いた。

　彼は辛辣な皮肉とユーモアで人間の弱点を突いた。しかしその多くは重要でないものを対象にした「空騒ぎ」であり，彼が無視した極めて重要な問題とは

好対照をなすものであった。

　彼は，答えの出しようのない問題の答えを探した。すなわち，生命過程を理解しようとすることである。

　彼は分けることのできないものを二つに分けようとした。これはあたかも古代ギリシャ人が人間の肉体と精神を分けようとしたことに似ている。ビジネス活動や法的関係は産業過程と別の過程ではない。これらは一緒になって人間関係のネットワークを作る。生地や網から経糸を抜けばそれらはばらばらになってしまう。

　T. ヴェブレンは改革では手ぬるいと感じていた。彼はペルシャの詩人，ウマル・ハイヤームのようになりたかったのかも知れない。「……この惨めな体系全体を掴み……粉々に砕き，我々の心が望むようなもの作り直す」。

　彼の一般化理論には，真実のうちのわずかしか含まれていない。残りは無関係なものとして捨て去られている。

　T. ヴェブレンは，彼以前に現れた他の理想主義者と同様に，人間の経済的苦しみを見つけるカギを探した。彼が見つけたカギは，下層民の欲求を満たすために生産する技術者だった。

　懐疑心が彼に自然哲学者・ファラデーではなく風刺作家・スウィフトの役を担わせた。

　彼は技術者に行動を促し，革命的変化に関する自分の予測を試そうとした。しかし彼は技術者たちが何もしなかったため，自分の「推測」が間違っていると感じた。

　T. ヴェブレンは若い頃，次のような方法を考えた。経験からデータを集め，そこから理論なり指針なりを帰納的に導き出し，その推測が正しいかどうかを実際の経験を通して確かめ，新たな状況に合うように理論を修正するというものである。しかし彼はこの方法をやり通すことができなかった。生命過程を観察するという非常に困難な仕事を伴うものであったからである。そのため，ほとんどの場合，彼の方法は推論的理論展開にならざるをえなかった。

8．J. R. コモンズの後年における研究

　J. R. コモンズが『制度経済学』（*Institutional Economics*）を書いたのは，

世界大戦と恐慌がもたらした混乱によって世界が引き裂かれ，病んでいた時代であった。J. R. コモンズは，T. ヴェブレンとは違い，資本主義の崩壊を望んではいなかったが，自らの経済活動と自由をワンマン経営者に任せてしまう人たちには失望していた。「ロシアとイタリアでは議会も任意団体も廃止されてしまった」と彼は述べている。彼の描く銀行資本主義のイメージは，T. ヴェブレンが大実業家による搾取と妨害行為に対して持つイメージと同じくらい悲観的なものであった。

J. R. コモンズは T. ヴェブレン同様，現実の経済活動が改善されたり，より効率的になったりすることを望んでいた。しかし，二人とも進歩を当然のことだとは思っていなかった。

ヨーロッパの一部において任意団体の力が弱まっていたが，J. R. コモンズは農業組合や労働組合，流通協同組合，安定化政策，進歩的政党，慣習法的手続き，議会，委員会による行政手続きに自分の望みを託した。彼はまた，より良い企業家などによる理にかなった実験にも期待を寄せた。そして彼らの行動が法制化されることもしばしばであった。それに対して，T. ヴェブレンは社会の不満が技術と思いやりという何年も眠っていた人間の本能を呼び覚まし，古い秩序を変えて欲しいと望んでいた。時代遅れの慣習がなくなり，最大生産性のための新たな形態がつくり出されることを期待したのである。

晩年 J. R. コモンズは授業で古い経済学派を鋭く批判し，次のようなことを述べている。

　　死者にとって以外，経済学に法則などない。
　　学生たちは古い経済学者が言ったことを調べようとするが，なぜ，実際の経済において我々が何をしているのかを問おうとしないのか。
　　古い経済学者は奴隷やロビンソンクルーソーを論じるだけで，人間の権利と義務について研究しようとしなかった。
　　マーシャルが議会で金と貿易について論じたとき，均衡経済学について書いたときの彼とは違うことを述べていた。ベーム＝バヴェルクはオーストリアの財務大臣であったとき自分自身の理論を適用しなかった。
　　経済学はそれが廃れてから約50年して完璧なものになる。J. B. クラー

クが個人主義経済の完成した形について書いたのは一般的法人設立法 (general in corporation laws) の成立後50年を経てからのことである。

しかし，T. ヴェブレンが1908年にクラークの見解を激しく批判する論文を書いたのに対し，J. R. コモンズはわざわざそのようなことはしなかった。T. ヴェブレンが弾丸をもって正統派経済学を破壊しようとしたとすれば，J. R. コモンズは一つ一つのデータを積み重ねて集団行動という経済学を構築しようとした。J. R. コモンズは，4～5の異なる均衡のタイプを示して，古典的な均衡理論を批判することがあった。パンを買う消費者は，取引の均衡という「ほんの小さな均衡」の一部であり，取引以外にも均衡はある。例えば，自動車会社の社長と労働組合の委員長との間で交わされる合意も交渉を通じた均衡である。また，国内的，国際的均衡もある。

後年J. R. コモンズが古典学派の学者を批判するために書いた著書の内容は，T. ヴェブレンが若き批評家として行った攻撃ほど激しいものではなかった。以下に引用する文はベンサムに向けられたものであり，非常に重要なことが述べられているが，その批判の程度は，T. ヴェブレンがこのオーストリア人経済学者を欲求の小球体と呼び，彼に浴びせた手厳しい攻撃には比べるべくもない。

　ベンサムの言う快楽と苦痛は，個人取引と集団統制の区別，動機づけと制裁の区別，利己主義と道徳の区別，幸福と欠乏の区別，感情と金銭の区別を曖昧にしている。経済学では諸問題を表層的に扱う。物事が表面的に存在しているように扱うということである。しかし実際の問題は具体的なものである。それらは売り買い，貸し借り，雇用と解雇，経営者と従業員，原告と被告といった個々の問題である。確かにこれらは全て快楽と苦痛に大くくりできるかも知れない。しかしそれではあまりにも原則的になり過ぎて分かりにくい。なぜならば，そういうくくり方をするとそれらは全て意思や願望ということになってしまうからである。だが，実際の個人行動や団体行動の実践と価格はドルと量によって決められるのである。

J. R. コモンズは幅広い経験から，驚くべき正確さで物事の予測ができた。
　経済不況が始まったとき人々はすぐに繁栄が訪れると期待したが，J. R. コモンズは，不況は少なくとも 12 年は続くと予測した。また，J. R. コモンズがシカゴの経済会合で講演したとき，伝統的経済学者たちが全国産業復興局（N.R.A.）の設立などのニューディール政策が自然法に反しているとして反対した。このとき J. R. コモンズは，これらの政策は憲法違反と判断されるであろうから心配する必要はないと言って彼らを安心させた。その後彼は「数カ月以内にそうなりました」と愉快そうに言った。それから人々はなんと J. R. コモンズに「あなたが保守主義者でよかった」と手紙を書いたのである。T. ヴェブレンも同じように誤解されることがあった。平和について書いた彼の論文を読んだ人々が彼を親独派と呼んだときである。
　筆の衰えを知らない J. R. コモンズは今までの経験をまとめた *Investigational Economics* の執筆を始めた。彼の経験を一冊の本にまとめることは不可能なことではあったが，彼はその仕事に取り掛かった。彼のアプローチは，自由放任や自然法，自由競争に反旗を翻すことであった。彼のアプローチはまた，適正競争を積極的に支持するものであり，民主的集団行動を通じて人々がより良い経済活動を行える機会を持つことを積極的に支持するものでもあった。彼のアプローチは現在の米国の諸制度と同一線上にあるように思える。それに対して，T. ヴェブレンの方法では，独裁体制——彼がそれをそう呼ぼうと呼ぶまいと——が敷かれてしまうことになったであろう。

9．二人のアプローチに基づいた結論

　T. ヴェブレンのアプローチは，直接調査に基づいた J. R. コモンズの方法とは比べるべくもない。T. ヴェブレンは具体的問題を直接調べたり，民主的手続きを調査したりするということはしなかった。彼は民主主義を，企業家や不在所有者，守られた階級の利益を守るための一般的な手段とみなしていた。
　T. ヴェブレンはまた，例えば安全装置を設置するような進歩的製造業者と，移民労働者を躊躇なく使い捨てたりずたずたにしたりする経営者を区別しなかった。T. ヴェブレンにとって全ての経営者はただで何かを手に入れる人たちで，同じ階級に属している。彼らは全て産業過程の効率的機能を阻害してい

る。

　T. ヴェブレンは財とサービスを最大限に生産し，分配するのに専門家に信頼を寄せた。しかし J. R. コモンズは，「専門家に自由にやらせたら，彼らは互いを支配しようとし互いに対立し合うことになり」，そして彼らは無能な企業幹部になることが多い，と考えた。専門家は自分の専門分野に関する個々の事実に関する知識に基づいて決断を下す。そのために彼らは，自分が詳しくない分野の事実を切り捨てる。官僚主義ではなく連携が，J. R. コモンズが望む方法であった。そのような連携は，民主的手続きが試行錯誤を経て進化している国におけるゴーイング・コンサーンを実際に調査することによって可能になると J. R. コモンズは考えた。

　T. ヴェブレンは，科学は「密に結びついた理論体系」であると考えたが，J. R. コモンズにとっては，科学は手続きの方法であった。J. R. コモンズにとって理論は，彼が実際的問題の調査の全てで用いたもので，事実を選択し体系化したり結論を導き出したりするのに自分にとって役に立つ道具であった。それは，研究者が事象を無理やりまとめてつくり上げる青写真でもなければ，細部を探し出して証明しようとするものでもなかった。J. R. コモンズの理論は具体的なプロセスから生まれたものであり，試練に裏打ちされた正当性がその中に含まれている。理論が「ある目的のためにつくられたもの」であるからである。

　J. R. コモンズの実際的アプローチを一言で言い表すことができるであろうか。これは不可能に近いことであるが，次の問いに対する答えを探すことで，数多くの調査に基づく研究を行った彼のアプローチの一端が分かるのではないだろうか。すなわち，利害関係が衝突する世界において，人は統制の変化過程を進化させ，より進歩的で，より人道的で，より文明的で，より公共心のある人々の方が，自己的で，残忍で，悪質な人間よりも主導権を握って機能できる可能性が高い社会に変えていくことができるのであろうか，というものである。

　この質問に対する J. R. コモンズの答えは次のようなものになるであろう。
　統治権は徴税権を通じて，無毒のマッチを製造したり，土地を使い果たすのではなく農業を築き上げたりすることが個人にとって利益になるような働きをする。

グループは組織化し，傑出した代表者を選ぶことができる。選ばれた代表者は，他のグループの代表との会議で，ある特定の対立から抜け出すことができるような合意に達することによって，自分のグループの利害のために働く。代表者は，より道理をわきまえた人が機能できるようにワーキング・ルールを決めたり，法律を採用したりして一定の安定を得るために働く。これは，行政プロセスや議会，慣習法裁判所，産業統治，企業団体，農業団体を通して行うことが可能である。将来に対し確実に希望が持てるということは生産的である。「この国や現代の他の先進国において富を最大限に生産する本当の力は，将来に対する信頼である」。搾取される側は，上述の民主的手続きや，そこから発展する他の手続きを通じて権力者と協力関係を持つようになる。J. R. コモンズは官僚主義に反対した。そのため，彼の提案は人が下の方から働きかけていくことができるような内容であった。民主的手続きにおいては，人付き合いにおける気配りが重要な要素となる。訓練を受けた人は，限界効用ではなく戦略的要因を統制しようとする。専門家は経済活動について助言を与えるべきであり，経済活動を統治すべきではない。政府と資本主義は改善されるべきであり，破壊されるべきではない。従って，変化は革命ではなく進化によってもたらされるべきである。革命の後の復興が困難であるからである。進化は，わずかな野生リンゴが自然で生き残れる自然淘汰ではなく，人間による統制を通じて素晴らしいデリシャス種のリンゴを生み出すような人為淘汰であるべきである。

第2節　わが国先達者の受けとめ方

　本節では，わが国におけるアメリカ経営学の代表的研究者がいわゆるアメリカ経営学における制度的経営学をどのように理解され，それをどのように位置づけて受け入れようとしたかを検証することにする。
　その場合，諸先生の所説が論文発表の時期やあるいは文献入手の状況等により微妙に影響されているのではなかろうかと思い，古川栄一教授，藻利重隆教授，占部都美教授，三戸公教授の順にその拠り所も合わせて紹介する。

1. 古川教授はアメリカ経営学[4]を「管理学」としての経営学と「経営者学」としての経営学から成り立っており，この二つのアメリカ経営学の統一総合こそは今後のアメリカ経営学に課された重要問題であるが，この統一は必ずしも論理的には容易でないとみておられる。しかし，その統一にたいする新しい方向は，すでに経営の制度的性質の認識に立脚して，制度的方法によって研究しようとるする「制度」経営学への展開として示されている，といわれている。
2. 藻利教授はアメリカ経営学[5]を大別すると，第一は管理技術論的経営学であり，第二は制度論的経営学であるとし，これまではアメリカ経営学の主流をなしてきたのは前者すなわち，管理技術論的経営学であったという。しかし，科学としての経営学の確立において，より重要な意義をもつものは管理技術論的経営学ではなく，制度論的経営学であり，管理技術論的経営学は固有の意味においては経営学の名に値するものではないであろうと切り捨てられている。その上で，それを制度論的経営学のうちに綜合し，体系化せられることによってはじめて科学化し，「経営学」化されるのである，と。そして，企業の制度論的研究をおこなう制度論的経営学においてはじめて，実践的理論科学としての経営学の成立を見ることができるのである。
3. 占部教授はアメリカ経営学[6]の紹介において，早くより二つの経営学の主流として，一つはF. W. テイラーの科学的管理法に起源をおく管理的経営学を，他の一つはいわゆる制度経済学の思想的影響をうけた制度的経営学があることを認めている。しかし，具体的にW. ウィスラーの名前と彼の著書 *Business Administration* をあげながらも制度的経営学は経営学の一つの統一的体系としてはまだ確立されたものではなく，一般的承認を得るにいたっていないと慎重な立場をとっている。

　だが，一方では，経営学の基本問題としての企業に対する制度的認識についてみると，その認識方法とそれにもとづく研究労作は，アメリカ経営学において圧倒的に重要な比重をもっていることをわれわれは注意しなければならない，とも強調されている。
4. 三戸教授はアメリカ経営学[7]は，経営管理学ないし管理論的経営学としてまず成立し，発展し，それを主流として現在にいたっている。それは，管

理のための技術学であり，管理の目的が利潤であるところから利潤追求のための技術学といってもさしつかえない，といっている。
　一方，1929年にはじまった大恐慌を契機に，企業ないし経営それ自体の維持存続が危うくなる状況におよんで，アメリカにおいてはじめて，企業ないし経営を経営学の問題として正面きって主として制度学派経営学者によって追求され，今日にいたっているとみている。

　前述のとおり，4人の先生方はアメリカ経営学を，一方には，管理学，管理技術論的経営学，管理的経営学，管理論的経営学と多少表現の相違はみられるものの共通してF. W. テイラーの科学的管理法に起源をおく「管理」経営学をおき，他方では，T. ヴェブレンおよびJ. R. コモンズを先駆者とする制度学派経済学の思想をうけた制度経営学，制度論的経営学，制度的経営学，すなわち名称を統一すると「制度的」経営学が存在すると認識されている。その上で，非常に重要で価値あるとらえ方は，その両者を統合する場合においては「制度的」経営学が理論にその役割を担うであろうし，科学としての経営学を確立する場合には重要な意義をもつものであるとしているところである。

第3節　制度学派の主要理論

　いわゆる制度的経営学は，T. ヴェブレンを創始とするアメリカ経済学の制度学派の流れをくんでいる以上，T. ヴェブレンのいう「制度」に対する概念を明確にしなければならない。
　したがって当然のことながら，わが国のアメリカ経営学の研究者達は一様にT. ヴェブレンの「制度」について次のように述べている。

1．制度（institutions）に関する考察

　占部教授[8]によればT. ヴェブレンは制度を定義して，「人間の一般に共通する一定の思考習慣である」としている。また「制度とは，一定の行為習慣であり，各人はそれにしたがって自己の経済行為を秩序づけるのである」。私有

財産制度，企業制度，信用制度などはすべて，個人の経済行為を規制する重要な制度をなしている。したがって，制度は法律規則などの枠を単純に意味するものではなく，各人の経済行為を直接に規律する行為習慣，行為基準，行為原理をなしている。

さらに制度とは[9]，「実効規律を設定する集団行為」である。したがって，企業（株式会社），労働組合，教会，政党，政府は「制度」をなすものである。

制度は[10]「利害の矛盾を調整する実効規律を維持するもの」であり，利害集団の利害を「秩序と相互依存」関係に導く実効規律が真の制度と考えられる。

制度とは[11]，要するに実効規律によって個人の行為を制度化する習慣行為である。したがって，まず制度的方法は，この実効規律の知識を通じて集団行為による支配の構造を知ることを任務とする。

三戸教授[12]は，「T. ヴェブレンは制度とは，人間の本来的な持続的諸性向，すなわち人間の本能（instinct）が基礎的な力となり，それに外部的環境の制約が加わって形成せられたものであり，それは積極的な因果系列を形づくりながら無限の発展をとげると把えており，彼はこのような進化論的な歴史観・社会観をもっていたのである」と記述されている。

さらに，「J. R. コモンズは，制度は個人行動の統御・解放・拡大についての集団行動（collective action）であり，人間はこの集団の過程のなかに生まれ来て，集団行動の法則に従って個別化される。したがって，集団行動＝制度は社会生活の普遍的・支配的事実である」と把えられている。

2．実効規律（working rules）に関する考察

J. R. コモンズによれば[13]，「実効規律とは，集団行動の経営者または管理者が従属する個人の行為を響導する方法である」と述べている。

さらに「各人は自由と思うかもしれない。しかし，それはなんらかの種類の集団行為の実効規律の範囲内において自由なのである。たとえ，組織的集団行為の外部にあるとしても，習慣や伝統などの一見非組織的な集団行為に服属しているのである」。実効規律の原始的なものとして，習慣，慣習，伝統などが考えられるが，この実効規律は固定的，永久的性質のものではなく，歴史的および経済的条件の変化によって変化してゆく。近代の産業社会においては，慣

習あるいは家族や教会などの実効規律は弱められ，それに代わって，国家，企業，労働組合が個人の行為を支配する重要な実効規律の制定者となっているのである。集団行為の実効規律は個人の行為を実効的にまた持続的に支配することによって，それは設定（institute）されたものになる。この実効規律の原理を企業経営の分析に適用すれば，次のようにいえるであろう。

　まず，定款，取締役会の決議，組織図，職制，業務規定などが株式会社企業の実効規律をなす。それは，組織的実効規律である。

　さらに，原価および価格，あるいは原価と収益の比較考量という経済性は，もちろん企業の経営行為を律する重要な実効規律である。それは経済的実効規律であるといえよう。

　さらに，生産過程における人間行為は機械規律，作業などによって規律される。それは，いわば技術的実効規律である。あるいはさらに，企業経営における人間行為を支配規律するものは，公式的な実効規律のみではない。管理集団ないし作業集団を通じ，そこにおける人間行為は非公式的な実効規律によって規律されるであろう。

　前記のように実効規律に関する所見を整理することによって，実効規律に対する理解は一段と深まった感がある。

　なぜならば著者は，長年にわたり，"working rules" よりも「実効規律」という訳語にこだわっていたために，その真意を掴むまでに至らなかった。事実，「実効規律」という用語は日常使う機会も少なく，また「実効とは実際の効力あるいは実際のききめ」（岩波国語辞典）という定義から到底その真意を推測することが難しかった。

　そこで訳語の「実効規律」の呪縛から一旦のがれて "working rules" の意味（意図）を文脈の中でさがしてみると，「行動基準」あるいは「行為規範」の方が適訳に思えて，引用文中の「実効規律」の箇所にこれらの訳語（日本語）を置きかえてみると所見がさらに明解になったのである。

　さらに「実効規律」を詮索してみると，今様に表現するならば "組織文化" との共通性を彷彿するものを感じないわけにはいかない。それは例えば，以下の論述の中に納得させられるものを見出すからである。

「J. R. コモンズは[14]、『意志の原理』の導入によって、各人の裁量的行為が取引を通じて実効規律自体に影響を与えると考えるのである。ここに裁量的行為とは取捨選択、判断などの人間意志の作用する行為をいう。この裁量的行為は経営の下部段階においてはきわめて狭く制限され、多くは実効規律にしたがって画一的に行為を行うにすぎない。しかるに、経営の上部段階にいたるにしたがって裁量的行為はより多くなる。すなわち、実効規律の範囲内における選択の幅がより広くなるのみでなく、決定、処分自体が実効規律を変化せしめる影響をもつからである。たとえば、社長、取締役の決定は、配分（割当）的取引であり、定款その他の実効規律に規律されるとしても、その決定自体はまた経営の下部段階における個人の行為を支配する実効規律をなすのである」。

それ故に、経営における「実効規律」に関していえば、それらの意思決定に影響を及ぼすであろう"経営文化"との関係が有意義かつ新たな問題として生起され、斬新な研究テーマとしてわれわれに投げかけていることを看過するわけにはいかないのである[15]。

3．取引 (transaction) に関する考察

「取引」とは、二人またはそれ以上の数の人の間に行われる人間行為をいう。取引は個人の行為であるとともに集団行為の根源形態であり、その構成単位である。具体的に実在するものは、集団行為それ自体であることである。それゆえに、J. R. コモンズは「最小の分割研究単位」として取引を考究しているのである。取引は当事者の地位関係と取引の対象領域によって、次の三つのものに分類される[16]。

(1) 売買取引 (bargaining transactions)

売買取引は法的に同等な立場にある者同士の間で行われる。紛争が起きた場合、仲裁者が両者を法の下に平等に扱う。経済的に同等な立場にある者の間で行われる場合、当事者が交渉により相手を説得することによって合意に達する。経済的立場に優劣がある者の間で行われるときは、労使間交渉で会社側が従業員の力を抑え込む場合のように強制によって取引が行われることもある。売買取引では、よく知られているように、市場価格—より正確には

所有権譲渡の条件——が交渉の対象となる。

(2) 経営取引（managerial transactions）

経営取引は，法的立場に優劣がある者同士で行われる。命令と服従の関係にある者の間での取引である。典型的な例は，現場の監督と作業員の間の取引である。一方が命令し，他方が従う。取引の対象は，機械の構造や物品の物理的引き渡しなどにおける身体的能力である。

(3) 割当取引（rationing transactions）

第三の形態の割当取引も，法的立場に優劣がある者の間で行われる。しかし，割当取引は，便益と負担を分け合うことに権限を与えられた者の間での交渉と合意によって行われる。税負担の割当が企業と政府の間の典型的な割当取引である。例えば，最近では政府が農業調整法により農家に対して補助金を出すなどの便益を供与した。

現在では戦争という非常事態にあるため政府が直接，経済を統制しており，通常の売買取引に代わり割当取引が行われることが増えている。法人の形を持ったゴーイング・コンサーンにおいては，経営幹部が予算を策定し，配当金を決めるのが典型的な割当取引である[17]。

なお J. R. コモンズは，このような取引の概念を整理するために「取引の範囲」を下記のような図表で呈示している[18]。

なお，"transaction" の日本語訳について，北野教授から次のような提言がなされているので一考を要することだと思われる。

「"transaction" は，制度学派の研究については権威である古川博士や占部博士によって「取引」と訳されているが，筆者がこれをあえて「横断作用」，すなわち横に働く作用と訳するのは，英原語が今日商業取引の意味で用いられているのに対し，J. R. コモンズや W. ウィッスラーがそのラテン語源の意味で，すなわち「trans 的行為 *trans*-action」の意味でこの語を用いていることが一つである。またこの意味内容の今日の組織論者が用いる「相互作用」との共通性が「取引」と訳したのでは，あまりにも伝わり難いと思われるからである」[19]。

取引の範囲

時間の経過	取引の種類（関与者の状態）			経済学の種類
	売買（法的平等）	経営（法的優劣）	割当（法的優劣）	
1．交渉的心理 （誘因，意向，目的）	説得又は強制	命令及び服従	命令及び服従	質的 （測定しない）
2．将来の行動に対す責務 （協定，契約，義務，行動の規則）	実効と支払の責務	富の生産	富の分配	質的 （測定しない）
3．責務の履行（経営，管理，主権）	価格と数量	投入と産出	予算，租税 価格決定 賃金決定	質的（測定する）

4．ゴーイング・コンサーン（going concern）に関する考察

　占部教授は，ゴーイング・コンサーンに関して，いろいろの角度から次のように説明をしている[20]。

☆　J. R. コモンズにおいては，現代の経済社会の経済的現実を解明し，それらをはらむ問題を解決する用具（instrument）として，ゴーイング・コンサーン（going concern）の理論が展開される。このゴーイング・コンサーンの理論は，すなわち，企業体の理論であり，経営学ないし会計学の実物対象と同一のものであるといえるのである。

☆　企業，労働組合，ないし国家は，同じゴーイング・コンサーンであるとみることによって，同似性の原理は経済学，法律学ないし行政学などの関連科学の相互関連化に導くものとなった。いわゆる法経学的研究は，J. R. コモンズの特有の方法をなすものといわれるのである。

☆　J. R. コモンズによれば，制度は存続（going）しているかぎり，すべてゴーイング・コンサーン（ここでは組織体を意味する）であるとなすのである。

☆　制度的認識の対象は，すなわち制度—ゴーイング・コンサーンにほかならない。

☆ J. R. コモンズは,「ゴーイング・コンサーンとは,共通の実効規律によって支配され共通の目的と集団的意志をもつ集団的行為である」と定義している。
☆ 制度―ゴーイング・コンサーンは,「取引」によって実体的に構成され,取引が持続的な実効規律によって統制され,同一性をもつときに,制度が成立するといわなければならない。
☆ 制度―ゴーイング・コンサーンの概念とその真の問題を知るためには,その運用論的側面（operational status）に論及しなくてはならない。J. R. コモンズは,ゴーイング・コンサーンの運用論的諸原理として次のものをあげているが,その論議は制度理論における究極の問題点に到達する必然の過程となるものにほかならないからである。
  1．能率の原理
  2．稀少性の原理
  3．実効規律の原理
  4．将来性の原理
  5．国家の原理
☆ ゴーイング・コンサーンの理論は「意志性の原理」を導入することによって,静態的様相を脱して,動態的様相に変化し,構造理論より経営者論,管理論および利害調整論などの動態理論に発展してくるのである。「意志性」はゴーイング・コンサーンの動因（motivation）であり,また他方において能率,稀少性,実効規律,将来性,国家の諸原理を統合化するものである。

　人間の行為は本質的に目的論的であり,このような目的論的行為（取引）の連続体であるゴーイング・コンサーンは有目的のものである。そして,「取引」自体が将来における目的に指向された意志的過程（volitional process）にほかならない。ゆえに,ゴーイング・コンサーンの理論は経営行為の意志的過程の理論であり,その意味において動態論となるのである。

　J. R. コモンズのゴーイング・コンサーン論の延長線上に,ゴーイング・プラント（going plant）とゴーイング・ビジネス（going business）という概念がある。今ここに両者を明快に論述している高橋真悟稿「J. R. コモンズのゴー

イング・コンサーン論」[21]の一部を紹介して，われわれの理解の拠り所としたい。

「ゴーイング・コンサーンの経済はその部分を構成する要素を効果的に機能させることにより，多くの価値を作り上げる。そのゴーイング・コンサーンの経済を構成する二つの部分経済がゴーイング・プラント（going plant）とゴーイング・ビジネス（going business）と呼ばれるものである。

ゴーイング・プラントとは『公衆にサービスを提供する生産組織』（Commons 1924, p. 182, 邦訳 233 頁）で，人が自然に働きかけて財やサービスを生み出す技術経済である。そこでは最小の投入による最大の産出を目的とするため，『効率性』（efficiency）の原理によって機能し，法的関係の上位の者から指示されて富の生産を行う『経営取引』が行われる。

ここでいう富の生産とは使用価値を生み出す過程全体を表しているので，ゴーイング・プラントは物理的なプラント（生産施設）のみを指すのではない。J. R. コモンズは生産要素である『プラントじたいは，それぞれ力の特性や供給，価格に従って割り当てられる自然の力である』（Ibid., p. 206, 邦訳 266 頁）とし，これにプラントを管理する生産組織が加わることの重要性を説く。もし，プラントが生産組織と一体にならなければ，プラントは『死んだ構造物』となってしまう。逆に，生産組織もプラントと切り離されては何も生み出すことはできない。よって『生産組織はゴーイング・プラントでなければ無益なものである』（Ibid., p. 206, 邦訳 266 頁）としている」。

（中略）

「したがって，ゴーイング・プラントから生まれる無形的・倫理的な効用を市場で扱う組織が別に必要になってくる。それが事業組織としてのゴーイング・ビジネスである。

ゴーイング・ビジネスとは『公衆から対価を受け取る事業組織』（Ibid., p. 182, 邦訳 233 頁）で，人と人との間の商取引全般を扱う資産経済を指す。そこでは財やサービスが豊富にある所から不足している所への所有権の移転を取り扱うため，『稀少性』（scarcity）の原理によって機能している。そしてここでは法的に平等な者の間で行われる『売買取引』が行われる。J. R. コモンズはゴーイング・ビジネスという概念をアメリカにおける裁判所の判例を調査す

ることから認識し，それが財産概念の変化と結びついていることを指摘している」。

注

1) J. R. Commons, *The Economics of Collective Action*, The Macmillan Company, 1951, pp. 352-353；長坂寛・田中一郎「制度学派的経営学における J. R. コモンズと彼の業績に対する所見」『松蔭大学紀要』第 16 号，2013 年 3 月．
2) Leona Spilman, "A Comparison of Veblen's and Commons' Institutionalisms," A Thesis Submitted for the Degree of Doctor of Philosophy, University of Wisconsin, 1940.
3) *Ibid.*, p. 1.
4) 古川栄一『アメリカ経営学』経林書房，1959 年，37 頁．
5) 藻利重隆『米国経営学（中）』東洋経済新報社，1957 年，3 頁．
6) 占部都美『近代経営学』白桃書房，1955 年，331 頁．
7) 三戸公著『アメリカ経営思想批判』未来社，1966 年，11-12 頁．
8) 占部都美『米国経営学（上）』東洋経済新報社，1956 年，128 頁．
9) 占部（1955），前掲書，343 頁．
10) 同上書，366 頁．
11) 同上書，368 頁．
12) 三戸（1966），前掲書，16 頁．
13) 占部（1955），前掲書，342-344 頁．
14) 同上書，361-362 頁．
15) 長坂寛「経営文化学部　事始め─経営文化論確立の一里塚を目指して─」『松蔭大学紀要』第 5 号，2005 年 3 月他．
16) 占部（1955），前掲書，352 頁．
17) Commons, *op.cit.*, pp. 352-353；長坂・田中，前掲論文．
18) *Ibid.*, p. 57.
19) 北野利信『アメリカ経営学の新潮流』評論社，1963 年，64 頁．
20) 占部（1955），前掲書，332-359 頁．
21) 髙橋真悟「J. R. コモンズのゴーイング・コンサーン論」『一橋大学社会科学古典資料センター年報』30，2010 年，21-22 頁．

第3章
W. ウィスラーの主著
Business Administration[1]による所見

　本章では「研究ノート」の役割をふまえて，W. ウィスラーの所見を直に行間からも読みとれるように主著の主要と思われる箇所を抄訳の形で紹介する。
　なぜならば，本書はインデックスを含む30章807頁に及ぶ大書のためか，いまだかつて部分的引用が多く，全般を通読できる機会が限定されてきたからである。
　それゆえに，紙幅の都合上とはいえ，第1節「序論」と「結論」，第2節「アプローチの方法」（第2章），第3節「用語等の定義」（第4章），第4節「労使関係」（第12章），第5節「人間と機械」（第16章），第6節「人的要因」（第24章），第7節「管理的統制の定量化」（第26章）の抄訳にとどまったのは残念ではあるが有益な研究資料なので熟読玩味をするために掲載する。

第1節　序論と結論

1．序論
　本書のような性格を持つ書籍は，研究者と実践家の二つのグループにとって関心のある内容となるであろう。これら二つのグループの関心は異なった別々の方法で満足させられるべきだと決めつけられることが多いが，本書ではそのような考えは受け入れない。良い実践家は全て研究者であり，教育的な内容や構成，説明が管理の実際的目的にかなえば研究者はより多くを学ぶことができ

ると考える。

　従って，以下の各章が，教えることよりも学ぶことの観点から書かれているのは，そうすることで「研究者」という言葉のより大きな意味を示したいからである。事業家はどこにいても学校に通っているようなものである。よく知られた経験を通じた厳しい教育は単に必要に迫られて存在するだけで，大学教育といった正式な教育とは異なるものである，とする考えでは，情報と知識の区別をすることができない。このようなよくある誤解を払拭するのが正しい教育方針である。問題・プロジェクト型メソッドを教室で採り入れ，教室を実験室へと発展させ，工場や事務所，銀行，商業施設のたくましい現実によってテキスト資料や管理実験を補うことで，誤解を払拭することができる。これらのことは研究共同システムによるフィールドワークや特別研究，指導者の下での経験によってのみ可能である。独自の訓練機関をつくろうとする産業組織が増えていることが，社員の学力不足に対する批判の意味でつくられたり，職業訓練に特化するという狭い考えのもとでつくられたりすることは残念なことではあるが，これが，ペスタロッチ以降の進歩的教育者たちの想像力と創造力をかき立ててきた学ぶことと行動することを統合するという，健全な方向に向かっていることは確かである。従って，問題に取り組む研究者としての経営管理者と，将来の経営管理者候補として教室にいる学生の間に基本的な違いはないはずである。ただ，教育的内容の選択や構成，説明から経済性が必要な場合は別である。

　いずれの場合も，古い教授法から生き残っている情報内容へのこだわりは，企業管理の面から見て非経済的であり，教育の観点からも内容の乏しいものであり，捨て去られつつある。教育の目的や目標は本の中に答えを期待したり，問題の解決方法を修得したりすることであるべきではないと，一般に教育者は考えている。このような能力だけのためならば，安い労働者を雇うことができるし，あるいは人間の出来の悪い頭よりずっとよくこのようなことができる賢い機械をつくり出せるかも知れない。我々の大学が組織として持つべき指導力の真価は，問題を発見し，その解答を見つける能力を備えた学生を育てることになる。問題の詳細を列挙することはその解決に向けた長い歩みであり，どの企業幹部の経験を見ても，問題の詳細を不完全で誤ったやり方で列挙すればそ

こから無駄が生じることは明らかであろう。

　実際，行動の流れの中における「危機」として問題の性質と結果を捉える新しい考え方が求められているのである。英国の名随筆家，L. P. Jacks がいみじくも指摘している通り，問題が沈澱するのは，その問題に内在する危機の結果ではなく，問題解決の技術に関する誤った考えの結果なのである。社会に関するこの新しい考え方の下では，諸問題は時代遅れの統制やルーティンを永続させようとすることから生じるもので，動的—古典主義者が考えたように静的なものではなく，動いているもの—であると考えられる。問題の解決は，推移する状況に対して上から与えられるやり方の中にあるのではない。それは，推移そのものの中にある変化を的確に分析し問題を探し出し，そして現にあるルーティンと統制を再構築し有益な修正を促すことで可能になる。要するに，問題それ自体の中に解決に必要で十分な条件が必然的に存在するということである。

　従って，問題解決能力を有するということが，企業管理と，教育プログラム・教育方法の両方において考慮しなければならない中心的な要素となる。教育的配慮よりも時間と指導の経済性が重視される技能科目においてさえも，どのような技能を修得すべきかという観点から見た指導が最も信頼できる技術の修得を確実にする。そして，どのような仕事にも求められる単なるルーティンを超えない技術は非常に程度の低い不十分な技術ということになる。

　本書は次の三つの大きな目的を持って書かれており，教室での授業に本書を用いる有用性はその中にあると考える。すなわち，(1)経営管理における専門的地位と資質の詳細と可能性を徹底的に議論すること，(2)他の分野あるいは従属的機能を持つ分野との統合についての参考になる背景を示すこと，(3)産業分野に特有の文化的内容について詳述することである。少し考えただけでも，これらの目的が分離できない関係にあることが分かるであろう。例えば，産業におけるより高い管理職の地位を占める上で文化的資質が益々欠かせなくなってきているが，この実利的強みとは別に，生活そのものに文化的価値を与える必要性も存在するのである。アンティオーク大学のような大学は，産業における様々な現象と密接な関わり合いを持たずして文化的発展はバランスが取れたものと考えることはできない，と考えている。産業分野がその中で十分な文化的資源を提供できるかどうかについてここで述べることは控えるが，主にビジ

ネスや職業上の成功を追求しながら生活することを求める文化的要求は，この大きな活動の外で満足を求めなければならないとしたら，十分に満足させることはほぼ無理であろう。産業生活から生じる暗に不幸と感じられる結果を無力化するための防御手段—産業の汚れを隠すうわべの飾り—として文化的資質をみるべきではない。文化は産業活動と統合されるべきものである。そして，知的刺激や劇的危機，ロマンチックな冒険において，これほど豊かなものはない。ビジネスは最後の偉大な文化的フロンティアである。冒険心のある人々が先駆者のドラマを求めて目指すフロンティアである。

産業管理の研究が企業経営あるいは生産管理のみを研究すればよかった時代は終わった。いろいろな職業的技術が機械化によって取って代わられる速度が増すのに伴い，コンパートメント法による教育課程作成の核心となる細分化は徐々になくなっていく。どの分野もその分野単独では十分に成り立たない。それぞれの分野は他の多くの分野から成る合成物であり，それぞれの分野は様々な管理部署の立場から見た独自性を持っているに過ぎないのである。

実践家としての経営幹部は本書の中で力点が変化していくことに気付くであろう。特に，分析とプログラム構築において力点が個人から団体へ変化していく。機械経済なるものが求める標準化によって，機械化された組織で具体化された形態と行動を一致させるよう明瞭な強制が加わる。これらの形態は物理的機械の枠以上のものを意味する。人間の相互依存が強まり，協働行動を通じてのみ今日の大規模な経済・社会事業を遂行することができるようになると，増え続ける我々の様々な制度の中で形づくられるような，より大きく重要な形態が生まれる。そのため，制度主義の意義が常に我々のすぐ後ろに見られることになる。

大規模な集団行動を伴う世界大戦という緊急事態によって加速された社会的行動と統制におけるこの広範な変化が，多くのテキスト資料や，戦前からの伝統的な教育課程やシラバスを陳腐化させた。職業的見地からの訓練の標準化を求める声に最初に応じた商科大学や経営大学院は主に過去の経験から出発した。その中で，大学や大学院は産業幹部を専門的管理者として，経営管理をそのような専門的幹部の集まりである合成物として捉えた。様々な問題を，より良いマーケティング専門家，より良い生産の専門家，より良い金融の専門家，

より良い会計の専門家，より良い人事の専門家などによって解決されるのが相応しい局所的な問題であると考えた。このような専門化による分離はもはや通用しない。チームワークによる協調が必要であり，全ての選手が全てのサインを知らなければならない。

2．結論

　アビシニアの王子ラッセラスは，あの偉大なサミュエル・ジョンソン博士の小説の中で完璧な生活を求めて喘ぎながら世界を回った後，静かな幻滅の中で，質素な自分の庭という管理可能な，そのため心地よい現実に戻った。これが多分，普通の人が望める最高のものであろう。しかし，管理する機会がないからと言って，人が様々な問題を理解し，立派に管理できる巧みな技術を持てる満足を得られないということにはならない。我々の多くの大学から送り出された，野心ある優秀な若者は，招かれてプレーヤーたちの仲間入りができる日を待ちながら，プレーヤーの肩越しにトランプやチェスの駒を見ることで時間をつぶし，退屈を紛らすことができる。彼らはあの手この手の動きや運命を予測し，動きを評価し，指し手を予期し，そして自己満足以外の掛け金を持たず，結果を入念に調べることができる。このようにしてビジネス・ゲームが身分の最も低い人の領域で生き生きと行われているのである。見習い期間は充実しており，新人は最高の理論家の中から最低の実践者さえも見分けることができる企業の深い見識を学ぶことになる。Owen D. Youngは彼自身，特権や名声によってではなく鋭い観察によって業績を上げた代表的な研究者であるが，「他の（ビジネス以外の）どのような職業においても，官庁や法曹界も含め，ビジネスほど，幅広い知識と広範にわたる共感，方向性を持った想像力が必要とされる職業はない」と強調している。

　大学生の活用における無駄という悲劇は，今日社会における無駄の最たるものである。全ての高校卒業生を卒業後すぐに就職するグループと大学に進学するグループの二グループに分けることで—第二のグループが大学を卒業する時には最初のグループは以前のクラスメートに仕事を与える地位に就いているはずである—失業という悪を是正しようという，ウィル・ロジャーズの，鋭いがユーモアに富んだ提案は実に的を射ている。企業家と企業は大学教育内容のレ

ベルの低さを根拠に，時として無頓着な学生の気質を弁護する。大手銀行総裁のフロイド・L.カーライルは，「詳細を急速に吸収することが今日のビジネスの骨格を成すが，大学生はこの訓練を受けていない」と主張している。一方，著名な教育改革者のジョン・デューイはこれに反論し，「大学生は，ビジネスの世界における事実に達するのに必要となる，事実に関する知識欲を持つようになる」と述べている。

原理に関して

テイラーの科学的管理法の三原理の第一は「研究」（investigation）である。調査（research）の形で正式に行われる研究の目的は，経済的・社会的結果をもたらす根本原因としての経済行為の源を探すことである。科学では，これらの経済行為を習慣的行為として認識し，これらを原理と称する。管理の「原理」や「法則」について話すことが可能であるかどうかには議論の余地がある。管理が科学である限りにおいてのみ，原理は管理の分野に存在できる。管理を主に技術であるとみなす人は，法則と原理について話すことを躊躇すべきである。彼らは裁量や戦略について話した方が良い。管理が，技術であるのか，科学の本質から必然的に科学となるのかは，経営幹部の行為がどの程度頻繁に繰り返されるかによる。従って，大企業における管理はそのこと自体によって科学と呼ぶにふさわしい。

科学的経験則の危険性

原理は，その定義によって，一定程度の予測を可能にする不変性と信頼性を持っているが，全く不変というわけではない。原理は記述的であり，論理的説明のための道具として原理を用いる論理もまた，記述的である。論理が求めるのは証明ではない。一貫性と不変性を確立する経済性だけである。この点で，論理は，類似の科学である数学や統計学に似ている。

経験則の特徴は研究の停止であり，習慣的行為が不変であることを前提とする。経験則にはさらに，根本原因に対する無関心という特徴がある。経験則は計算可能ではあるが危険である。科学的手順でつくり出された時はなおさらそうである。産業界の経営幹部に共通の弱点は，「専門家」に科学を適用したシ

ステムや実践を考えさせ，これを最終的かつ不変のものとみなそうとすることである。この考え方は，管理が動的なもの――すなわち，変化する実兵力の配置に絶えず実際的な修正を加える技術――になってきているということを完全に無視している。

　管理の原理を絶えず見直すための基本は事実調査である。様々な事実は実に流動的で困惑させられる。Edmund Burke は，事実は，食べ物が体にとって重要であるように知性にとって重要であると述べているが，事実に頼りすぎるのは賢明ではない。管理にとって事実は絶対的価値ではなく，相対的価値を持っている。事実自体が結論のための信頼できる基礎になることは稀である。事実が示す方向性とともにとらえる必要がある。

逐次近似法

　証明するという考えは大部分があまりに独断的である。間違いを起こす可能性から完全に解き放たれようとするために，あまりに多くのことが試みられる。その結果，過度な単純化や傲慢な権威主義が生まれる。管理が求める範囲内で証明を試みることがより経済的である。これは熱狂者の求める精密さとは相容れないかも知れないが，結局のところ管理者が求めるものは精密さではなく経済性である。研究が証明のためのあらゆる手段を尽くすように計画されていても，研究の目的が達成できるのは「逐次近似法」によってである。

　逐次近似法は物理学と数学からの比喩であるが，パレートが「経済学講義」（p. 16 以下）で用いてから一般的になった。Graziani は「政治経済学制度」で，この用語は特にパレートと Barone が用いて広まったが，この方法自体はスミスやリカード，ジェームズと J. S. ミル父子などの古典主義経済学者に遡ることができる，と述べている。おそらくこの用語は多くの研究者によって意図的に用いられてきているのであろう。マルクスの名前を出すと現実から離れ過ぎた仮定を始めるという危険性と難しさが暗示されるが，例えば『資本論』第 3 巻第 1 段落ではマルクスがこの方法を意識的に用いている。現実からかけ離れ過ぎている出発点の最近の例としてはシュンペーターの『経済発展の理論』がある[2]。

　逐次近似法の考え方を展開する中で Kleene が指摘するように，「近似の度

合いは，我々の産業生活という分かりにくい現実に我々がどのくらい近づこうとしているのか，あるいは対極的に全体像を得るために抽象化の過程をどこまで続けようとしているのかにかかっている」3）。

企業の目的と「徹底した個人主義」

　ジョン・デューイが言う現代社会の企業の成長と，ハーバート・フーバーが大統領として重視した「徹底した個人主義」の問題は分かりにくい。これら二つの考えが矛盾しているように見える一方で，これらが相容れないものではない，ということが大きな原因となっている。個人主義は，集団に融合し益々埋没して行くように見えるため，縮小されていると思われがちである。しかし，実際は全く逆のことが起きる可能性が一貫してある。企業行動は本質的に，共通の目的に向けた経済性のための協力―資源の共同管理―である。組織的行動という考えが日々拡大しているということは，とりもなおさず個人が全体として広がっているということを意味する。この広がりの達成は企業行為に経済性がなければほぼ不可能である。統制のかなりの部分を集団メカニズムに委ねることによって，個人は自由になり，各自特有の関心事の大きな発展のために時間を割けるようになる。制約や抑圧がないということではないが，それらは，個人が環境に対して社会的，職業的，文化的に適応できないことから発生する。

　J. R. コモンズとパールマンが定義し，本稿の初めに述べた制度派経済学の考えは効果的行動の基礎そのものとなるものである。社会行動のルーティン化がなければ，個人は気が付けば壊滅的な無政府主義の中に巻き込まれていることであろう。社会行動に方向性を与え，社会統制に明瞭な根拠を与えるのは集団への融合である。Tead や Person, Mary P. Follet, Mary Van Kleeck などは，そのような統制が具現化され，指導力の骨組みが形づくられると考えている。産業管理学派という比較的最近の学派の人たちは，指導力の機能が，強力な力を持つ指導者による部下の搾取から，自己解決能力が優れた指導者による目的達成へ移行して来ていると考える。

　企業の重点が個人から集団へ移るとともに，新たな社会的義務感が現れ始めている。組織的事業における集団が単独行動を取る個人に取って代わるようになり，公益の性格が具体的な意味合いを持つようになった。人は一人では生き

ていけないとは以前から言われていることであるが，社会的責任という考え方は，以前は，物を得たいという人の欲望から遠く離れた比較的狭い分野に限られることが多かった。同情という概念を通じた相互依存は，自分を他人の立場に置いてみるという行為によって間接的にのみ理解でき得るものである。キリスト教の黄金律[4]は，「人からされたくないことは人にするな」という消極的な教え，すなわち他の人が少なくとも当面自分より力を持ち無慈悲になった場合，彼らから受けるかも知れない侵犯に制限を加えるもの，と理解されて来た。しかし，今では相互依存は，個人の力では達成が望めない共通の目的達成のための生産力の集結という，社会目的達成のための積極的な手段と考えられている。

　このようにして個人が利他性を装うようになると，この利他性が，結果的に，共通の事業における共同出資者の満足にのみ自己の満足を見出すという強い利己性に取って代わるようになる。この集団主義の利点は連携における物質的恩恵に限定されるものではない。それは，文化や理念にまで及ぶ可能性があり，現に及んでいる。だが実際は，産業活動は企業家の利己的かつ精神的満足のために，彼らの最低生活水準をかなり超えた水準で遂行されることが多い。利己的かつ精神的満足のために企業の資源が奪われるのが許されているということは，ある意味では残念なことである。この点に関して John Crowe Ransom は，米国南部における性急な産業化に反対の立場から，次のように非難している。

　　産業主義は開拓の最新の形であり，最悪のものである……それは開拓の現代の形であるが，目標を決めようとしないため，原理に基づいた開拓となり，その速度は増すばかりである。産業主義は，戦略的に重要でない時点で多大な犠牲を払って自然から勝利を得るために，人が最新の科学的装備を用いて快適さや余暇，生涯の楽しみを犠牲にするシステムである。Ruskin と Carlyle は百年近く前に産業主義に対する恐れを抱いていた。そして，今，彼らの恐れがイングランドで部分的に現実のものとなり，米国においては極めて致命的な完全性をもって現実のものとなった[5]。

技術に関して

　技術は,「組織化」によって原理に効果を発揮させるシステムであり,テイラーの唱える第二の原理である。技術とは,いわば,研究の成果を取り出し,これらの成果を管理統制において効果的なものとするための手段をつくり出す仲介役を果たすものである。組織化は企業に生体構造を与える。すなわち臓器とそれらの機能である。管理のために組織化された技術が取る形が「標準」とされる。

　標準化は進歩を統合したものである。それは,人の才能を自由に解き放ち,さらなる進歩を可能にする。経営管理において幹部のやる気をなくさせるどころか,標準化は彼らを些事から解放し,企業の成功と失敗を分けるような微妙な選択に決断を下せるようにする。これがルーティンとして吸収され,少なくとも一定期間続く。

内的要因と外的要因

　経営管理に入ってくる諸要因は当然ながら,内的要因と外的要因の二つに大きく分類できる。通貨,市場,人間(労働供給市場における労働力として)が個々の企業の外にある要因である。人間(企業内の労働力として),機械,原料が主に内的要因である。企業家は主に前者においては適応によって,後者においては統制によって目的を達成する。外的要因に対処するのに適した技術は予測と保険であり,内的・管理的要因には予算,ルーティン化,スケジュール化,迅速な処理が適している。このような分類は,他の全ての分類化と同様,微妙な相違を無視したものであり,一定の条件を付す必要がある。しかし,この分類は概して我々の目的にかなうものである。

仲介役としての手段

　企業の目的や会社の方針を経営ルーティンに変える際に,仲介的手段—いわば仲介役—が必要となる。最も単純な企業の場合は同じ人間によって方針をルーティンに変えることが可能である。とは言っても,それぞれの機能ははっきりと区別できる。ロビンソン・クルーソーは企業家であると同時に労働者でもあった。彼は,自分の持っているデータを用いて,最も経済的な方法で自分

の目的を行動計画に変えることのできる手順を考え出すのに相当の時間を使った。製造計画は，企業がある目的のために持っている購買力で支出した額と，その結果期待できる生産高とが等価になるようにつくられる。この購買力―すなわち，投資や積立金によって確保した，いわば財の成果―が，例えば製造業者としての企業家が利益を上げることができる財の代替の形に変化していく段階で，それぞれの財の性質に特別に適した技術が求められる。しかし，全てに共通するのは，一定の実践―すなわち，ルーティン―であり，これが仲介役独特の機能である。

　個々の企業において，ある価値から別の価値への変化―内的で隠された有用性の交換―の際に仲介機能が存在するように，より大きな外的関係においても，仲介機能役は存在する。このため，財と呼ばれる具体化された有用性の交換が継続的に前進する様々な市場が形成される。製造業者に「非生産的労働」とレッテルを貼られた有用性を，無形であるがゆえに架空のものであると誤解する傾向があるように，より大きなこのような市場においても仲介役は往々にして消費者を搾取する，容認できない寄生的存在との誤解を受ける。経済における流通を支持する理由の少なからぬ部分が，売買される商品の価値を工場におけるコストと同じであるとみなす，いい加減な考え方に基づいている。自動車のFOB（本船渡し）価格を誤解する消費者はいない。消費者は，他の有用性―交通，販売，金融，サービス―がFOB価格に加えられたものが自動車の購入価格となることを知っている。しかし，ほとんどの商品においてこれらの仲介的有用性はまったく見落とされている。流通過程の最終段階における価格が高いのは，消費者が最終販売価格において累積コストを支払うことでこれらの有用性が適用されることを選ぶからである。

　しかし，このことを，実体経済をもたらす必要性と機会を否定するものと理解してはならない。これは，むしろ，そのような経済がそれ自体で安定のための十分な解決策となるという考えを，我々が持たないようにするためのものである。交通や通信を改善したり，不適切な配送経路や余計な配送作業による仲介段階での遅れを減らしたりすることで，時間的要因を減らし，生産（生産を製造とマーケティングの両方によって提供される有用性を持つものと解釈して）の無駄を少なくすることが可能になる。しかし，消費者の資金のかなりの

部分を収入源とする多くの中間業者を取り除くことが，一般に考えられているような安定化にどのようにつながるかを理解することは難しい。しかし，忍耐強く分析すると実際，既に存在するものとして，完全な均衡があることが分かる。個々のケースにおいて「回り道」となる商品のルートがどんなに曲がりくねっていたとしても，それぞれの商品は市場においてそれぞれに見合った交換価値を持つ。ゼネラルモーターズのブラウン副社長が言ったように，「自動車を買った人が自動車をつくったのである」。

中間コストの削減は絶えず行われている。このようにして不要となった労働は新しい形の生産や既存産業のさらなる拡大のために使われるようになる。短期的には摩擦が起きないわけではないが，長期的には純利益となる。生産サイクルの半分を占める製造分野においても同じことが言える。ここでも，絶え間ない機械化が当面の目的が労働力の節約にあるとしても，この機械化によって労働が他の分野で利用されることになる。

技術革新から生まれる技術的失業を通じた調整の摩擦により困難や社会的損失が生ずるが，それ以外にも損失の脅威がある。機械の導入が労働者から仕事や収入を奪うという傾向はやがて弱まるかも知れない。労働者が機械の監督者として再教育される機会が増えると考えられるからである。しかし，そうすることで労働者は以前持っていた機能の大部分を失うことになる。

　　人間を益々機械の歯車とする産業における過度の機械化により，労働者が尊厳を失い，本来持つべき自分の社会的・知的・道徳的発達，そして自分の労働の経済的・社会的価値への関心をなくしてしまうことは非常に恐ろしいことである[6]。

経営管理の分野ではこの漸進的な機械化は同様に中間管理職を減らす。管理職に代わり導入されるのが従来の意味での機械でなく，効果的なルーティン化であっても，それが機械と同様の効果を上げられる可能性があり，多くの場合実際そうなっている。経営管理者は，効果的な標準化とルーティン化で，重大な経営判断の必要が事実上なくなり，仕事を失う。この段階での機能に必要となるのは賃金のずっと安い労働者である。経営管理者に昇進の機会がない限

り，彼らの間に賃金労働者の間における技術的失業による困惑と違わない困惑が引き起こされる。

産業的方法論としての技術

実践のルーティン化と，業績基準への最適行為の具体的適用が「産業管理」という，一般的標題の下で体系化された技術の内容を形成する。分業の経済性は，製造分野であれマーケティング分野であれ，標準化された実践を「省力」マシンの形で具体化するよう絶えず促す。「省力」はここではコスト削減の意味で用いられている。人間において具体化された生産力が徐々に失われていくことは以下の二つのいずれかの結果を生み出す。(1) 機械に取って代わられたことによって失業した労働者（最も広い意味での）が収入を得られなくなるまで消費が縮小する。(2) そのようにして失われた生産力は，たとえどのように時間がかかっても新たな富の生産源で用いられることになる。上記の結果のどちらが効果的かは，経済秩序が静的で閉鎖的か，開放的で動的かによって決まる。

技術的失業の社会的結果が機械化[7]による余暇の拡大であれ富の増大であれ，その後は，経営者が行使できる裁量の範囲がより狭くなるとの主張がある。これは Pitkin 教授の恨み言が書かれた *The Twilight of the American Mind* の中に見られる。彼は，「最も優れた知性を持つ人間」に能力を与え過ぎたことで1950年までには重大な危機が訪れるだろうと予測した。もしこのような推論が一貫してなされるとすれば，恐るべき性質の社会的結果が生じてしまうことになる。マルサス主義的見方に支えられたほとんどの悲観的な予測と同様に，この未来の状況の行き詰まりは，現在の条件で評価した未来に現在の利用率を当てはめようとすることで起きる。このようなアプローチでは，資源は何度も使い果たされそうになり，経済的優位性によって資源が生じてやっと新たな条件でそこに逃れることができるということになってしまう。従って，この場合，我々のより大雑把な観察では縮小過程にあると思われるものが実際は改良によって拡大されているということもありうる。将来を管理する場合，より捉えどころのない代替手段が，今日重大であると考えられるものと同様にやりがいがあり，成功に不可欠なものとなるであろう。

実際，Stuart Chase とその学派が嘆いたように技術の執拗さは今でも増しているのかも知れない。「新たな見習い制度」で訓練を受けた「超技術者」階級に技術が高度に集中していると考えられている。だが，そのような集中の一部は，分業の原理を単に実践することから当然予期できるものかも知れない。完全な機械生産によって操作技術が不要になるという不安が，労働者に完全に無責任な行動を取らせるということが指摘されている。ここから二つのタイプの社会的損失が生じる可能性がある。(1) 一般従業員における創造的知性の萎縮と (2) 全ての技能的地位から外された従業員の無関心から生まれる生産的損失である。前者については，余暇が，産業がそれまで完成させてきた以上に多くの創造的活動の機会を与えることができる。後者については，実際のところ，良く設計された機械の働きの絶対確実性と画一性が増すことで，労働者の無関心は十分に相殺される。

統制に関して
テイラーの三つの原理の三番目の「管理」は，企業に内在するものであり，外部でつくられたり，企業が受け入れる諸要因に課されたりするものではない。通り一遍の考えしか持たない人には，統制には独裁めいたところがあるように感じられるであろう。統制は，物質に対して精神をうまく押し付けたと感じられるであろう。しかし，このことが全ての良い根本原理に対して振るう暴力は別として，管理行為をこのように考えることは適切ではない。独断で結果を強いることができる十分な力が人に与えられることは稀である。経営幹部などの上層部が一般に持つとされる力，と彼らが実際にその力を用いて統制できる範囲との間にある違いは滑稽なほど大きい。物事の避けられない適合性により，統制には，統制される側が求める事を成すのに欠かせない統制を可能にする力が存在するだけなのである。要するに，正しい観点から見れば，全ての統治は，統治される側が与える同意の程度までしか効果を持たないということである。専制君主は，無政府状態が耐え難いものであるから支持される。財産を所有したり所有することを望んだりする全ての人が，全ての労働が無益となり全ての貯蓄が無駄にならずに財産が不可侵のものとして所有できることを好むため，開拓が可能になるのである。

権威主義の幻想

　最終権限の幻想と権限委譲の誤謬は，否定すべき最も根強い世間一般の考えの二つと見られる。これらの考えには個人の特質としての力という考えが強く組み込まれているため，どのような反対の仮定も傲慢で悪意のあるものとして攻撃されるのは確実である。当然生ずる自己本位的発想の結果，これらの考えが支持され続ける。しかし，管理においては確実に非人格化が進んでいる。

　合併の動きが強まっていることが強く影響し，個々人の能力の必要不可欠性に対する価値観が失われつつある。この企業集中の結果生じた機能の集中によって，重点が社員から企業の実践へと移っている。ルーティンが経営判断の技術より重要になるのである。これはもちろん，経営幹部の仕事が完全になくなってしまうということを意味するのではない。むしろ逆であり，管理職の階層を通じて上から伝わる力の大量の蓄積から出される命令の形をとった神秘的な権威がこのように奪われることそのものによって，経営幹部にははるかに高い能力が要求されることになるのである。自分の管理的成果という実績だけに頼らなければならない経営者は，独断的に権限を行使できたり，自分の決断に部下が疑問を持とうとしなかったりするために服従を命じることができた時よりも，高い技術をもって仕事をすることを余儀なくされる。

管理の定量化

　管理行為のルーティン化が進むとすれば，それは様々な要因の作用が益々広く認められるようになり，そのためこれらの作用がさらに予測可能になってきたからである。予測可能性の増大が取りも直さず，本書の冒頭で述べた産業の制度化の帰結である。この予測可能性を達成するための方法は定量化である。この過程の当然の進化と，組織化そのものが求める人為的成果の違いについて，National Industrial Council 会長の Edgerton が次のように述べている。

　　階級としての米国の製造業者は，組織化をより進め，組織の数は少なくすべきである。これは，全ての経営幹部と管理職が思考力をもって真剣に考えなければならない未解決の問題である[8]。

定量化を統計的操作と混同してはならない。通貨で表すには微妙過ぎるが，それでも測定可能な結果をもたらす多くの要因がまだある。この関連では，定量化は計算の過程と言うよりは，考え方として捉えられる。定量的考えを持った経営者は，事実調査から測定可能な関係に進むことが実行不可能であるとは考えない。彼は，産業における行為や経験の背後にあり，それらを支えている関係から生じる複雑な影響の迷路から尻込みすることはない。

　定量化の問題に取り組むために，管理の公式の体系が推奨されている。構成要素となるそれぞれの公式，さらには互いに結合した公式それぞれの構成要素さえも，その決定のために，数えきれないほど多くの他の構成要素—解決を分析する対象となっている構成要素そのものも含めて—の予備的解決に依存しているという事実が，初期の段階でこの作業を非常に難しいものにしている。ひとたびこの神秘的な輪の中で動きが進展すると，その速度は速い。この作業にとって数学が経済的かつ強力な道具となる。少なからぬ経営者がこの能力に欠けているが，このことは，経営幹部が目標達成に関わる諸関係を知的かつ建設的に理解できないということを意味するものではない。

公共の目的
　時折，企業が「公共の目的の影響を受けている」と言われることがある。この意味するところは，企業の効率性を企業の利益よりも公共の関心の観点から捉えるということである。この定義をうまく拡大解釈すると，ある意味で，産業界全体がこのような見方をしていることになるであろう。実際，企業や産業は公共の黙認の上に成り立っている。企業や産業は，社会が金銭的必要性や欲求から自分自身に役立てるために用いる制度なのである。現在の産業秩序に対する共通の関心と幅広い賛同は，全ての人が自分の能力と所有物を有益に交換できるようにつくられたメカニズムとしてその秩序を尊重することから出ているのかも知れない。より多く消費することに熱心な人々は，産業主義の中に，自身の生産能力を財に変えることを通じて消費需要を生み出す，組織された機会があると考える。欲求通りに消費できる購買力を消費者が持てないとしても，それは，市場に出された生産物に購買力と同等の価値を持たせる手段を企業が提供するという前提を変えることにはならない。

"Premise to Morals"の中で，Walter Lippman は，企業の実践基準の改善について力説している。彼は，改善を全くの，開化した利己主義によって準社会化されたものであると言う。資本主義産業独特の構造としての，金銭を目的とした企業の際立つ特徴の性質が変えられ，それが捨て去られるということは，このほとんど感じられない方法によってである。米国の資本主義または，統制の中心が非民主国家にある国家社会主義と同じ効果を，管理的制度主義によって上げることで，マルクスの予言を覆すことができないのであろうか。フーバーが主張した，人にやる気を起こさせる様々な事実に合致した管理の理念が現実のものとなるとすれば，良い経営者ならゼロにまで減らすことができるであろうリスク負担のために利益が最終的に消滅することで，少なくともその効果において，企業体制が，対極にある国家社会主義によって暴力的に達成された結果と区別がつかないもとなるであろう。米国はその結果，修正された民主国家となることで，共通の公共の目的を達成することになるであろう。一方ロシアは産業化した国家が全ての企業を所有することで国の生産活動が行われることになるであろう。

ロシアでは最高経済会議（Supreme Economic Council）が共同社会の「産業化，機械化，電化」を加速している。

　欧州の企業は多かれ少なかれロシアが競争相手となる可能性に益々怯えている。ロシアに対する恐れの原因は決してそれだけではない。他にも，軍事力，特に極東における英国などいくつかの欧州の国の貿易に対する共産主義の圧力による間接的な影響がある。しかし，この海外における曖昧模糊とした全般的な不安を引き起こしているのは主に，ロシアが数学的スケジュールで産業化計画を進める残忍なまでの執拗さ，ロシアがそのスケジュール通りに，あるいはそれより早く事を進めることによる効果である……ロシアの競争力が独特なのは，国家の富の潜在性ではなく，それを競争目的のために使う方法であり，その目的自体である……国家の産業に必要な資本は会計プロセスによってつくり出され，事前に策定された国家開発計画に基づいて様々な産業によって分配されるのである。従って，ロシアでは資本を求めて産業間で競争したり，外国と競争したりすることはない。そのため，配当金や利

率には我々が理解するところの何の意味もない。それらは単に会計上あるいは経理上の用語に過ぎず，ほとんど減価償却や陳腐化引当金以上の意味を持たない。そしてこれらは個々の製品に対してではなく，生産全体に対して計上するものである[9]。

米国ではフーバー大統領が「'産業と商業に関わる企業の動員に責任を持つべき'ビジネス界の指導者の恒久的評議会の設置」を熱心に唱えている[10]。

加えて，影響力の強い「第三の財産」，すなわち滑らかに機能する宣伝構造が存在する。宣伝活動（propaganda）を「安定への脅威」とみなす人もいるが，宣伝の中により経済的で直接的な社会的目的の達成を見ようとする人たちが増えている。Bernaysが主張するように，将来のパターンを決めるのに少人数に集中している知恵に頼る——これは熟練した宣伝文句作家が関わるのに完璧な構図である——としたら，改革論者の全てのグループの理想からこれはどのくらい離れたものなのであろうか。宣伝活動は実際，Heisenbergの「不確実の原理」と，蓋然性の統計的意味によって我々にもたらされた選択の自由を効果的にするために社会が必要とする構造そのものを提供するのかも知れない。もし人間が以前のように創造物としてではなく，創造主として自分の宇宙の中心に戻ったとしても，社会が社会の流れに望ましい方向与えるための，秩序があり，方向性を持った教育内容を利用しなければ，知性や将来を方向付ける能力の優位性と，社会的統制は何の役に立つのであろうか。これらは宣伝活動の最良の形となるかも知れないし，最悪の形となるかも知れない。しかし，いずれにしてもSilas Bentが指摘している通り，宣伝活動は少数派による支配のための統制の強力な手段である。

統治過程の性格そのものが宣伝者の仕事をやりやすくする。古代ギリシャや古代ローマでは神託が民衆の気分を左右した。印刷機も，ラジオも，ニュース映画もなかった。現代の米国では少数派が物事を問題化する。そして国家の宣伝の助けがなければ，彼らの声は聞いてもらえない。

結論の要約

「現代の場面」—振り返る過程そのものの中で場面は「過ぎ去ってゆく場面」となるのだから，この場面は最も一般的な日々の時事ニュース報道よりずっと動きが遅く，予兆的でない現象の記録である—を最後に少し振り返ってみた時に，批評的注目とさらなる分析の対象として突出するものは何であろうか。経営幹部を管理の機械化に従属させることによる機能化の傾向であろうか。それとも，専門化した管理職が「公共の利益」に対してより敏感になっていることであろうか。あるいは，かつては経営幹部による対応のみが適していた質的諸問題であったものに対して，事実調査や統計技術といった諸々の道具を持った定量的アプローチを試みようとすることであろうか。確かに，産業管理と経営管理における地位や管理部門で働く人たちに何かが起きているように見える。通貨や金融の分野では，商品型通貨の欠点に対する，不満の増大からさらなる何か—いわゆる消費者所得の不足を是正するために提案された，いくつかの計画を試すのにおそらく十分で，かつ，そのような救済策の効果を実際の試験で評価し，それが実用的であれば我々の多くの経済不振の根底にあるとされる不安定の問題を解決するにも十分な何か—が期待できるかも知れない。マーケティング専門家は，優れた販売術の潜在力の低下に益々幻滅しており，工場における科学的管理によって飛躍的に達成される経済性に匹敵する経済性を流通においても達成することに益々頼ろうとしているように思える。このことが，緩和をもたらすのか，悪化をもたらすのかはまだ分からない。我々すべての人間の多くの部分を占め，その割合が益々大きくなっている賃金労働者の運命はどちらに転ぶか分からない。産業が，機械化における所有権の分配あるいは機械化で得た所得の分配—すなわち技術的失業に対する防御手段—によって進化するのか，あるいは，社会的・政治的仲介を通じた社会の介入が最後の手段となり，ビジネスの平衡における主要問題を引き起こすのかは，分からない。マルサス主義的意味を持った原料の枯渇の可能性は，財産救出の改良や無駄の削減，工業用合成物質の驚異によって無限に拡大しているように見える。他方，限界点まで締め付けられた資本主義の秩序の謎に対する最後の答えはひょっとしたら機械なのかも知れない。

ここで最後に，いわゆる過剰生産能力に対する解決策を追求していくと，そ

れが始まった時に抱えていた問題の核心そのものに行きつくことになるが，これは現代産業というドラマにおける危機である。ビジネスの起源は個人主義的社会の貪欲さにあり，ビジネスは工業を，家庭内生産というばらばらでとりとめのないシステムから引き締まった，高性能で，この上なく加速された，今日のような工場システムに変えた。この大量生産の始動を促すために，金融機関—個人の理解を超越した組織—がすぐに本格的な力を持つようになった。通貨は，それが単に価値の運搬手段に過ぎないものであったとしても，その魔法が，アダム・スミスの質素なピン製造工場では想像もできなかったような適用の範囲を分業に与えた。国際市場メカニズム—カルテルと合併—の経済により，大陸間の障壁と人種間の障壁に機械化の影響が行き渡るようになった。

　製造業に凌駕された市場が危機に陥り，生産者の補完的役割を持つものとして消費者が再評価されるようになった。この再評価から機械の社会化が現れるかも知れない。安定化に対するアプローチがいかにぎこちないものであっても，そのアプローチによって，利益と，機械の脅威の間にあるとされる矛盾がなくなるところにまで確実に到達できるかも知れない。必要と思われるのは，職を失った労働者—すなわち，市場を奪われた生産者—が，自らの労働力の内容を，より受け入れやすい形に変えることであり，それが全てである。*産業主義は，その大部分が我々そのものである商品を，市場に出す，組織化された機会を提供する*。しかし，産業主義がその機会を提供しているのは，大量生産に欠かせない標準化により著しく狭く，柔軟性のないものとなっている経路を通じてである。

　資本資産に対する財産権は，利益を伴う投資の回収に十分な連続性を必要とする。しかし，その連続性によって，企業家は常に，速くて容赦のない陳腐化への対応の遅れで引き起こされる損失の強制的清算の脅威にさらされるのである。価格下落がどのように速くても，生産メカニズムには過剰在庫を避けるのに十分な流動性はない。削減の反動が労働者と，それに，職業上の能力や信望，管理能力に投資したことによって皆同じように不利な立場に置かれている共同貢献者の上に重くのしかかるからである。

　安定化の問題に対する答えはすぐ近くにある。*流動性と汎用性を高めること*である。解決策はさらに，富の恣意的な再分割やその結果必然的に激しくなる

所得の再分配のような単純で，非現実的な提案や，不完全で管理を誤った機械化が引き起こす搾取からの人間の解放といったものよりも，深い所にあると考えられる。

　しかし，解決策の提案は，社会的満足を増すのに役立って初めて価値がある。複雑な制度としてのビジネスの性格と目的に対する，この批判的な探究について最初に述べるに当たり，読者には，倫理的，道徳的価値観に関する自分の関心を一時保留にする―すなわち，社会的価値観に関する結論から始めるのではなく，結論に向かって進む―ように注意した。満足いく能力を集めることができる科学的方法に欠かせない客観性がこのことを必要としているように思える。産業秩序における道具主義が気付かれ，評価されると，この道具主義が何の目的に役立たせるべきなのかという疑問が生ずるのは至極当然なことである。科学において長く待ち望まれていた「自然」の支配からの人間の解放を称える功利主義は，明らかな熱意をもって，救済の道具としての機械に飛び付く。機械は，旧約聖書に出てくる未亡人の甕（かめ）のように物を生み出し続ける。しかし，もしこれが現代の産業主義が提供できる全てのもの―すなわち，消費増大の漸進的促進と支援―ということであるならば，それは機械の存在を正当化するのには十分ではないであろう。ビジネスは，*生活の中に科学を具体化するために考え出された最も適切な経路を提供する*。進歩を促すのは科学ではない。それは飽くなき金銭の欲望を持ったビジネスである。ビジネスは完全に，そして独占的に，科学を社会的経験として具体化するようになった。そのため，ビジネスは，社会的目的を実現するための他の全ての方法に取って代わることを約束，あるいはそうすると脅す―社会的焦点をどこにあてるかによって約束か脅しになる―のである。ビジネスは急速に，独立した存在以上のものとなっている。少なくとも米国では社会管理における行政職員の質の低さが目立っているため，いわゆる「目に見えない政府」への道が開かれている。これは，立法機関と司法機関を通じて政策と行政手続きを確認することで，経済的必要性と有用性という，より力強く包括的な法則に頼ることによって，今静かにしかし有効に行政管理を排除している。

　ビジネスの目的達成がうまくいくことが顕著になることで，社会観察者や社会評論家の注意が不幸にも，道具主義の極めて重要な核心から生産へと移って

きている。生産は本来，二義的なものである。それは機械のやり方である。進歩のためのプログラムを計画し，組織し，管理する仕組みを社会に提供する機械化により実現した達成の技術である。

特別な創造によって放り込まれたと思われる無力で身動きの取れない状態から，自分自身を解放しようと人間が苦闘する中で，ビジネスは，改善のメカニズム以上のものを提供し，鮮烈な社会的理想像と勇気—環境の物質的制限から人間を徐々に解放するのに十分な—のみを必要とする手続きの方法を，創造主としての人間の手に届く形で完成させた。

第2節　アプローチの方法

　経営管理は，それが人間の満足と幸福に関わるかぎり社会科学の領域に属する。工学がその起源を物理学や数学といった自然科学に持ち，自然科学に支えられているのと同様に，経営管理は心理学や経済学といった社会科学を拠り所とする。しかし，このことは経営が社会学的な価値観や見解に最大の関心を払っているということを意味するものではない。経営は経営である。その最大の関心事は企業家の利益である。しかし，人は誰も一人では生きてゆけない。経営における成功は，「大衆」として一般に知られる複合的集団—その正体に対する認識は漠然としたものであるが，その存在ははっきりと感じられる—の意見にかかっている。したがって，社会学は，企業家にはそれほど大きな直接的な影響を与えるように見えないかも知れないが，企業には極めて大きな影響力を持っている。

　必要に迫られて行う経営は社会的勢力や社会的基準に極めて敏感である。それは，社会が，経営管理を確認したり，促進したりする世論や警察権力といった形を取った規律という高度に組織化された手段を持っているからである。これらの社会的理想や社会行動は，経営管理が目指すものではなく，経営行動の技術や戦術における主要な要素を成すものであると主張することは理に適っているであろう。経営は社会学で述べられる分野や力を無視することはできない。しかし，経営自体が道徳的あるいは倫理的な基準や結果に対してきちんと

職能的責任を負うことはできない。責任を負うのは適切に構成された社会の作用—すなわち，経営管理の方針や責任者に影響を与えることのできる世論による制約と，警察権力—である。

　このことは，経営を学ぶ平均的な学生にとっては，経営管理を研究し説明するアプローチとしては現実的で実利主義的な考え方と映るかも知れない。この自然主義的なアプローチにおいては，第一級の経営幹部の立派な意見は信用されないように見えるかも知れない。しかし，そうではない。また，これらの，現代の経済的秩序の代弁者の明らかな誠実さを疑おうとするものでもない。研究の最終段階では経済的公正と理にかなった経営方針が一致するということは考えられるし，公平な考察を行えばこのことははっきりするであろう。このことは，社会の幸福の度合が増せば，ビジネスが繁栄し，幸福の度合が減ればビジネスは衰退するという事実そのものから想定できるかも知れない。

　米国有数の製造業企業と物流会社から200人の企業経営者たちが集まった販売業者大会で，彼らは立ち上がり，リパブリック賛歌の旋律に合わせて力強く次のように歌った。

　　報酬なしの奉仕
　　真に建設的なやり方で
　　奉仕のための鬨の声を上げる

　これには誰も笑わなかった。誰も冗談を言わなかった。この多少大げさな感情と，用心深すぎる消費者やうんざりした消費者をいかにだましてビジネスの利益のためにさらに支出させるかについてすでに行われたりこれから行われたりする議論との間に相違を感じる人は誰もいないようであった。というのは，「奉仕」が彼らにとって，棚の上にある商品と同様に必要不可欠な在庫品であることを—今では小売業者が知っているように—彼らが良く知っていたからである。

　ビジネスが存在し，成長するのは，人間が社会的動物であり，集団で生活し，精神面で益々複雑になってきているためである。現在の社会学者によれば，人間が動物と異なるのは欲求の複雑性の漸進性においてのみである。動物

社会—すなわち群れ—は比較的小さい。それは自分を満足させるために必要な共通の環境，あるいは仲間を助けたり守ったりする協力関係を求める彼らの欲求が単純であるからである。このことから，人間の社会環境が進歩—すなわち，人間の総体的欲求が拡大—すればするほど，個人は自己の生存や成功が益々他の人の協力の上に成り立っていることに気付くであろう。この進歩のメカニズム—これは企業家にとって第一の関心事であるが—は魅力的な研究調査分野となる。

経営の制度化における集団活動の重要性の増大

Charles W. Schwab は，経営管理分野の7名の著名人に敬意を表して1928年秋にニューヨークで開かれた「10億ドルディナー」で講演し，ビジネス開拓における古いフロンティアはなくなり，ほとんどのビジネスは人間の影の長さ程度になった，と強調した。今日，いかなる個人も独力で，非常に複雑に絡み合った企業の経営方針を決めたり，管理したり，支えたりすることは不可能であろう。経営は，一言でいえば，制度になりつつある。

経営における制度化の性格

「制度とは枠組みではなく，予期される取引の画一性のことである」と J. R. コモンズは述べている。この確固たる考えと相容れない一種の神秘主義をつくり上げているのは，事象に目的的因果原理（purposive causation）を持ち込もうとする一般的な傾向である。そのため，経営が制度化に近づいていると見られると，制度化が単に，日々の取引における経営行動の画一性と予測可能性を意味するものと考えられてしまう。企業活動に対し統制を課す形態や構造，あるいは「枠組み」があるという幻想を支えているのは，取引の画一性に対するこの誤解である。しかし，このような形態や構造，枠組みがあると考えることは，J. R. コモンズやパールマンがいみじくも指摘しているように，幻想か，よくてもせいぜい神話[11]である。これは，集団をまとめ，それに方向性を与える気迫—ヴェナー・ゾンバルトとマックス・ウェーバーはこれをガイスト（精神）と呼んだ—が集団の中にあるという仮定を正当化するためのものである。経営は，その取引—制度派経済学の真の意義はそこにある—が予測の

誘因となりその予測を支える一貫性を持った時に制度化されたとみなすことができるであろう。別の言い方をすれば，経営は，その活動が経営者の勝手な思い付きや，幹部の一貫性のない決定の結果でなくなった時に制度化されたと言えるであろう。しかし，この段階では，利己的管理の特徴である偶発的で一貫性のない幹部の反応が，「制度」という，より高い存在による懲罰的抑制の影響を受けているというよりも，むしろ，経営方針の決定に関わる力関係により幹部が自分の安泰と生き残りのためにその方針に従わなければならない状態にあると言えるであろう。

　この状態では，制度の中における組織間の取引という人間行動を起こすための活力が失われてしまう。ただ，感覚を持った意図が一連の事象に注入されても，それが計画を立てやすくするための虚構に過ぎないと理解されていれば大きな害はない。それが独立した因果原理という悪意のある力を持つようになった時に初めて計画策定に支障が生ずる。

　制度はそれ独自のシステムで前進しているように見えるが，このシステムが制度の物理的構造ではなくその「精神」に起因するとされることが多過ぎる。経営幹部は，制度的必要性ゆえに自らの運営方針を決めることができると考えられるが，その必要性がなくなれば，彼の裁量の範囲は，極端な場合，彼が単に名ばかりの幹部や形式的な承認者に格下げされるまで縮小されてゆくと考えられる。そして有機体としての経営が個々人による管理を離れ，内在する法や原理―それらは言わば独り立ちしているようなものである―に従って独自の道を進んでいるように見えるのである。このために，経営に魂と肉体があるという幻想が生まれるように思える。この幻想はオスヴァルト・シュペングラーやヴェナー・ゾンバルト，マックス・ウェーバーといった社会学者などが，予測に欠かせない画一性を成し遂げた一連の取引における行動の連続性を説明する際に用いたものである。

経済研究の単位としての個人に取って代わる集団

　社会行動の単位として最近集団が出現したことに対する説明は，心理学と社会学，経済学の研究結果に頼らなければならない。行動主義者は，心理学の分野において，人間の行動の中に，明確化でき測定可能な刺激に対する，生化学

的な物理的有機体の自然で容易に説明可能な反応を見る。行動学者がそうすることによってあまりに多くの事を説明しようとしている可能性は十分にある。行動学者は，ダルブが彼の優れた論文[12]の中でいみじくも言っているように，何かを見過ごしている可能性がある。ダルブは「科学者は胃液分泌を説明するが，何が分泌を促すのだろうか」と言っているのである。行動主義は，ほとんどの新しい科学にその傾向があるように，我々がなぜ人間として行動するのかという問題を単純化し過ぎているのかも知れない[13]。しかし，行動が環境と結びついた有機体の複合的結果であるという考え方は，経営の諸問題の解決にとって重要である。成功とは，有機体が周りの環境を自らの固有の目的に従属させる能力を持つことである，とユーモアをもって定義した人がいるが，このことは「犬の尻尾にいる蚤にも，国で最高の外交官や天才にも同じように当てはまる」とこの定義者は自慢げに言っている。しかし，行動主義者は，より謙虚な先任者が現実主義者を見たように，人間行動の中に，環境を自分の意志に従わせようとする個々の有機体以上のものを見る[14]。行動主義者は，個々人を人間と環境の混合と見る。時給2ドルを稼ぐ工具製作者のジョン・スミスは，時給60セントを稼ぐジョン・スミスとは違う。例え同じところに住んでいて，電話帳の同じところに載っていても二人は違う。肉体だけは同じ人間であっても，家や銀行預金，自動車，ラジオ，高校生の子供，ロッジ会員権などを含む集合体としては同じではない。そして，企業家に多大な関心を持たせ，多大な影響力を及ぼすのは，この集合体としてのジョン・スミス—彼が生産者であれ，消費者であれ—なのである。

目的と手順の解釈における関連性

このように，我々は，集団行動と指導力といった現象によって経営管理の原理や技術，統制を研究する出発点に立つことになる。集団行動と指導力は現代社会で対をなす二本の柱である。個々人は誰一人として同じではない。「申し訳ございません，陛下。これは私の蚤とは違います」と宮廷で蚤のショーを披露していた蚤劇団の団長が申し訳なさそうに言った。一匹の蚤が逃げ長い間探した挙句に観客の一人がその蚤を戻した時のことであった。その蚤を十分に調べて，劇団の蚤でないことがやっと分かった。人間も一人一人が皆違うわけで

あるが，人間には似たような行動を取る共通の根拠がある。これらの根拠が基本的なものであればあるほど，集団は大きくなる。空腹や自己保存，性本能，虚栄心，宗教などは，個々人の集合体にとっての共通の利益であり，集合体は共通の利益のために共通の刺激に反応する。

集団がどの程度一貫性を持てるかは，共通の刺激の力がどのくらいか，また，皆が同じ環境や消費品目への利用・入手機会を維持するために個々人が持つ利己心がどれだけ共通しているかにかかって来るであろう。トーマス[15]は，この問題に関する若干難解な分析の中で，次のような定義をしている。「社会的価値によって我々は社会集団のメンバーが利用・入手できる経験的内容を持つデータを全て理解し，そのデータがどのような意味で行動の目的となったり，そうなる可能性があったりするのかを理解する。」もっと簡潔に言えば，社会的価値は個々人の間の共通性にとって望ましいと思われる価値に付随するということであろう。しかし，この望ましさは，環境が提供するものの中にあるのと同じくらいに，個人の態度の中にもあるものである。社会学者が用いる厳密な意味での「態度」は，物事に相対的な意味を持たせる選択的な注意と考えることができるであろう[16]。事実が厳然とした，永遠で，不変の一つの事実であり，影響力をまき散らしている，という考えが社会科学全体における混乱と論争に大いに関係している。

この単純化した図（図1）では事実—すなわち一つのデータ—が影響の範囲の中心にある。そこから，各自による異なる解釈がなされ，影響の線が放射状に伸びている。科学者Aは独自の意味を見出している。宗教家Bは別の意味を見出している。政治家Cはまた別の意味を見出している。企業家Dも同様である。ただ，Xは精神病院の患者として田舎で暮らしており，この明白な事実の説明に関して他の人と根本的に異なっている。全ての人はこの人が精神異常であることについて一致している。しかし，それぞれの人は，他の人の解釈を考察する範囲においては，彼らが完全に正気であるかどうかについては明言を差し控える。「世界は全て狂っているが，汝と我では汝の方が少し気がふれている」。ここで，我々は，相容れない意見の衝突を見る。これは態度の多様性が必然的に招くもので，究極の真実へ向かうのではなく，究極の真実から出発しようとすれば必ずそうなる。「真実とは何か」とピラトは問うて手を洗っ

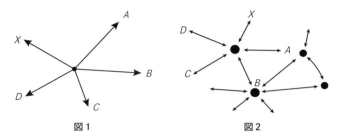

図1　　　　　　　　図2

た（訳者注：イエスの処刑に対して自分は責任がないと手を洗って示そうとした）。人類はそれ以来手を洗うようになった。

さて，この図1を逆にしてみると，図2の通りとなり，アインシュタイン的真実の相対性が分かる。ドゥーリーがプラグマティズムを友人の"Hinessy"に「真実が怠惰になり仕事をおろそかにすると，それは嘘になり，嘘が忙しくなるとそれは真実になる」と説明した時に考えていた種類のものではなく，選択的目的によって形づくられるデータの意味という点においての相対性である。この考えに沿った図2をつくる前に，学生と経営幹部に同じように自分の周りのありのままの現実を見させてはどうか。彼らは何を見るであろうか。我々が大きく間違っていない限り，彼らは図3のようなものを見るであろう。

進路を決める上での教育の役割

大学生や新人社員にとっての第一印象は混沌―交差する力の乱れた混乱状態―であろう。そのような混乱の世界にどのようにして生きていくかを考えることは，学生生活や社会生活を始めた若者を動揺させるであろう。しかし，このように無秩序に思える状態から個々人は自分自身のために，有用で，統制可能な秩序だった環境をつくり出すことができるかも知れない。彼らは，これを，選択的目的を考え出すことで実施する。教育の機能は彼らがこの選択的目的を設定するのを手助けし，可能な組み合わせを評価し，機会と報酬の観点から全体を見渡し，彼らの進路の方向性を選び，その方向性を秩序あるものとし，それを彼らの性格や能力と統合することである。これを成し遂げるために，教育方法―すなわち教育学―がある。これは，この一見混乱状態にある様々な力の方向を単純で，均整の取れた型に再整理することである。これらの

方向に一元的で，ある程度標準化された目的を与えるようにこれらの方向を整理することである。影響の焦点は，このように再整理された社会的・経済的力が作用する点となる。

　読者は図3を一見すれば，でたらめに並べられた十字形の中に，何本かの線の接合点があり，その点を中心に円が描かれている（図4）ことが分かるであろう。進路によっては，進路の選択肢がまだ少ないため，線の分布がまばらなものもある。また，選択肢が多く，線の分布が密なこともあるであろう。接合点を中心とする進路は円の大小で，統制の難易が決まる。このように，進路形成の問題は，しっかりした定量的基礎—管理的内容における統計的定量ではなく，その技術とそのアプローチ，考え方において定量的—で捉えることができるかも知れない。

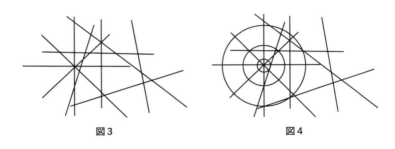

図3　　　　　　　　　図4

　以上の単純化した図は，社会的な力や生産物を解釈したり評価したりするものであるが，それに劣らず，最も広い適用範囲における教育の技術を学生に分からせるためのものでもある。教育者は学生に劣らず，自らを解放するためのはずである技術にとらわれ，縛られることが多過ぎる。彼らは，様々な科学や芸術，論理学という便利な一覧の中に，自分の独立した小部屋という揺るぎない存在を見るのである。この分離主義の幻想は，実際の世界に隣接して存在する[17]知識の様々な分野の間における統合という経済性を阻害するだけでなく，各分野の権限の範囲やカリキュラム分類に関して，些細な対立や壊滅的な領域争いを引き起こす。実際的な企業家はこれらの内輪もめを軽蔑しながらも寛容に見るであろう。しかし実業家もまた，権限や各部署の縦割り，上下関係に関する自らの考え方を見直す必要があるであろう。

直感的な価値観の決定に潜む落とし穴

　経営管理に関わるとされる倫理的問題について直感的な関与を避けることがなぜ良いのかが，ここで分かるかも知れない。これらの問題に関して共通する見方はない。ある経営行動において破られたり守られたりしている道徳や倫理の基準が絶対的なものであると誰が言えるだろうか。一旦独断的な定義にのめり込むとあらゆる種類の問題が起きることになる。経営幹部に劣らず学生は独断的考えや意見の衝突の混乱に巻き込まれることになる。震えている貧しい子供たちのために靴をつくってやろうと金持ちのなめし革業者から革を盗んだ殉教者で靴職人のセント・クリスピンの責任の問題は，社会学や倫理的観点から研究や経営管理にアプローチしようとする試みが引き起こしうる論争の混乱のまさにそばにある単純な問題なのである。

　経営の分野は，それに対する非個人的な客観性を維持することによってのみ科学的に研究することができる。どの経営行動や経営手段が持ちこたえられるかは議論の余地なく言えるであろう。次に，どのようにして持ちこたえられるか，どのような力や状況がそれに存在を与えるかについても有効な調査ができるであろう。しかし，経営行動や手段が，人が悪質，非道徳的，不正と呼ぶ状況を改善—たとえそれを好まない人がいても—するだろうというただ一つの根拠を基に物事の新たな秩序の置き換えを論ずることは意味がない。物事は，現在の力の分布によって今ある状態にある。物事がそうであることは，物事が持ちこたえることができ，目的を達することができる能力を有するということの一応の証拠となるであろう。積極的な雇用主や極めて効率的な経営幹部，労働組合幹部に悪態をつくこと，彼らが強欲で，貪欲で，無節操で，無慈悲であると，激怒して叫ぶこと，そして，企業資金を社会奉仕事業に寄付したり，利益を上げる機会を競争相手に譲ったりするよう彼らに求めることは，全く的外れである。

　改革を考慮する必要がないと言っているわけでも，経営が効果的で，世論に合った手段を取るべきでないと言っているわけではない。これらの修正は経営にとって有益である限りにおいては行われるべきである。しかし，まず，経営のメカニズムを十分に理解する必要がある。改良のための運動はどのようなものでも，すでに権力の座にある力から始めなければならない。最もうまくゆく

改革は改革の対象となる要素の善意や利己心を関与させる改革である。企業家と消費者，労働者の間の煩わしい関係において，全ての集団は実状調査から始めるという分別に気付き，それに基づいて行動するようになる。そして，上述のことから分かるように，環境に対する様々な態度の相互作用によって形づくられて初めて事実は意味を持つようになる。経営管理に対する純粋に科学的な研究を目的とした倫理的評価は，観察や分析，説明の後に来るべきであり，それらの前に来るべきではない。

指導力の性格と問題

集団行動の問題と密接に関連のあるものに指導力の問題がある。本書の読者の多くは，指導力の原理やその力をさらに発展させるための技術を見つけ出したいという欲求にかられていることであろう。指導者は生まれながらにしてそうなのか，それともそうなったのかと彼らは問うであろう。そしてそういう質問をすることで，指導力を指導者個人のみから生まれ，個人にのみ存在すると考えるという共通の過ちを犯している。指導者は権限を生むと一般に考えられている。指導者は計画を開始し，部下を指揮すると考えられている。生まれながらの能力で簡単に出来る人もいるであろう。彼らの魅力や人を引き付ける個性，絶対間違いのない判断で人の心を奪うように見える。また，一方で多大な努力や試行錯誤の結果，指導力を身に付けた人もいる。彼らは，世間に認められた指導者の下での厳しい訓練を経て，経営のこつを掴むようになったのである。

指導力の定義の実用的有用性

しかし，詳細に見てみれば，人はこのような考えの中に，事後のでっち上げが多くあることに気付くであろう。これらのでっち上げはいわゆる「応援」雑誌に多く見られ，多くのうぶなアメリカ人がこれに騙されている。もし全ての自伝が，多くの現在の伝記のように正直に書かれていたとしても，指導者になった人のどのくらいが，自分は知らないうちに行列の先頭に押し上げられていたと認めただろうか。同じように人に押されても千載一遇の機会に恵まれない人も多いであろう。機会が玄関でノックしても，すぐ玄関に出なければ，そ

の機会は去っていく。リンカーンは若いころ「私は勉強し準備をする。いつか私に機会が訪れる時のために」と言った。玄関のドアの取っ手をすぐに握れるようにいつも準備しておくことが大切なのである。

　指導力は，H. S. Person が企業における専門的職業の可能性を研究している人たちの集まりで指摘したように，指導する側の問題であると同時に指導される側の問題でもあると言えよう。指導されたいという気持ちがないところに指導力は存在しえない。指導される人たちの要求と欲求によって呼び起される指導力が指導される集団によってどの程度形づくられ，決定づけられるかという疑問は，興味深いものであり，極めて的を射た疑問である。指導者とは，その気質や欲求，自己実現の能力が，自分が長となる集団の本質的な目的と最もよく合った人をいうのであろうか。それとも，自分自身が持つ独特の資質[18]と力の両方を兼ね備えた人をいうのであろうか。Charters 博士[19]は群衆の先に行き過ぎないことの戦略的重要性を強調して，偉大な天才は指導者としては成功せず，孤独な人間になる傾向があると述べている。

指導力の力学
　社会学者の Rudolf Binder[20]は「全ての個人は完成を強く望んでおり，全ての個人は一人ひとり違う。全ての個人が一人ひとり違うということは，同じ刺激に対してもそれぞれ反応が異なるということである。与えられた刺激に対して個々人が他の人の方法ではなく自分独自の方法で反応するのが，一人ひとりが異なる人間の自然な行為だからである」と述べている。しかし，個々人は完成を求め，そのため互いに依存し合うと，他の社会学者たちは続ける。自分の完成への欲求が集団の利益に対する高度な忠誠心を生み出し，自分の完成のために不可欠な集団の欲求と自らの欲求を同一視でき，自分の独自性によって集団により大きな経済的な満足を与える新たな行動が生まれるような個人が，そのこと自体によって指導者となる資質を持っているのである[21]。このことから，指導力の原理と内容は調査と研究によって発見できるように思われる。指導力が知識のみで成り立っているというわけではないが，経営管理において管理の重要な要素を構成する指導力の科学的研究に対する何らかの試みを促すことの意義はある。

指導力の機能的解釈は，工場における過激な扇動者を扱う際に極めて実際的な用途を持つ。キリスト教の黄金律に基づいて Arthur Nash が経営した工場や Dennison Manufacturing Company, Filene Department Store, Mitten Public Utility Service などのような労働条件や労使関係が良好な工場においては，トラブルメーカーは無力となり，このようなところでは扇動は無益だと労働組合組織者たちも認めている。労働条件が悪く，労使関係が敵対的である時に初めて，扇動者による騒乱に適した，不満に満ちた土壌が形成される。いわゆる「外部扇動者」を打ち倒そうとしても，それはほとんど役に立たない。これは，米国北部と南部の繊維工場における明らかな例のように，一般従業員から自然に噴出した不満が，労働条件や労使関係が劣悪だと彼らが日頃から感じていたことによって助長され拡大されることがいかに悲惨であるかを見れば分かる。

集団がどのように集まり，集団を維持していくのかを企業家はまだ知らない。「階級闘争」はほとんどの経営指導者にとって昔の話であろう。少なくとも米国において企業家は階級闘争という現実に対して懐疑的である。企業家は，階級闘争を主張したり強く求めたりする人たちが言い立てるような厳密で固定した社会階層があるとは認めようとしない。これに対して，William Leiserson 博士は League of Industrial Democracy [22] の代表団を前に，階級闘争は数多くあるのであり，ただ一つの階級闘争があるということではない，と力強く語った。共通の経済的刺激に反応する均一な組織の集合体としての集団の間に数えきれないほどの集団間闘争があるばかりでなく，これらの集団間の人的移動が常に行われている。英国や欧州大陸の大部分のように高度に密集した文明社会では，その圧縮によって集団の配列に，より大きな永続性が与えられている。またインドではカースト制度で社会的経済的階層がはっきり決まっている。しかし，米国では自然資源がまだ十分にあり，社会の出発点となる個人主義は抑制されていない。したがって，米国における階層化はまだ将来のことである。しかし，社会的経済的行動の集団分類のための制度的枠組みは存在しており，この枠組みは我々の文化様式における著しい普遍性によって特徴付けられている。Clark Wissler [23] 博士は以下の九つの決定的特徴を挙げている。

① 言葉：言語，書記法など
② 物資的特徴：食習慣，住居，交通・旅行，衣服，家庭用品，道具など。武器，職業，産業
③ 芸術：彫刻，絵画，描画，音楽など
④ 神話と科学的知識
⑤ 宗教的習慣，儀式，病気の治療法，死者の取り扱い方法など
⑥ 家族・社会制度：結婚形態，人間関係の評価方法，相続，社会的統制，スポーツ・ゲーム
⑦ 財産：不動産・動産，価値と交換の基準，売買
⑧ 政府：政治形態，司法・法律制度
⑨ 戦争

　経営管理にとって，共通の経済的刺激による集団の団結の始まりと存続を知ることは最も重要なことである。連合に向かっている現在の動き全体，業界団体の動き全体，組織労働運動，人間行動のあらゆる分野—チェーン店や企業合併，消費者連盟，月例図書推薦会（Book-of-the-Month Clubs），企業家の昼食クラブなど—における大衆行動の出現，そして考えられ得るありとあらゆる目的を持った会議や会合の流行はすべて，同じ方向に向かっている。それは，ビジネスや産業における未開拓分野への進出であり，経営管理における技術や統制の精度の向上の時代への突入である。

　このような目前に迫った変化に対応するためには，経験則による手法を修正するだけでは不十分である。先例は役に立たなくなり，どこの経営幹部も研究や調査，分析に頼るようになってきている。要するに助けを求めて研究に頼るということである。新任のオハイオ州知事[24]が，コロンバス産業局との合併を数日後に控えたコロンバス商業会議所の会員を前に演説し，商業会議所と産業局が「ああでもないこうでもない」[25]とビジネスについてたわごとを続けるのを止めて真剣に実状調査を進めようとしていることに満足を表した。ここでもまた，改革の観点から話そうという傾向が，目立たないながらも現れてきている。企業家たちは，産業や商品販売における在庫や在庫管理に対する態度が変化したと説明する時に，これらの態度の変化を改革，すなわち「心を入れ替えて再出発する」ということであると考えるという同じ間違いを犯しやすい。

経営管理に対する科学的態度の発展にとってこれほど有害なものはないであろう。この章で強調したい点は次のことである。実践—すなわち技術—が経営管理の目的にとって単に十分か不十分かを述べることによって，これらの実践を定量的に処理することができる。そうすることで統制が可能になり，統制が実際の状況の精密な測定ができるまでの効果を持つようになる。

「現実主義」と独断主義

　他に良い用語がないので「現実主義」（actualism）と呼ぶが，これをご都合主義（opportunism）と混同してはならない。ご都合主義は弱い経営幹部や怠惰な経営幹部が陥りやすい態度である。ご都合主義は単に短期的な知恵に過ぎない。とは言っても，ご都合主義にある精神には，経営幹部の新たな世代がそれぞれ直面する新たな状況—それぞれによって状況の新規性の度合は異なるが—においては効果的に働く側面もある。しかし，管理的資質の流動性と合わせて，動向の発端と方向を忍耐強く分析することは欠かせない。かつて疑いもなく景気循環の理論—運命の輪の容赦のない回転—を受け入れていた経済学者の多くは今では規則的な周期性のみならず，循環というものの存在そのものをも疑うようになった。彼らは，せいぜい，主に個々の企業の管理の中にある状況から発生した，無数の個々の循環の集合体があるのに過ぎないのではないかと感じ始めている。景気循環が自己完結するものであるということを否定し，景気の変わり目に過去から生まれる集団の力の結果が見られ，その結果が将来の原因となるとまで考える経済学者も，数は少ないがいる。将来に関する説明は，現在すでに動いている力の中に見つけることができると言うのである。そうだとすれば，歴史は適切で不可欠な用途を持っているが，その価値は，集団化された力の比例分配により将来を予測する—実際に管理し，形づくることはできないとしても—ために現在を説明するためだけのものに過ぎない，と十分に推論できるであろう。

要約と結論

　現在の経営管理を理解し，現在現れているタイプの経営を効果的に管理する知的準備ができるかどうかは，事実の内容を知ることよりも，経営管理の原理

や技術，統制に対する真に科学的なアプローチができるかどうかにかかっているように思われる。我々の経済的秩序の論理的進化の中に生じている根本的な有機的変化によって，世界大戦以前の経営に適していた方法の大部分は時代遅れのものとなっている。しかし，この変化は，暴力的で現在特有のものと考えるべきものではなく，将来にまで続くかも知れない変化の流れにおける加速と捉えるべきものである。

　本章で，経営管理研究へのアプローチとして最も生産的である考えられるタイプを説明する場合，経営の制度的性格を強調してきた。また，経営の分野ではなく，倫理学や社会学，道徳の分野に属する基本原理や前提に基づいて研究を始めないよう，読者に繰り返し注意してきた。このように注意するのは，倫理的，社会的，道徳的考察の重要性を軽視するためではなく，個人的考えに拠らない客観性が科学的方法に不可欠であることを知ってもらいたいからである。

　この科学的方法を社会科学の分野―経営管理もこの分野に属すると考えられる―に適用する際の単位が個人から集団に移っていることも強調してきた。また，指導者の性格と誕生に伴う問題についても述べてきた。これらの問題に対する答えは心理学や経済学の分野―これらは，物理学や数学が工学を支えるように，経営に関する科学や技術を支える―の中に見出せるかも知れないとも指摘した。

　知識の相対性についても強調してきた。これは，意図的選択の力を適切に理解することが，この種の研究に対する適切なアプローチにとって必要と考えられる非個人的客観性を高めることにつながるだろうという期待からである。急速に統合されつつある各分野において孤立的考え方が見られるが，これに対する予防策としての教育方法についても簡単に説明した。

　「現実主義」とご都合主義の違いを説明した。変化が急速であり継続的な経営の世界において欠かせない管理技術の流動性について取り上げるためである。経営の原理や技術，管理の道徳的評価は，そこへ向かうべきものであり，そこから出発するべきものではないと読者である学生や企業経営者に注意してきた。実状調査が最初に来る必要がある。現代の経済的秩序を理解し，その理解を役立つものにするためには，公平な客観性―非個人的であるが，思いやりのある―を持ち，それを維持しなければならない。

次世代の幹部の訓練には，将来，内容や規則よりも，技術と判断が重要になる。様々な現実は，将来の幹部にとっての資質開発のためというよりは，新たな状況への知的対応能力を開発する実験のための一時的価値を持つものである。

第3節　用語等の定義

議論のために用語等を定義することが重要である。定義がしっかりしていないと誤解を招く恐れがある。

Business（ビジネス）か *Busy-ness*（忙しさ）か

　ビジネスは企業活動の全てと定義されて来た。しかし，これでは金銭的利益を伴わない活動もビジネスとすべきかどうかがはっきりしない。ビジネス（business），すなわち商売（trade）と商取引（commerce）は，物々交換とは異なり貨幣を手段として行われると言われる。物々交換では企業は利益を得ることが，ほとんどない。貨幣によって企業は，投入量より多い産出量を引き出し，利益を生み出す仕掛けを手に入れることが出来る。貨幣が洗練された交換システムをつくり出す刺激となることは間違いない。この意味ではビジネスは，量と種類が増え続ける消費を支える交換の機会が増えることによって刺激された busy-ness（忙しさ）であると言える。

　「ビジネス」と「商売」には，商品の交換を量的に捉えるという点で密接な関係があると古代から考えられて来た。アリストテレスは「商売は，物をその価値以下の値段で買い，その価値以上の値段で売るものだ」と言った。カール・マルクスは『共産党宣言』でビジネスを激しく非難した。

　ビジネスを非難する人たちは，ビジネスを個人に対する脅威であり，搾取のメカニズムであると見ている。彼らはアダム・スミスが『富国論』で唱えた見えざる手が全てのものを最後には最も良いものにするということを信じていない。彼らはこれを自由放任主義と非難する。

　とは言っても，文明は常に商売があって生まれている。フィニキア人の交易船が古代文化をもたらし，商人のマルコポーロは中国の素晴らしさをヨーロッ

パに伝えた。ラルフ・ウォルドー・エマーソンは「つまるところ，この世で改善をもたらす最大のものは利己的な押し売り」であると言っている。ビジネスは文明をもたらす偉大な教化者である。ビジネスから気配りと洗練性が生まれる。ビジネスは品位と礼儀正しさに値段を付ける。ビジネスは，通信と交換，協力のための共通項となる。

しかしビジネスの性質と目的に関しては意見の対立がある。そのため，主観的かつ絶対的な観点からではなく，外にはっきり表れたビジネスの明白な行為からビジネスの性質と目的を理解するのが良いであろう。

企業の手段としての産業（industry）

産業（industry）は，ビジネスの下部に置かれる分野であると見られることが多い。産業を製造業に過ぎないと考える人が多い。しかし，産業には，農業や鉱業，運輸といった分野だけでなく，販売や金融，その他様々なサービス業が含まれる。ビジネスが企業の精神だとすれば，産業は企業の肉体と言えるであろう。

産業とビジネスの違いを金銭的関心があるかないかで区別するのが最も有用であろう。ビジネスは利益を上げるために行う。一方，産業は全く非営利目的で行われることもあり得る。愛国心や自尊心，衝動，創造への欲求が利益追求に取って代わるのである。現在では産業はほとんど，利益追求のために産業を行う企業の管理下にある。もし資本主義が崩壊するようなことがあったとしても，その結果，我々の文化や生活の基盤となっている産業構造が破綻するということはないであろう。

経営管理（business administration）を専門的職業と認めることが出来るか

ビジネスは，William Orton の言葉を言い換えれば，論理によって事前に決められた結果に導かれる，融通の利かない技法（technique）ではない。ビジネスは，様々な技術的な方法（technical procedures）の集まりであり，その成果は大きな社会的要素あるいは小さい個々の要素によって影響を受ける。職業が，弁護士などのような専門的地位を確立するにはその分野独特の科学体系が必要である。

専門的職業の地位を得るための条件

まず,専門的職業の地位とは何であろうか。H. A. Overstreet 教授が,Henry Dennison の言葉を引用して,「専門的職業とは(1)訓練された知識を用いること,(2)科学的方法と科学の成果を適用すること,(3)奉仕の精神を具体化すること,(4)倫理規定に忠誠を誓うこと,(5)人々に尊敬され認められること,といった条件を満たしたものである」と述べている。また,Ernest Elmo Calkins は「ビジネスを専門的職業と呼ぶことは大げさなことではない。ビジネスは,専門的に訓練された人間の手の中に入って来ている。ビジネスの倫理的基準はより高くなり,ビジネスに関してより多くの知識が必要となり,ビジネスに関わる諸問題は専門的職業意識を刺激する」と述べている。奉仕の精神については,André Siegfried が「企業が成長し,様々な問題に直面するようになると,より訓練された,より機敏で,より鋭い頭脳が必要になる。教育機関では簿記や商業通信,経済地理といった実務を教えるだけでなく,幅広い教養を身に付けた学生を育てる必要がある」と述べている。

ビジネスの倫理規定

倫理規定に関しては,最近,法的必要性や世論によってではなく,企業が自ら規律を課すという例がいくつか見られる。米国商工会議所会頭で,裁判官でもある Edward B. Baker は 1928 年の商工会議所大会で「ビジネスが専門的職業の地位を維持し,集団行動によって確実に利益を得るためには,ビジネスは集団としての責任を誠実に果たす必要がある」と述べている。いくつもの業界団体が,連邦取引委員会に協力して,倫理規定を自発的に制定した。1910 年ごろには露骨な広告による高圧的販売が減り,T. ヴェブレンが好んで呼ぶところの商品の"honorific" values(商品の評判)を強調する教育広告や記事広告が出て来た。

経営管理が専門的職業の地位を得る可能性

こうして見ると,ビジネスが専門的職業の地位を得る可能性があり,またそうならなければならないと主張出来る十分な根拠があるように思える。産業には会計や工学といった多くの実用的な分野があり,それらは容易に専門的職

業として認められる。これらの専門的分野にはそれぞれの分野を定義するための科学体系がある。そして，管理全体には，A. P. M. Fleming によれば，「各分野の科学技術（technology）から全く区別された技法（technique）がある」。

　　管理（management）は技(わざ)（art）なのか科学（science）なのか
　管理（management）についても，独断的に定義することは出来ない。管理が技(わざ)（art）なのか科学（science）なのかの議論は古くから現在まで続いている。Will Durant は「科学は全て根本原理で始まり，技で終わる。科学は，未知のもの，あるいは正確に分からないものを，仮定に基づいて解釈するところから始まる。科学は真実を攻撃するための前線の塹壕である」と述べている。Oliver Sheldon は「原価計算や企画，製造，発送についての科学はあるかも知れない。しかし，互いの協力に関しては，科学はあり得ない。技は一般的に，考えることにとって最も都合のよい順序ではなく，実行にとって最も都合のよい順序に並べられたいくつもの科学的真実によって出来ている」と述べている。これを管理における技と科学の関係に当てはめると次のようになる。(1)管理の目的が考えるためなのか，実行するためなのか，(2)管理の適用が，行動原則（working principles）を作成することにあるのか，目的達成のために熟達した，堅実な手段が用いられるようにすることなのか，である。

　「管理工学」（"management engineering"）という用語は矛盾している。工学的考えは管理の士気を低下させるところまで行く可能性を持っている。管理理論の大部分はいい加減であり，工学という厳格な領域がそれを改善出来るかも知れない。工学は，特に産業の運営に関して，管理における慣行を集約したり，あるいは少なくとも経験的観測を健全な実務のための一貫性のあるマニュアルにまとめたりすることは出来る。しかし，ビジネス競争が激しくなるにつれ，このように組織化された科学技術（technology）を超えた，実践に必要な今まで以上の独自の改良が必要になる。管理の独特の分野を形づくるのは想像力と創造性，独創性が発揮される，この新分野なのである。

ゴーイング・コンサーン（継続組織）における組織の進化

以下の段階を踏み，進化することでゴーイング・コンサーンが適切に組織化される。

① 企業を統制（control）する有機的な目標と経営方針を策定する。これによって全ての計画と行動を確認する。
② 上記の目標と経営方針をはっきりと完全な形で，正式に公表する。
③ 経営方針を実行に移す仕組みをつくる。
④ その仕組みを運営するための計画をつくり，手順を決める。
⑤ この計画を実行するための幹部を選ぶ。
⑥ これらの幹部が計画を実行出来るように，集中管理によって効果的な経営統制（executive control）を行う。

「管理」（"management"）はしばしば「組織」（"organization"）とほぼ同義的に扱われることがある。一般的に，組織と管理は無頓着に，会社（company）や法人（corporation）の意味で使われることが多い。組織は管理を適用する―管理を配置する―のに必要な第一段階である。組織化の過程そのものにおいて管理が関わることは事実である。しかし，企業自体としての組織の促進過程は，その結果生まれた管理されるべき組織と区別しなければならない。組織は静的なものである。組織は，多くの可能性を秘めているが，管理によって息を吹き込まれるまでは不活性な状態にある。

科学的管理（scientific management）の性格

投機によって利益を上げることが出来る時代が過ぎると，企業は営業利益に頼るようになった。ここに高圧的管理が現れる余地が出来，科学的管理（scientific management）とフレデリック・テイラーが登場する。

テイラーは緩い管理体制を引き締めるだけ―すなわち組織化するだけ―では不十分だと考えた。彼は，管理における新たな取り決めが必要だと主張した。しかし，科学的管理がもたらす結果が十分に理解されなかったため，科学的管理によって分業や標準化，大量生産，機械化が管理そのものに適用されてしまった。そして管理が自縄自縛に陥った。本来，科学的管理はルーティンと実践そのものの性格を変えようとするものであり，現在あるルーティンと実践に

秩序をもたらそうとする体系的管理（systematic management）とは異なる。

テイラーは現代の産業企業の進歩に三つの大きな貢献をした。すなわち，(1) 管理の実行において「機能化された作業長職」と「例外の原理」を導入したこと，(2) 主に試行錯誤により高速度鋼や計算尺テクニック，機械作業の規則を進化させたこと，(3) 管理の標準的実行のための正しい根拠としての時間動作研究の手順を作成したこと，である。テイラーの理論で管理の点で最も重要なのは，幹部の地位と技能のレベルに応じた，適正で十分なルーティンを設定し，このルーティンで対応出来ない緊急事態が生じた場合には上位の幹部が自動的に事態に対処するというものである。このようにして，下位の幹部では対処できない問題だけが，最高幹部のところに上がって来る。産業技術（industrial arts）の観点から大きな貢献をしたのが高速度鋼と計算尺で，これはいままでの産業管理（industrial management）のやり方を大きく変えた。これら二つ以上に注目に値する貢献であるが，結果はそれほど好ましいものではなかったのが，作業長職の機能化である。彼は，経験則で物事を決めようとする古いタイプの工場幹部を変えるのが難しいと考え，新たな幹部を迎え入れ，その幹部の下で働く作業長の権限と特権を少しずつ減らしていった。こうすることがテイラーの科学的管理には必要であった。後年テイラーは多くの人と接することによって考えの幅が広がり，性格が丸くなったが，自分のした非情なことを後悔することはなかった。政府の弾薬庫や造船所で働く組合労働者の激しい苦情を調査するために開かれた米議会の委員会でも，彼は自身の管理哲学の拠り所としての科学的考え方を何度も繰り返した。管理が科学的であるかないかの判断を使用者だけに任せることの妥当性について委員長が何度か質問したのに対し，テイラーは組織労働者に敵意を持つものではないと答えたが，彼の証言から，彼が，政策の策定や実行において労働者と雇用主による共同作業の考えを持っていたようには思えない。テイラーは，科学者というよりはエンジニアと呼んだ方がよさそうである。

組織（organization）のタイプ

テイラーが古いタイプの作業長職を，専門化された機能の要素に分割するまでは，産業における組織の典型的なタイプは，軍隊のように権限が上司から部

下へ直線的に降りてくるタイプであった。このタイプでは部下は上司の命令に絶対的に服従しなければならない。このタイプは，非常時に大勢の人間を動かすのには適しているが，状況の変化に迅速かつ経済的に対応できる柔軟性と機動性に欠ける。このタイプとテイラーの機能化タイプの中間に位置づけられるのがライン・アンド・スタッフ・タイプである。軍隊における参謀のようにスタッフは本来，ラインである経営幹部に専門的見地からの助言はするが，執行権は持たない。しかし，ライン幹部の怠惰や人の好さを利用して，管理にまで権限を持とうとするスタッフが出てくる可能性もある。

　機能化は，表面的には，玉ねぎの皮を剥いていくように幹部の特権や行動を取り去ることで，最終的に，生産に必要な多くの機能が明らかになり，それらの機能を総合することで業務遂行に必要な管理組織（administrative organization）が出来るように見える。しかし，実際はそれほど単純ではない。例えば，従来のタイプの工場幹部の責務はコストや効率を考えての生産ラインでの仕事の完遂である。この仕事の完遂に彼の管轄外の部署の助けが必要となった場合，彼は何としてでもこの助けを得て，業務を遂行しなければならない。ここで部署間の摩擦や衝突が起きる可能性がある。

　部署間の管轄に関する衝突の多くは，ラインとスタッフの統合が不完全なためである。従来のやり方は，非公式に互いが合意することで仕事開始の時点で調整するのではなく，生産の時点でラインとスタッフを単に同時進行させることによって管理に同時性を持たせようとするものである。これは，完璧な組織配置と機能により企業を成功させようというものである。しかし，管理部門の幹部による本来の機能が働かず，ライン幹部が同僚のスタッフから強制的に指示されていると感じることもある。また，上司が部下の業務での忠誠心にのみ心を奪われると，生産ラインで働く部下に最大の力を発揮させるという，幹部としての役割を十分に果たせなくなる。

　スタッフの仕事に対して裁量権を持つにはライン幹部は幹部としての高い知識を持つと同時に，スタッフの力を効果的に引き出せる能力があることが重要である。作業長職と中級幹部に対する研修の大部分はこの能力の開発に当てられている。経営責任者のミニチュア版として各部署に置かれ，スタッフの能力を自由に使いこなせる作業長と，スタッフが決めた手続きを単に実行するだけ

の古いタイプのボスとには大きな違いがある。

　スタッフが機能化された幹部に変わることがしばしばある。ある種の業務を企業の様々な部門のために行うスペシャリストとして，である。例えば，人事専門のマネージャーが工場全体の人事を担当したり，庶務と経理専門のマネージャーが全部署の庶務と経理を担当したりするように，である。一人の経営者が全ての機能を果たし，管理上の全ての権限を持つ状態を一つの点とする。会社が大きくなり，複雑になると経営者はいくつかの機能を部下（別の点）に任せるようになり，その部下は自分の部下（さらに別の点）に機能の一部を任せるようになる。この流れが点と点を結ぶラインである。機能化された状態では，これらの部下が管理上のある特定の業務の専門家となり，彼らは自分の業務を企業横断的に適用する。その結果，ラインに二つのレベルが出来る。最後に，ラインと機能が交差するところに，化学や工学といった高度に集中化された工業技術を提供する専門家がおり，これが，管理に自由と実質を与えるのに必要な第三のレベルとなる。

最終権限という幻想

　最後に「権限」の定義について述べる。大部分の人は，権限は決定するために呼び出された力であると考える。しかし，権限が独立した形で個々の決定に影響を与えているという考えは危険である。Mary P. Follett は「経営上の決定は過程における一つの瞬間である。我々が研究しなければならないのは，決定がどのような過程を経てなされたのか，権限がどのように蓄積されて来たのかであり，最終段階についてではない」と主張している。権限は肩書に付いて来ると一般に考えられているが，そうではない。米国の大手台所用品メーカーの社長が，会社の和を乱す幹部の些細な争いが繰り返されるのに苛立ち，重役会議で「こんな状態では人はわが社が台所用品ではなく，肩書の製造会社だと思うだろう。権利のことばかり言わないで，会社が機能することを考えなければならない」と感情を爆発させた。また，権限には責任が伴うともよく言われる。しかし，これは逆であろう。責任が権限を生み出すというのが正しいであろう。Follett も「権限は知識と経験を伴うものでなければならない。権限は命令への服従が当然であるところになければならない。その場所がラインの上

層部にあろうと下層部にあろうと関係ない」と言っている。

権限の委譲

　古いタイプの幹部は全ての権限は自分が持っており，部下にどれを委譲するかは自分が決めることであると考える。しかし，テイラーの「例外の原則」は，主要問題の解決に上位の職位にある者の能力をなるべく経済的に使おうということである。うまく設計されたルーティンと良い計画があれば中級幹部レベルで処理できるようなことに経営トップの貴重な時間を費やすのはばかげたことであり，工場で必要以上に高価な機械を用いて生産するようなものである，という考え方である。

　権限は出来る人のところにひきつけられる。そのため，実際の権限が名前だけの幹部から遠く離れたところに存在することもある。例えば，秘書が影の実力者だったり，職長代理や軍隊の下士官が実権を握っていたりすることもある。いずれにせよ，ビジネスが機能するためになされなければならないことは，それが出来る人によって行われるということである。Follettは「権限は機能から派生する。職階とはほとんど関係ない。科学的に管理された工場ではこのことは益々認められるようになって来ている」と述べている。

　従って，権限は，単なる現象，あるいはせいぜい管理の一局面に過ぎず，幹部の行為から分離できる存在物ではない。権限は，能力の特性である。必要性のない権限は権限のない必要性と同様に無駄である。権限は機会を待つのではなく，機会に内在しているものである。

概要と結論

　議論の内容を明確にし，議論の無駄を省くために用語等の定義が重要であることを強調した。絶対主義的仮定に基づく独断主義に対する健全な対抗手段として，結論の相対性と，議論から生まれたり議論を支えたりする立証の相対性について説明した。

　経営管理（business administration）の専門的職業としての地位について，専門的職業の地位を持つための必要条件の観点から説明した。一つのグループ—主にビジネスと産業における管理職—は経営管理の専門的職業の地位に

賛成の意見を持っている。別のグループ―哲学的で批判的なグループ―は，管理（management）は，産業経営（industrial administration）を構成する，確立された多くの専門的職業の外にある働き―専門的職業をつくり出すのに不可欠と考えられる標準化や成文化を受け付けない諸要因の釣り合いを取る過程―であると主張する。これは，ルーティン化された執行としての経営管理と，釣り合いを取る過程としての管理として区別することができる。

　管理において技と科学を根本的に区別することの妥当性を示すために科学的管理（scientific management）について説明した。テイラーの機能化された管理システムの根底に横たわっている根本原理は，一方では投機時代における企業の劇的な金融拡大から，他方では18世紀から19世紀まで存在した権威主義的科学から生まれた一貫した副産物と見ることができる。「時間動作研究」で見つけることが出来る絶対的で安定した現象として，テイラーが考え出した「唯一の最善の方法」と「第一級の人間」について述べた。また，様々なタイプの組織について簡単に触れ，経営統制（executive control）の機能化への移行について述べた。

　ビジネス（business）や産業（industry），管理（management），組織（organization），科学（science），技（art）といった用語に対して絶対的定義を試みようとすることのマイナス面が明らかになっている。ビジネスは金銭的関心があるかないかで，産業と区別できる。管理は，メカニズムの立ち上げではなく，ゴーイング・コンサーンに関わりがあるかどうかで，組織と区別できる。科学は，感情や技法（technique）ではなく知識と原理に関わりがあるかどうかで，技と区別出来る。

第4節　労使関係

　労働者が，自分が欲するだけの生産物を消費出来るだけの，労働に対する対価を得られないという状態があるとしたら，その原因は，使用者の不当行為にあるのでもなく，利益メカニズムにあるのでもない。それは，需要に対する生産能力の不均衡が原因であると言えよう。別の言い方をすれば，労働者が正に

必要とするものと交換に市場が受け入れてくれるような商品をつくりだす生産能力が彼にないということである。

生産能力と労働機会の調和を図ることは，労務管理における「科学的管理」（"scientific management"）の先駆者の関心の的であった。労働の諸要因を，歴史的観点，経営的観点，心理学的観点から見てみたい。

労使関係の歴史的背景

妥当な最高値の業務遂行による生産がなされていなかったのが第一段階である。第二段階では，労働力に対する賃金と，労働力の価格に関心が持たれた。

新産業革命（New Industrial Revolution）への期待

第三段階では，生産管理の重点が労働者から機械へ移っていった。その結果，技術革新から生まれる技術的失業が起きた。労働者は機械の補佐役になり，付随的経費となった。労働者は，機械化された生産における理想的で完全な自動性の実現の妨げとなる存在となった。職業の安定は低下した。

最後の段階は，労働者が，奴隷から，独立した企業家へ進化した段階である。機械化された生産における労働者の地位がどうなるか，まだはっきりとは分からない。しかし，問題の解決に役立ついくつかの先例がある。

労使関係と労務管理

労務管理は大きく二つに分けられる。(1) 人事管理と(2) 給与・労働時間・規律に関する管理—である。(2)は，労働力利用から生じる諸問題を現実的に扱う分野である。人事管理において，一時しのぎの方策で延期したり，回避したりしようとする問題の多くは，この(2)中に，適切で経済的な解決を見つけることが出来る。

労使紛争の心理学的原因

労務管理の研究における心理学的側面の大部分は，賃金や労働時間，規律の分野に存在する。賃金や労働時間，規律に関しては，労使双方とも相手が威嚇的で敵意を帯びた，「不公正」な動機によって動かされていると見る。お互い

に悪態をつき合うより，個人的感情を交えない「非人間的な」("impersonal")事実調査を通じて行動の原因を求める方が良い。給与の予算化は冷静な事実調査を行うための新しい試みである。そのため労使双方がこれに対してある程度の不信感を持つのは仕方がない。しかし，優れた経営とは，生産の諸要因—土地，資本，労働力—を正しく配分することであり，そうすれば，労務管理も，財務管理や原料管理と同様に，精密で，公正なものとすることが出来る。

労働者階級に不当行為がなされるのは，労働者と，彼から得られた労働力との間の区別が明確でないからである。この二つを明確に分けることで，労使双方は，市場における他の商品と同じように，ある種の平等性を持って互いに交渉することが出来る。

労使関係と科学的管理

テイラーが言う「一級の労働者」("the first-rate man")とは，ある仕事に，観念上，最も適した労働者である。「一級の労働者」が「唯一の最善の方法」("the one best way")で仕事をした時に最高の生産力が生じる。この科学的考え方では，「一級の労働者」が持つ能力で出来ない仕事を他の労働者に強いてはならず，従業員をこき使おうとする無慈悲で貪欲な使用者を抑えることが出来るかも知れない。

科学的管理に基づけば，雇用契約を交わした労働者は使用者の道具となる。労働者は，使用者が買ったり借りたりした機械と同じ道具である。従って，管理の仕事は，労働者の健康と快適さを維持しながら，労働者が持つ生産能力を最大限に活用することである。労働者からどれだけ生産を引き出せるかを知るために，テイラーは科学的で正確な調査と測定を用いる必要性を説いた。テイラーは労働者に，慣習となっている賃金を払っても良いと言っているが，実績に応じて変化をつけるべきであると言っている。彼が，団体交渉に敵意を抱いた主な理由は，それによって，賃金が平準化し，最も業績の悪い労働者の賃金が組合全員の基準になってしまうからであった。

労働者によって売りに出される商品としての労働力という考え方

人件費が，例えば材料費のように，あらかじめ定められていなければ，企業

は安心して事業が出来ない。企業が求める労働生産力の価格が分かっており，市場で調達出来れば，企業経営に科学的管理が導入されたことになる。

労働組合と「厚生資本主義」("welfare capitalism")

労働運動の基本的弱さは団結力の不安定さにある。米国における労働運動の成功は，反対者から「企業組合主義」と非難された便宜主義があったからである。旧世界のヨーロッパでは個人は階級によって上下関係が決まっていた。新世界の米国ではこのような上下関係はなく，労働組合にはこういった上下関係からの解放を求めるといった長期的視野からの運動は必要ではなく，労働組合は，目に見える形の利益を手に入れるという短期的視点で行動した。

著名な共産主義指導者の William Z. Foster は「手に入るものは全て手に入れよ。そして，もっと取りに行け」と言った。これは，労働騎士団（Knights of Labor）[26]の感傷的な運動の残骸を拾い，それを，二大政党の注意を引き，第三の政党をつくれるほどの力を持った継続組織（ゴーイング・コンサーン）に結束させることさえ出来る政策であった。

団体保険や雇用保険，年金で労働者を守り，労働者が従業員代表制や提案制度，安全委員会などを通して，経営参加に対するエゴと欲求を満たす十分な機会が与えられれば，労働運動は何も出来ない。

このため，少なくとも理論上は，厚生資本主義（welfare capitalism）によって労働組合の立場は非情に弱くなる。ここで，労働組合は「階級協調」という奥の手を出すことになる。階級協調によって，階級闘争という厄介で異常な労使関係を改善するメカニズムが生まれるかも知れない。

科学的管理戦術の不幸な結果

使用者が使用する権限のある一定の労働力を労働者が持っていると仮定すると，ここで，労働者は自分の持つ最大限の能力を隠そうとし，使用者は労働者の持つ最大限の力を調査しようとし，争いが生じる。この利害の衝突により，労働者は仕事をしているふりをし，使用者は労働者をこき使おうとする。テイラーはこれを非常に嫌った。テイラーは，労使双方は争うのではなく，協力すべきだと言った。しかし，ここで，もし双方とも協力とフェアプレーの精神で

行動したら，科学的管理が関わる余地はほとんどないのではないかという疑問が生じる。しかし，科学的管理は双方の信頼関係があって初めてうまく行くものである。

　テイラーは団体交渉を嫌ったが，それは団体交渉が科学的管理の中心的考えの否定につながると考えたからである。労働力の量と価格が団体交渉で決められれば，「唯一の最善の方法」と「一級の労働者」はどうなるのだ，と彼は考えた。しかし，科学的管理が適切に機能するのに必要だと彼が考えた使用者と労働者の協調と協力を生み出すには，彼が執拗に反対した団体交渉に見られる双方の力が必要なのである。とは言え，テイラーが考え出した測定のメカニズム—時間動作研究（time-and-motion study）に見られる「非人間的」精密性など—が，新たな科学的考えの基礎となったことは間違いない。

　労働市場で労働力の価格が決まるということは，供給される労働力の量が特定されるということである。労働者は労働力を，それを必要とする使用者に提供する。この量が正確に測定されることで，労働者は，使用者と同じように重大な利害関係を持つことになる。そして，供給を制御すること—「生産活動の削減」—で賃金水準の「安定」を求める強い動機—過剰生産能力を持つ生産者の動機と同じくらい強い動機—を持つことになる。

人事管理の動き

　1920年から1921年の不況時以降，人事管理は作業長の手に移り，人事担当者は労使関係において助言する専門家となって行った。また，従業員のための福利厚生は生産性の向上のためであるとする企業が増えた。このような変化は主に予算管理の必要性から生じた。コストはより正確に予測する必要があり，コストの主要部分は労働力利用のための経費が占めるからである。

給与の予算化

　人事管理は予算を通じて，生産管理と結びついている。材料や納入品の予算は高度な正確性を持っているが，給与予算については，人的要因が予算策定を極めて複雑で，困難なものにしている。とは言っても，予算編成技法の給与の予算化への適用はますます増えている。給与の予算編成においては，予測と測

定の正確性の度合いは，労働に関する考え方のうち，どの考え方が企業の管理で用いられているかによる。労働に関する考え方で，労使の衝突に関して両極端の考え方は，一つは主人と召使の関係という考え方で，一つは「労働力」の概念である。主人と召使の関係という考え方では，テーラーが唱えるように，「一級の労働者」による「唯一の最善の方法」でつくり出される「労働生産能力」を仕事の基準と考える。従業員はこの基準に合わせて賃金の支払いを受けるべきであるという考えである。これにより，共通の労働利用コストが決まり，労働に対する公正な対価が科学的に決められる，とするものである。もう一つの考え方は，労働を労働者と切り離された商品として捉える見方である。特定の量と質の労働力を提供するための契約を履行する能力があるかどうかという観点のみから，労働者を見るものである。これは，労働者が，主人と召使の関係から，その地位を高められたとも言える。労働力利用に対するこのような考え方では，原料などに関する予算管理と同様の自信と安心感を持って，給与が予算化出来る。雇用契約に詳細な内容を定めることで，業務の遂行と給与支払いという契約を労使双方が果たしているかどうかを確認するための測定と記録管理の基本について，双方が合意出来る。

賃金：理論と実践

賃金に関する主な理論は以下のとおりである。(1) The Wage Fund (Classical) Theory, (2) Lassalle's Iron Law of Wages, (3) Marx's Exploitation Theory of Wages, (4) Stewart's Golden Law of Wages, (5) Henry George's Marginal Cultivation Theory of Wages, (6) Marginal-productivity Theory of Wages, (7) Collective-bargaining Theory of Wages, (8) Proportional-productivity Theory of Wages, である。

これらの理論は，状況によっては，あるいは仮定によっては，全て正しいと言える。賃金は，限界販売価格—すなわち，採算が取れる最低限の価格—と，限界労働費用—すなわち，その限度を超えると利潤を生まなくなる労働費用—によって決まる限度の間のどこかで決定される。これらの限度の間の最適点 (optimum point) を探そうとする努力の結果，様々な興味深い仕組みがつくり出された。

生産における信頼関係と運営
　代表制運営が生産における管理を支配するようになっている。大別して，(1)使用者側によって始められた仕組み，(2)労働者側によって始められた仕組み，(3)有識者によって始められた仕組み，(4)専門家によって始められた仕組み，がある。

労働問題に対する心理学的アプローチ
　労働者の視点を扱った文献は，著者が労働者自身でないものが多い。彼らは労働者の「創造への欲求」や「単純作業への不満」を指摘する。しかし，満足のいく提案制度をつくり，労働者に創造への欲求を持たせるのは極めて難しい。また，単純作業を嫌う労働者ばかりではない。また，企業内の急進的扇動者を研究すると，彼らの中には，自分が求める生活水準を保つための収入を得るだけの技能や能力が不足している人が多くいることが分かる。

使用者側によって始められた仕組み
　使用者側が始めた仕組みは，(1)従業員への福利厚生，(2)従業員代表制度，(3)従業員教育，の三つに大別出来る。反対者は「厚生資本主義」と呼び，推進者が「産業福祉事業」と呼ぶものの発端を研究すると，米国の制度（institutions）の大部分を特徴づける，衝突し合う様々な，力や原理を見つけることが出来る。従業員代表制度には委員会や労使協議会などがある。委員会は以下の三つのタイプに分けられる。(1)機能型委員会，(2)助言型委員会，(3)立法型委員会である。(1)は「安全委員会」など管理的な機能を持つ委員会である。(2)は経営側からの諮問に対して様々な助言や意見を述べる諮問委員会である。(3)は選挙で選ばれた委員によって構成され，規則の制定に一定の権限を持つ。「苦情処理委員会」がその例である。

教育と急進主義
　企業における急進的な扇動者は，無知や誤報に基づいて行動する。その原因は，バランスを欠いた教育（就職以前の教育と社内教育）である。社内教育を充実させ，従業員代表制度に参加させることで，急進的扇動者に正当なはけ口

と機会を与えることが出来る。

労働組合によって始められた仕組み
　米国労働総同盟（The American Federation of Labor）は未だに「企業組合主義」による便宜主義を標榜している。AFLは「企業内委員会」制度の普及を好意的に見ていないが，これは，組織労働の真の目的—使用者による労働時間や賃金，労働条件の基準の侵害に対して常に警戒を怠らないということ—の妨げになることを恐れるためであり，詐欺行為を疑ったり，解雇を恐れたりするからではない。

有識者によって始められた仕組み
　有識者が考え出した仕組みは，残念ながら，実際の社会で影響力を持つことはほとんどない。有識者は，芝居で言えば，場面を描き，衣装をデザインし，台詞を書くが，役者にはなれていない。

専門家にはよって始められた仕組み
　これは，ほとんどがワンマン経営者によって始められた仕組みである。ワンマン経営者は効率の専門家であり，従業員代表制と衝突することが多い。科学技術者も，計算尺に合わせて労働者を基準に従わせようとする。しかし，科学的管理と代表制による運営は相容れないものではない。最良の生産技術者と最良の労働運動指導者の考えはこの点で一致している。雇用が確保されているところでは，双方の合意による生産の科学的管理に向けた大きな進歩が見られる。労働者と彼らの指導者が，雇用の確保が，生計の手段を生み出す生産の科学的管理にかかっていると気付き，代表制運営によって，自分たちを搾取から守るのに十分な統制力を得られると感じれば，彼らは代表制運営に賛成する。双方の協力による生産性の向上は，代表制運営が求め得る最高の理想である。労資関係や労使関係がこの理想を実現出来れば，これらの関係は全て，双方の些細な確執や階級対立を乗り越えることが出来る。

概要と結論

　労使関係を，(1)歴史的観点，(2)経営的観点，(3)心理学的観点から説明した。科学的管理は，(1)個人的感情を交えない「非人間的」("impersonal")アプローチと，(2)絶対論（absolutism）という二つの概念から成り立つ。真の科学的経営は，テイラーが繰り返し指摘するように，個々の研究対象に対して新たなアプローチをするものでなければならない。観察者は，先入観を全て排除し，自分が見えるものを見ようとしなければならない。そうすれば，物事の本質に迫ることが出来る。そして，欺瞞と偏見から逃れられ，無駄と衝突の泥沼に陥らなくて済む。「非人間的」かつ客観的なこのようなアプローチによってのみ明らかになる「唯一の最善の方法」が真に実体のある真実であると言える。それは，精密であり，不変である。それは，貴重であり，不滅である。「求めよ，さらば与えられん」はテイラーの信条である。だがテイラーは，あたかも聖杯を求めるように「唯一の最善の方法」を永遠に求め続けた。労使関係の発展において，科学的経営は，一方では，人事管理のための精巧な道具を提供し，他方では，給与の予算化の完成に必要な労務管理に関する考え方と実践方法を提供する。両者を調和させるために，様々な仕組み—経営者側，労働者側，有識者，専門家による—が考え出された。労使関係の観点からこれらについて概説した。

第5節　人間と機械

　企業の構造は，人間の体に例えることが出来るであろう。もし，経営が企業の目的実現のために各器官を環境に効果的で経済的に適用することだとすれば，「機能」—達成のための過程—は，目的と諸要因の共同生産物ということになる。土地や資本，労働を生産の諸要因とすれば，「要因」は結果を引き起こすことへの関与という意味を持つ。要するに，土地や資本，労働といった環境が器官の形や機能の仕方に影響を与えるということである。それでは，企業の器官とは何であろうか。それは，ルーティン化された行動領域である。より大きく，包括的な社会という有機体においては，制度（institutions）—家族，

教会，学校，国など—が器官である。企業においては，各部署—人事部，財務部，営業部，製造部など—が器官である。例えば，人事部を器官とした場合，効果的な労働力の利用が機能となり，労働力が要因となる。そして，労働市場において労働力確保のための一連の行為が行われる。

　有機体としての企業の構造に各器官がどこまで影響を与えるかは，慣習や伝統で決まるが，各器官の機能をどのように状況の変化に合わせるかは企業経営者の腕の見せ所である。従来のやり方が資源の大幅な無駄を引き起こすこともある。例えば，人事部は欠かせない部署かも知れないが，ヘンリー・フォードがそれを廃止してから会社の業績が上がった。また，生命体では，米国のマンモス・ケーブ国立公園の洞窟に住む魚のようにほぼ完全に視力のないものもある。この正反対に，バクテリアや原子構造を研究する科学者のように人間の視力では見ることの出来ないものを研究する人たちもいる。彼らは正確を期すために，顕微鏡などの，いわば人工的器官に頼る。これは，企業経営においても同じで，工作機械の標準化—部品交換を可能にするための標準化—による大量生産の経済性が必要となる。

　しかし，精密性は，行き過ぎると，それが十分でない場合と同様，無駄が生まれることもある。例えば，時間動作研究（time-and-motion study）を小数点5桁まで求めようとしても，それは不可能であり，生産資源の無駄遣いである。従って，企業の目的—それが利潤追求であれ，社会奉仕であれ—と環境の構造の両方を考慮に入れ，各器官の機能を適切に利用して企業の目標を達成するのが良い経営者であるということになる。

生産手段に対する支配力の移転

　労働力がいったん機械に蓄えられると，それは取り戻せない。機械は極めて多産であり，自己増殖する。機械は，労働組合が主張するように，梃子であり，それは力をもって職人からさらに技術を引き出そうとする。しかし，もし機械が有害であるとするならば，それは，単に技術が移転したためではなく，技術の移転に伴い，労働者が以前，工作道具に対して持っていた所有権を失うからである。

　「機械を所有する階級」と「機械に所有されている階級」の間に溝が出来，

労働者は後者になることに甘んじた。共産主義や社会主義を主張する人々は，機械の何たるか—すなわち，標準化され，制御可能である，将来の生産のために蓄えられた労働力—を理解していない。機械は，そこに蓄えられた労働力と，それに伴う技術によって初めて能力を発揮する。階級間の溝が大きくなったのは，主に，労働組合が，この溝が暗黙の受容があって初めて存在するということを最近まで認識していなかったことによる。

　熟練労働者は，機械によって技術が低下したが，以前の職人仕事で稼いでいた以上の賃金をすでに支払われている。そうしなければ，使用者は，余剰生産物の山に悩まされることになる。フォードや他の賢明な使用者が従業員の賃金を上げることを主張したのは，何も感傷的な人道主義からではない。それは，機械に仕事を奪われた労働者と，機械による利益を分かちあうことで，機械生産によってもたらされた大量の製品を売らなければならないという厳しい現実から生まれたものである。賃金が上がり，機械生産による廉価な製品が市場に出回ることで，消費者の購買力は上がる。また，労働者の余暇時間が増え，まだ数は少ないが，従業員の株式所有も増えつつある。

　労働者が自分自身を，自己の技術と，機械に蓄えた労働力への投資者と見て，使用者と同様に，機械の自動性を最大限に活用すべく一生懸命努力すれば，労使の素晴らしい協調が期待出来るであろう。人間が機械をうまく使えば，少し楽観的かも知れないが，人間が機械の主人となる，新たな文化が生まれるかも知れない。

「生産向上の手段」としての機械

　もし労働コストの上昇を避けるために，「労働力」としての財を機械に蓄えるならば，これは，機械を，財としての労働力の蓄えの場所として，これ以上なく完全なものと見ることになる。Fetterが言うように，「賃金が上がれば，機械を持っていることが『割に合う』。賃金が下がれば，その分，機械の作動を止めて，人の手で生産することの方が割に合う」。ただ，ここで，機械の操作に人員が必要であるということを考慮に入れなければならない。機械の操作に必要な技術水準が低下することは，機械に蓄えられた労働力がその分，拡大することであると言えるであろう。技術水準は，手作業生産から機械生産への

労働の移行を決める際の重要な要因となる。

　企業は低価格で高品質の物をつくろうとし，機械導入により人件費を減らそうとする。このため，機械と熟練労働者の競争が繰り返される。このような競争では，労働者にとっては，十分な移動性を持つことだけが，生活水準を保つ唯一の方法かも知れない。しかし，機械の導入によって，手作業労働の職を失った労働者が，機械生産により生産が拡大したことで，全て，機械の操作のための労働者として再び雇われるとしたら，これは単に，労働が手作業から機械操作に変わったのと同じことである。この手作業から機械作業への労働の移動は，拡大した生産を吸収するだけの消費拡大があることを前提としているが，このためには，より多くの人が消費するか，一人当たりの消費量が増えるかしなければならない。これは，賃金の引き上げと物価下落によって達成出来る。また，物価下落には，賃金の引き下げか，「大量生産」による生産コストの引き下げが必要となる。

　商品を動かす実効価格は，機械に蓄えられた労働力—機械操作に要する労働力も考慮に入れて—のコスト水準に合わせて下がっていく。生産拡大は，価格の下落によって可能になる。価格の下落は，生産拡大の結果ではなく，生産拡大の原因であるということである。しかし，これはどちらにしても，利益が，消滅するまで減少し続けるということであり，この時点で利払いや持越し費用のための準備金の取り崩しが必要となる。生産高を増やすことで総利益を上げられるかも知れないが，長くは続かない。最後は，機械により職を失った労働者が，機械の作業員として，以前と同じ賃金で再雇用されることで，利益が消滅することになる。

労働者に代わる「生産向上の手段」としての機械

　機械による生産物が十分に消費されるかどうかを考える時，労働者の持っていた技術が企業の所有する機械に移転されただけでは，労働者の貧困化が生じ，企業が利益を維持することが出来ないことは明らかである。機械の導入により従業員を解雇し，それで浮いたお金を自分のものにするような企業家は，結果的に，自分の会社が生産した生産物を全て自分で買わなければならなくなる。消費は，企業家が機械生産で得た収入を他の財に変えなければ起きない。

企業家の収入が支出に回され，他の企業が生み出した財を購入することで消費が成り立つ。

　技術の移転自体は，労働者の不利にはならない。移転に際して労働者がそれに見合った対価を得られないことが問題なのである。手作業生産にこだわることは不経済であり，結局は失敗に終わるであろう。労働組合が，現在の生産技術の流れを理解出来ず，技術の移転に対する十分な対価を労働者が得られるような運動をしていないのは残念である。そのような労働組合は生産の道具を獲得し，支配しようとするが，生産の道具の意味を表面的にしか理解していない。

　いわゆる「急進的労働組合」は生産の道具の複雑さを理解せず，これらの道具を有効に利用出来るのは経営技術だけであるということが分かっていない。機械は，誰にでも従順な，のろまな奴隷ではない。機械は，労働者から離れ，そして今や新たな経営的動機によって維持されている頭脳や技術が複雑に絡み合った組織そのものなのである。人間の魂なくしては，機械は単なるごみの山に過ぎない。労働組織が経営と技術的実践を通じた経営統治を行う—要するに，自身が経営者や資本家になる—意志と覚悟がなければ，単に工場を所有しても何の役にも立たないということである。

労働者による生産の所有回復

　「生産の道具」を取り戻すこと自体は解決にはならない。ほとんどの労働者が経営管理の危険を冒そうとしないからである。労働者が機械化された企業の株式を取得することも，生産の道具を取り戻せる一つの方法であろう。しかし，ニューヨーク州ロチェスターでは衣料工場で働く労働者が機械化後も以前と同水準の賃金を求め，その要求が通った。これは，この段階の景気循環においては，起こるべくして起こったものである。拡大された生産物を消費させたがっている使用者が，労働者の賃金を引き上げ，それを消費に回してもらおうとしたからである。ヘンリー・フォードはこの考えをもっと進めて，企業の収入増分をこのように拡散することだけが，自社の生産物全てを他の消費者に購入してもらえる方法である，と主張した。こうして，労働者の余暇と収入が増えることになる。

既に触れたように，労働者による株式への投資は，機械生産の管理を経営者と共同で行う方法である。株式所有によって負うリスクは経営リスク全体の一部でしかない。しかも，企業を経営することと比べたら，その技術とエネルギーは少なくて済む。このような株式所有による支配も徐々に横ばい状態になり，高度に訓練された，技術研究の専門家集団と，非人格された産業メカニズムを操作する作業員による運営と並ぶ共同管理方式となることが予想される。この時点で，人間が機械を奴隷として使うことで余暇を持つことが出来る新たなユートピアが出現するかも知れない。

どのような点で機械は労働力を節約出来るのか

機械の最大の利点は「省力化」である。スペース，時間，エネルギーの節約―機械の強みは大量生産であると言われるが，大量生産は手作業の人員を増やすことでも可能である。機械が優れている点はスペースを節約出来ることである。人間を雇うと，機械に比べて多くのスペースが必要になり，また，人の作業には遅れが出ることがある。スペースと遅れによる企業の損失は非常に大きい。

機械の経済性が富を増やすという考えはまだ一般的である。100人の手作業で出来る生産を，機械と10人の作業員で出来るとしたら，機械の経費を40人分の賃金と同じと仮定すると，50人で100人分の仕事が出来るということになる。機械が40人分の仕事が出来るということは，その分のスペースと時間が節約出来るということに他ならない。企業家がこの節約分を利益として受け取れば，彼は，この節約分の源をつくり出した人として，あるいは機械の発明者や設計者，エンジニアに代わって，利益を受けているのである。節約分は企業努力によって企業家の利益となる。

「技術的失業」

機械の導入により解雇された労働者はどうなるのであろうか。大部分は機械操作の要員として再雇用されるというのが，典型的な説明である。生産増によって，機械導入に伴い失業した労働者を再雇用することが出来るということである。これは，上述の例で言えば，機械化により生産が倍に増えることを前提としている。この倍増は，機械の導入による生産コストの削減によってもた

らされると仮定出来る。そして，もし機械操作の要員として残った労働者が以前と同じ賃金で働き続けると仮定すると，これらの労働者は，機械を製作した労働者と共に，2倍に増えた生産物を消費出来るだけの収入を得られることになる。もちろん，価格を半額にすれば─半額にするなどということは，利益を生み出すことが出来ないので現実的ではないが─，消費はもっと増える。

いわゆる失業者の吸収は経済的「自立」の形なのか

物価がいくら下がっても，賃金を得られない失業者は物を買えない。物価がどんなに下がっても職を失った人の助けにはならないということである。そこで，技術的失業から抜け出す方法は「自立」しかないように見えてくる。しかし，機械化後も残った従業員，それに機械製作に携わった労働者が消費を倍に増やさない限り，企業は，機械を処分不可能な余剰物として抱えなければならなくなる。

以前の企業に再雇用してもらえない労働者は別の企業に職を探さなければならなくなる。しかし，この場合でも，労働者が以前と同じ賃金で雇われ，消費を2倍に増やし，生産物全てを買わなければ，企業は余剰生産物に悩まされ続けることになる。

近年は，生産量が消費量を超えたので，機械化を拡大することで，失業者を吸収することは出来なくなったと言われる。また，機械の導入で失業した労働者が，ガソリンスタンドやサービス業─すなわち，富の増加によって支えられる限界領域─で働くようになった。

機械はどのようにして富を増やすのか

富は，無駄の削減，工業合成物の利用，機械による労働の代替の加速によって増加するように思える。これらによって先人が残した余剰物を消費のために交換出来る単純な仕組みがあって，機械が力を発揮する。

富の源泉としての機械という*典型的概念*

七人の器用な漁師が網を編んで魚を採るのと，時間と労力をかけて網を編むのではなくそれぞれが素手で魚を採るのとでは，どちらが多くの魚を採れるで

あろうか。これは，機械化の擁護者が良く用いる例えである。しかし，網を編むには，原料の麻を栽培したり，編む道具をつくったりしなければならず，そのための技術や労力が必要である。魚を採るためにただ分業を進めれば良いという考えには大いに疑問が生じる。

　七人の器用な漁師に機械化がもたらすものは，網を魚の形に変え，資産としての財の生産を増やすことである。機械化による漁業が，素手で魚を採るという仕事を失った漁師を支えることになるのである。

　もう一つの例を上げれば，石でココナツを割っていた未開人が偶然，何か突起物に当たり，楔(くさび)でココナツを割ることを考え出した。彼はこの道具を考え出したことで，多くのココナツを割ることが出来るようになった。しかし，これがどれだけ利益につながるかは，ココナツ消費に対する有効需要がどれだけあるかによって決まる。

有史以前の企業家

　洞窟の入り口へ大きな石を運ぶ作業をしている5人がいたが，そのうち一人が梃子(てこ)の原理を発見したことで，その辺にある棒を使って，一人で同じ作業が出来るようになった。残りの4人はどうなったのであろうか。狩猟や魚獲りをするようになったかも知れない。そうすれば，4人は不要になった労働力を利用して，自然の蓄えから財を生み出したことになる。このようにして生み出された財は，消費や，いわゆる「利益」という剰余物，あるいは様々な形の資本―ひょっとしたら，自分のビジネスに必要な石のドアといった物―に変えられるかも知れない。梃子の原理を見つけたその未開人は，不要になった労働力の一部の代わりにさらに梃子を手に入れるかも知れない。そして，さらに少ない労働力でさらなる自然の利用が可能になるかも知れない。

　この段階での社会を，機械の普及によって非常に豊かになったと見ることが出来る。ただ，豊かさは，梃子に対しての有効需要があるかどうかにかかっている。十分な需要がなければ，梃子は市場で売れ残ってしまう。そして，売れ残った梃子は，処分不可能な余剰資産となり，元の棒の価値しかなくなってしまう。

　極めて単純化された，ありふれた例えを出したのは，ここに，現在の工業化

された資本主義社会の全ての要素を見ることが出来るからである。未開人に使用者としての支配力を持たせ，契約―この契約によって最終的に，手段としてではなく，目的として働く資本主義の機能がなくなる―の尊厳をもって，財に対する権利を譲渡させれば，現代社会と同じことになる。目的としての資本主義の下では，企業は余剰物を消費者の手の届かない所に隠そうとする。そして，機械化が，そのような余剰物の創造の手段となるだけでなく，そのような余剰物そのものとなってしまう。

　過剰供給が生まれ，消費力が低下すれば，工場や機械は，身動きの取れない，処分不可能な余剰物―この余剰物は，過剰生産する企業が損失を出して消費するしかない―となってしまう可能性がある。

機械を入念に調べることの意義

　機械が，あたかも，それによって失業した人間には出来なかったことが出来るというような言い方がされる。経済学者は，機械があたかも，何もないところから機械だけで生産出来るかのように，機械がもたらす「進歩」について語る。彼らは，企業家があたかも，「進歩した機械化」による「省力化」によってのみ生産物を獲得しているかのように言う。経済学者や，経営幹部―使用者としてであれ，社員としてであれ―がこのような大雑把な言い方を受け入れている限り，彼らは，この奇妙な理屈づけの混乱から抜け出せず，抽象理論の泥沼にはまってしまう。

　現在の経済体制において我々は，この神秘的で，不安をもたらす機械というものを，創造的な我々自身の分身として捉え，正面から向き合わなければならない。人間の持つ力が肉体から離脱し，抽象的な力となり，突然我々の前に現れる。そして人間はその力が持つ能力の脅威に不安を感じる。この力は規律や良心を持たずに動く。

　企業には，共同生産によって生じた収入の増加によって余剰資産が生まれる。取り分を減らされた一方の参加者（すなわち，労働者）は，まだ利用されていない自然資源の蓄えの中に，生きる術を見つける。余剰資本が具体化された形の機械を見れば，この動きははっきり分かる。財の蓄えとしての機械が「有効需要」―それが機械を収入に変える―が生まれるのを待っている。利益

が賃金上昇や商品の値下げという形で分配されるか，利益を持つ企業が自分自身で消費を増やすか，あるいは，企業が生産を管理出来る能力を持っているかしなければ，余剰資産は経済的価値や意味を持たない。もし，利益を上げた企業が，余剰物をそのままの形で消費しなかったり，生産に関わった従業員に不当な低賃金を払い続けることで自らの生活水準を上げようとしたりすれば，それは，低賃金の従業員が，現在の職場以外で追加の報酬を得なければならなくなることを意味する。

このように，機械は失業した労働者を道具にする。労働者は未だ利用されていない自然資源の蓄えから財を手に入れる。そして，企業はかなりの代償を払って余剰資産を持つことになり，その結果，富の総計が増える。従って，機械化は，我々の資本主義社会において進歩を強引に推し進める仕組みと見ることが出来るであろう。「進歩」が消費の増大を意味するのならば，であるが。

概要と結論

現代の産業の資本主義体制は，機械にその根本的特徴を見ることが出来る。工場システムの台頭は，機械の集積が漸進的に集中して行ったことの表れに過ぎない。労働者と機械の闘争は一般に，労働機会の削減の結果と考えられているが，本当は支配力を巡る争いというのが恐らく正しいのではないであろうか。機械は労働者を締め出すのではなく，財の蓄え―これを，労働者への出し惜しみであるという人もいる―を具体化するものである。財の蓄えを労働者に対する出し惜しみであるとの非難については，搾取―もし実際にあるのならば―がどこで行われているかを見つけるために，細心の注意を払ってその非難の中身を調べければならない。労働団体は，技術的失業に対する労働者の不安に駆り立てられ，たいていの場合，産業秩序のメカニズムを盲目的に攻撃する。しかし，実際に労働者の不安を引き起こすのは産業構造ではなく，それを形成する資本主義の形である。

消費財の拡大が余剰物によってもたらされなければならないとすれば，現在の個人企業経営者から単に奪うことでは，労働者はほとんど利益を得ることが出来ない。このことは，急進的なロシアにおいてさえ，常識となった。現代の工場は，極めて高度な産業技術によって運営されている。労働者は，「生産を

引き受ける」ためには，経営能力と技術的能力の両方を身に付けなければならない。

　これは，個人企業経営者や経営幹部から取り上げることだけで，労働者が自分の持っていた技術や道具を取り戻せるということではない。従業員持ち株制度や，共同生産への従業員の関与の増加によって，個人経営による管理が消え去って行くのは，自然で平和的な流れである。非資本主義的専門家が現れ，利潤追求型の個人企業経営から，有給の専門家への経営管理の移転の道筋が出来ているように見える。

　しかし，機械がどのようにして新たな富を生み出すのか―財の生産をどのようにして加速するのか―という謎は残る。手作業による生産から機械生産に移行したことによるコストの変化を詳しく調べると，この移行によって全体的にそもそも節約が出来ているのかについて大いに疑問が残る。消化されていない余剰物―すなわち，純利益―が機械や工場といった隠し資産に変えられることで，それによって解雇された労働者が生きるために，機械の道具となる。そして，まだ使われていない蓄えを母なる自然から，いわば掠め取るのである。このことによって，このような困った余剰物が正当化される。機械による利益獲得は，このようにして進歩を強引に推し進めているのである。「進歩」が消費拡大を意味するのならば，であるが。

第6節　人的要因

　産業の機械化がどれほど複雑になり，この機械化の自動性がどれほど完全なものになろうとも，その過程のどこかに，人間の手が欠かせないところがある。そこでは，人間の行動が変化するものであり，不確かなものであるため，「人的要因」を考慮に入れる必要が出て来る。事業の達成のためにこの人的要因を配置するのが「管理」（"management"）と呼ばれる方法である。

　ここで注意しておきたいのは，management（管理）と administration（経営）の違いである。どちらが重要であるということではない。administration は業務の実行であり，management はそのための方法である。administration

はルーティンを扱うが，managementは例外を扱う。managementは道を切り開き，標準となるやり方を決める。administrationは，これらの決められた方法を用いて，確定した目的の達成に努める。

　managementの力学が，「ビジネス経営」(「経営管理」) ("business administration") の方法となる。ビジネスの目的は利益である。その方法が資本主義であり，その手段が産業主義である。そして，その方法がmanagementである。administrationは固定行動を扱うが，managementは，不確定要因の中に行動の予測可能性を求め，これらの不確定要因を最適な割合で組み合わせようと努力する。

　「集団」は，今は社会統制の単位として明らかにされているが，それ以前から，人間の反応の一様性は，一般に認められた事実であった。実際，社会の生体構造全体は，有機体としての集団が相互に関連するネットワークと見ることが出来る。そして，このネットワークは，様々な経済的刺激が巧みに適用されることで，合理的で，予測可能な，そして体系立った結果を大衆行動の中に生み出す。

個人の効率性向上のための訓練

　システムを最高のものと考える人たちがいる。そのような人たちは，経営がうまく行かなかったのはシステムがうまく行かなかったためであり，経営者には責任がないと考える。しかし，システムから人的要因を除くことは不可能である。システムの良し悪しは，それを運営する人にかかっている。

　企業幹部には様々なタイプがあるが，次の四つのタイプに分類することが可能であろう。(1)個人企業経営者，(2)金融重視タイプ，(3)エンジニアタイプ，(4)管理タイプである。

成功の法則

　指導者として最も優れているのは，秀でた能力—それが，生来のものであれ，優れた訓練によって後天的に得たものであれ—による指導力を持った人である。トロツキーも，権限は秀でた知識や，より優れた能力の状態に過ぎないと認めている。経営能力は，事柄一般についての能力ではなく，具体的で厳密

に定義されたものについての能力である。

　人間関係に緊張や混乱を引き起こさず，決められた生産量を生み出せる人が，優れた経営幹部である。そのような人は，無駄な感情を抑えることが出来，問題を起こすことが少ない。

　このような経営（administration）を行える最も確かな方法は，予算に基づいて年間，月間，毎日の計画を立てることである。良い作業計画を立てることが成功の秘訣である。そのようなことが出来る人は，余裕があり，礼儀正しく，沈着冷静である。能力のある経営幹部は，時間以外は全て管理出来ることを知っている。そのため，そのような人は，利用出来る時間の全てを使って仕事をしようとする。

　我々は日常生活において，ほとんどのルーティンを無意識のうちに行っている。我々の存在は，氷山のように8分の7が無意識の行動や不随意運動に隠れている。経営幹部がやるべきことは，可能な限り，自分の注意を，自分自身の中では，より意識の低い部分に，自分以外では，部下に分散させることである。

　部下に権限を委譲するのが安全でなく，自分でやらなければならない場合，正しい思考習慣を持つことで大きな節約が出来る。ここでは，思考の中身のことを言っているのではなく，思考の方法のことを言っている。常に誤った前提から始める人は頭脳の無駄遣いをしている。また，正しいスタートを切ったのに常に脱線する人もいる。それに対して，いわば絶対確実な直感のようなもので猟犬のように真実に迫る人もいる。このような人を，単に運がいいだけだという人もいる。しかし，少し調べてみれば，真の力や正確性，思考の無駄のなさは，思考による分析や体系化，標準化なくしては生まれないということがはっきりする。

「考える機械」

　不安は人間の能力を消耗する。意志の力や，睡眠，食事，運動，趣味，読書などでは，不安を和らげることが出来るが，根本から解消することは出来ない。不安は，仕事での不平等や，今の状態やまだ分からないこれからの状態で自分はどうなるのかといった心配から生じる。従って，不安を根本から解消するには，自己管理と業務管理が必要となる。

ユーモアは仕事の上での摩擦を減らす潤滑油になる。自己の地位の威厳を保つことにあまりにも敏感になり過ぎている経営幹部が多過ぎる。教師のように規律を重んじる経営幹部が多過ぎる。時には，自分自身を笑うようなユーモアも必要である。

人間は，機械と同じように，ベアリングが燃えたり，ねじをぎりぎりに巻かれたりすることがある。休ませないと，ばねが回復力をなくしてしまう。管理職も同じように仕事を離れて気晴らしをすることが必要である。仕事以外に何か興味を持つことが必要である。しかし，大切なのは仕事への情熱は失わないことである。

成功する経営幹部は習慣の法則を良く理解している。有能な経営幹部は，意識するとせざるとにかかわらず，習慣の法則を用いている。すなわち，正しい習慣を始め，間違った習慣を止めることである。正しい習慣は，自負や名誉，嘲笑への恐れといった強い感情を利用することなどを原動力にして身に付けることが出来る。しかし，悪い習慣を止めるのは大変である。心理学者が言うように，習慣は，壊すことが出来ないからである。今までの習慣と反対の，より強い習慣で押さえつけることしか出来ないのである。もし，自分が怠け者であったら，作業スケジュールを厳格に立て，自分自身をそれに無慈悲に縛り付けることで，勤勉の習慣をつくることである。忘れてはいけないのは，習慣は受け身ではないということである。習慣は我々の役に立つか，我々の害になるかのいずれかである。

意識下の自己を利用する：事実と偽物

意識下の自己について良く語られるが，これを，苦労せずに仕事がうまく行く魔法の手段と考えることは危険である。確かに，大きな危機に直面した経営幹部が予期せぬ力が発揮出来たことに驚くことはある。また，やり手の企業幹部は，絶望的な状況にある時は，一晩寝てから決断すれば，良い考えがひらめき，危機を脱することが出来ると言う。しかし，このように意識下の自己による解決を期待することは間違っている。鳩を隠す仕掛けがなければシルクハットから鳩は出て来ないのである。意識下の自己とは結局，長く，厳しい訓練と努力によってつくり出された技術の蓄積が無意識の習慣となったものに他なら

ないのである。

　ゴーイング・コンサーン（継続組織）をしっかりした足取りで動かす目的のためには，一定水準の能力を絶えず発揮出来る経営幹部が必要である。能力の水準を一定に保つ最も確かな方法は，進捗状況を秩序立てて記録することである。業績の記録を秩序立てて，正確に取らなければ，仕事量や，仕事による疲労の度合について勘違いしたり，その結果仕事を延期したりすることになりやすい。これは，安定した効率性にとっての脅威となる。

　より高い効率性を求め，自己を管理することに熱心な経営幹部は，部下に仕事を任せるのが困難な時は，未決綴りやメモファイルなどの機械的補助器具の助けを借りることが出来る。また，機敏な作業長のようなやり手の部下は絶えず機械的補助器具を考え出すことで時間を節約し，より多くの時間を持つことが出来る。そして，管理に関わるより大きな仕事を上司から任せてもらい，それに対処することが出来る。こうすることで，管理により深く関われるようになる。

指導力の力学

　指導力は一般に，管理（management）に欠かせない力と考えられている。指導者は，目標を持ち，部下に忠実に尽くされ，必要な指示を発し，自分の持つ溢れんばかりの熱意を部下に染み込ませ，自分の前にある全ての障害物を払いのけ，城壁に王旗を立てるような強い人と考えられている。

　しかし，若い米国では，これと違った指導力に対する考え方が一般的になって来ている。Ordway Tead は「指導力とは，やりたいと思わせることで，他の人に物事をやらせることが出来る様々な能力が組み合わされたものである」と述べている。言い換えれば，指導力とは，集団行動を生む原因であり，集団行動の結果ではないということである。

　近年，指導力が不安定になって来ており，これは，複雑化している今日の社会・経済体制において，看過できない問題である。

「企業の目標」とその「積極的受容」

　ジョン・デューイによれば，社会の企業化が進むにつれ，社会は，全ての企

業が集団で事業を行う集産主義の方向に向かっている。また，Tead は，同僚に忠誠を求めることが企業の目標となると唱えている。もう一方で，共通の刺激に反応する，似たような考えを持った個々人が共通の目的を持ち，全員の一致で，行動の方向性を決め，これが企業の目的となる，という考え方がある。どちらの考えが正しいかはまだ答えが出ていない。

　Tead が唱えた「目標の積極的受容」に関しては，まず，一般従業員が，企業が決めた企業の目標を十分に理解する能力を持っているかという，疑問が生じる。これは，一般従業員の理解不足というよりは，賃金や労働時間，労働条件といった，自分と直接関係のある事柄から遠く離れた企業の目標というものに対する無関心の結果かも知れない。経営側から見れば，従業員の関心を企業の目標に，いかに組み入れるかの問題となる。これは，指導力の問題というよりも，管理 (management) の問題と言えるかも知れない。

管理 (management) において「救いようのない過ち」となる忠誠心
　権限を持つこと自体の特権として部下の忠誠心が付いて来るという考え方が，残念ながらかなり多くの人に受け入れられている。上司に完全な忠誠を誓えない者は会社を辞めるべきであるとの意見まで聞かれる。企業が個人経営ならば，社長は自分の仕事の役に立つ部下だけを雇っておくということも出来るかも知れない。しかし，これは原始的社会での秩序である。
　民主的社会では経営幹部はそのようなことを独断で決めることは出来ない。現在の社会は機械化されているが，そのこと自体が，企業の機能を十分発揮出来る経営メカニズム (administrative mechanism) を通じて，経営幹部が集団での事業達成を目指すという前提に立っている。第一次世界大戦後の 10 年間で出現した民主的産業社会では，職場での上下関係は意味を持たなくなっている。このような社会では，忠誠心は機能，組織，そして企業の目的に対して向けられるべきもので，経営陣に対して向けられるべきものではない。忠誠心は職階に関係なく，企業の成功に向けて発揮されるべきものであるということである。
　こうして見ると，忠誠心はテクニック，あるいは手段と考えることも出来る。本当に効率的な経営 (administration)，ゆえに民主的な経営，において

は，従業員は，共同作業をする同僚から協力を得る権利と義務を持っている。従業員は各人の持ち場で求められる能力を発揮することで，全員が必要不可欠となる。このようなことなくして，企業における完全な効率性や民主主義はありえない。

昇華

人は誰しも欠点を持っている。そして，偉大な人は自分に欠点があったからこそ不朽の名声を得た。シーザーやアレキサンダー大王，ナポレオンは癲癇の持病があったからこそ世界の征服者になれた。デモステネスは生まれながらの吃音があったからこそ偉大な弁舌家になれた。アインシュタインは数学で落第したからこそ最高の数理科学者になれた。

我々普通の人間は，このような偉人とは違うが，それでも欠点を強みに変え成功することは出来る。醜いアヒルでも白鳥に変わることが出来るのである。このような変化を心理学者や精神分析学者は「昇華」と呼ぶ。例えば，怒りを相手にぶつけるのではなく，そのエネルギーを建設的な目的達成に向けることが必要である。

失敗から得るもの

企業家は時として失敗することもある。しかし，失敗は致命的ではない。失敗は進歩のための一つの手段である。試行錯誤によって，様々な方法を試し，知識と技術力を高めることが出来る。

失敗によって見識が高められるとよく言われる。我々は失敗から学ぶ。自分の失敗からは納得の行くことが学べ，他人の失敗からは安く学ぶことが出来る。失敗しない人はほとんど何も成し得ない。有能な人が失敗から逃れようとして疲れ切ってしまうことも珍しくない。そのようにしてエネルギーを消耗することで失うものの方が，失敗そのものによって失うものより大きいことも多い。勝っても高くつく場合は，勇気をもって負けを認める方が得なこともある。

このように，自分の技術を使って多くのことに挑戦した人は，一時的に後退することがあっても，二つの意味で価値がある。一つは，このような人は，克

服すべき困難についての一定の正しい尺度を持っていることである。もう一つは，このような人は，成功に必要なテクニック—困難を取り除くだけのテクニックかも知れないが—を学んだということである。賢明な人は間違いを犯してもそれを繰り返さない。

集団行動の生産的利用

暴徒としての集団は，必ずしも理解不能な脅威というわけではないが，無責任である。制度（institution）としての集団は秩序ある，予測可能な力である。情報を持った集団行動とそうでない集団行動を区別しないと，労使の間に摩擦が起き，これが労使関係を損なう。人が労働者として持っているものの全ては仕事であり，それが最も貴重な財産である。労働者が最も恐れる変化は仕事を失うことである。そのため，経営者側が良かれと思って導入した改革が，工場を，そして時には企業全体を混乱に陥れることがある。

協調行動

集団討議は，何人もの目の不自由な乞食が象の品定めをしているようなもので，全体の方向が決まらない場合がほとんどである。Ordway Tead は「企業目標の積極的受容」によって，企業の共通の目標達成に向けた協調行動を実現させることが可能であると述べている。これは素晴らしい考えであるが，まだ理想的過ぎる。似たような考えの持ち主が共通の目標の実現に向けて引き寄せられていくことは間違いないが，Tead が考える理想のように，皆が一つの心を持っていることは現実にはあり得ない。共通の目標を持った集団に対する個人の帰属意識は非常に弱いもので，偶発的であるかも知れない。様々な利害や動機が衝突し合い，共通の目的達成に向けた協力がうまく行かなこともある。このように散らばった社会的エネルギーを拾い出し，事業の達成にとって望ましい手段に効果的に変えていくのが，経営幹部の仕事となる。

会議の結論を投票で決めることは，良い方法ではない。少数派は決定した事業に対して生産的でなくなるだけでなく，意図的でないまでも事業を妨害するようなこともしかねない。このようにして少数派は時節を待ち，徒党を組んで多数派に屈辱を与えようとするかも知れない。投票で決めることで，会議は権

力争いの場となり，共通の利害に向けた力の結集の場でなくなる。

業界団体

　企業家が利害のために団体をつくることは昔から行われて来た。例えば，中世ヨーロッパでのギルドは企業秘密や同業組合の独占を守るために出来た。ギルドは，製造者の過剰を防ぐことで製造者の利害を守ることを主な目的とした。しかし，現代の業界団体は，消費者を獲得するための市場の支配が目的である。ギルドは，市場がしっかりと固定されているという前提で，供給を規制することで最大の利益を上げようとした。これに対して，現代の業界団体は，消費者の支出が弾力的であり，供給規制を通じた価格操作によって企業の利益のシェアが増えるということを前提にしている。前者は市場を静的であるとし，後者は動的であると見ている。それぞれの時代に合った考え方である。

　業界団体の活動に対して，一般大衆は不安を持っている。そこで，業界団体を通じた企業の独占に制限を与えようとする政治活動が生まれ，独占禁止法が出来た。

　業界団体の活動を監視するために連邦取引委員会（The Federal Trade Commission）が出来たのもこのような流れからである。また，特に第一次世界大戦以降，自主的に倫理規定を設ける業界団体が増えた。

群集心理とプロパガンダ

　プロパガンダは，信じることが得になると思われることを真実のように見せることが出来る方法である，と定義できよう。プロパガンダは，「母の日」や「クリスマスの買い物は早目に」運動のように，最初はたわいもないことから始まったが，今ではより現実的で，専門的な形の，目に見えない支配として，いたるところに広がり，政治という目に見える支配に取って代わるまでになっている。米国の企業は，プロパガンダによる「群集心理」を利用し，食料や雑貨などのありふれたものの消費を働きかけるようになった。このような米国企業の現実の力が，目に見える政治による支配をさらに脇に追いやるようになった。

　これの最も典型的な例が，企業における運営委員会や会議である。委員会や会議を招集するということは，参加者全員が共同で決定に関わることを暗に示

している。委員会の参加者全員が共同決定の中に自己の利益の最適な実現を見ることが出来るような統合の方向に委員会が進むと，参加者の黙認や同意，妥協，承諾といった段階を経て，最後に全員が一つの行動の方針—これによって，全員が自分の目的が最も良い形で具体化すると信じる—に賛成することになる。

企業内委員会，企業内会議，業界団体大会

企業内委員会に頼ろうとするのは次のいずれかの場合である。(1) 最も有力な個人やグループがやろうと決めていることを追認したり，黙認したりするため，(2) 行動を妨害するため，(3) 行動計画を決定するために，戦略的アイデアを持った個人を集めるため，の三つの場合である。委員会による決定は，時間がかかり，面倒なため，毎日の運営には適さない。「案件を委員会に投げる」のが経営行動を遅らせる最も簡単方法だと言われるくらいである。また，委員会で決定したことが実行計画として完全な形でまとまることが少ないということにも注意する必要がある。このような場合は委員会が経営にとって無駄になる。

委員会や会議は企業内で行われるものであるが，これに対して業界団体大会は，企業が集まって行われるものである。大会で，企業幹部は情報交換をしたり，セミナーで新たな知識を得たりすることが出来る。また，互いの交流を通じて，洗練されたやり方や他者への共感を学ぶことも出来る。米国には，American Management Association, Taylor Society, American Statistical Association, American Economic Association, National Purchasing Agents' Association, National Accountants' Association, National Dry Goods Association などの全国的な業界団体 (national organizations) がある。

概要と結論

組織の良し悪しがそこで働く人によって決まる—すなわち，従業員一人ひとりの能力が重要だと考える—と仮定すると，自己啓発に向けた努力の必要性がはっきりと見えてくる。成功を快く思わない人たちは，それを，アメリカ人の崇拝の究極の形であると非難する。手作業生産での管理 (management) で

は，企業の成果はほとんどが経営者の指導力—経営者個人の能力や優位性から生じる—によって達成されると見られていた。

　力という特権を享受するために指導力を得ようとするのは若者の自然な欲望である。しかし，今では，指導力が与えられた権力ではなく，単に承認されたものに過ぎず，権限は能力のないところには行かないということが，不安とショックをもって受け入れられている。権限や権力がどこにあるのかは企業の目標で決まる。自己実現を誓った企業の信奉者の採用や，共通の刺激に反応する同質の集合体としての集団の実現をどこまで企業の目標とすべきかについては，議論の余地がある。確かに，忠誠心は，様々な機能や要因の自然で必要な動きとしての経営上のルーティンと益々調和し，それに相応しいものとなって来ている。そして，従順さは益々，ルーティン化された企業の機能における個々の変化に対する良き調整装置となって来ている。その結果，忠誠心と従順さは，もはや必要性や妥当性からではなく，ただ上位階級の方向に流れて行くということになる。しかし，兵卒が将官と同じように不可欠な，がっちり固まった組織においては，上位階級という呼び方は正しくない。兵卒も将官も互いの助けと協力なしでは能力を発揮出来ないからである。

　大衆の行動の方向を決め，操作出来る，より経済的な方法としてプロパガンダが確立し，ほとんど気づかれずに，昔ながらの政治的操作のテクニックが廃れて行った。政治に頼ったり，政治的ロビー活動という巧妙な方法に頼ったりすることもまだあるが，このような方法は，いい加減に行われたり，型どおりに行われたりすることが多く，このことで，実際の力の中心がどこにあるかが分かる。すなわち，社会問題についての支持を求める場が，政治活動から，経済活動に移っているということである。さらに言い換えれば，選挙で政治家に票を投じるのではなく，市場を通して企業の役員に間接的に票を投じるようになって来ているということである。

第7節　管理的統制の定量化

　管理の定量化は，企業が，自らが持っている機会をいかに適切に評価し，利

用出来るかを示そうとするものである。機会を見つけ，その範囲と最適な配置を的確に突き止める方法が，産業調査（industrial research）である。

調査は，経済的力や行動には一貫性と不変性があり，これが分析や予測，計画，統制を可能にする，ということを前提としている。財産制度や権利の重要性，所有権に関する全ての法的防御は，投入量とその結果の産出量による収入との間に効果的関係があるという合理的確信を持って事業が出来るような，環境の配置の永続性を確かなものとするためのものである。調査は，企業管理が行われる様々な領域における制度化（institutionalizations）によって達成された，一定程度の安定性と永続性が管理的目的のために存在するということを前提としている。このことは，過去の調査の成功例によって十分に裏付けられている。

管理（management）の手段としての産業調査（industrial research）

個人経営の経営者が独断で企業を運営していた時代もあったが，今は大いに違う。

産業調査（industrial research）によって得られた客観的データを基に企業経営が行われている。産業調査は大きく，製造業における調査とマーケティングにおける調査に分類出来る。製造業においては，無生物的要因と人的要因が調査の対象となる。科学的には若干，厳格性に欠けるが，労使関係に関する調査も行われている。マーケティングでは，販売の可能性や店舗立地，消費者購買傾向などが，今までになかったほどの正確さと完璧さをもって調査が行われている。広告は，今までのようにただやみくもに宣伝するのではなく，調査から得た人間行動の分析に基づいて行われるようになって来た。

調査のやり方としては，「純粋調査」と「応用調査」がある。前者が広範な分野を対象とし，後者は特定の分野を集中的に調べる。産業調査は，純粋調査から得た結果を応用調査へ常に移転し続けている。

産業調査のうち，比較的良く行われ，それほど難しくないものに，業務分析や，時間動作研究，疲労調査，消費者物価指数がある。これらの分析や調査では，帰納法的考え方から始めて，演繹的に拡大していくやり方が取られている。

第7節　管理的統制の定量化　　*161*

　調査では作業仮説が用いられる。作業仮説は大前提でもなければ，断定でもない。作業仮説は結論ありきではなく，結論を導き出すためのものである。それは，暫定的で，鋭い予測である。作業仮説の機能は，実験における選択と均一性の基礎となることでの省力化である。作業仮説が間違っていると分かれば，その使用を中止出来る。ある老婆が麦わらの山の中に針をなくしたら，我々は普通，地球上にある全ての麦わらの山の中を探したりはしない。針をなくした時老婆がどこにいたかを，まず知ろうとする。老婆が針をなくした近くにあった麦わらの山の中に針がある可能性が最も高いからである。これが作業仮説である。

　調査の仕組み
　調査は，高度に標準化が進んでおり，経営（administration）の他の分野と同様に，相当，機械化が進んでいる。
　とは言え，どのようなデータをどのように収集するかは人間が考えなければならない。調査方法には様々な方法があるが，センサスが最も基本的なものであろう。米国でも国勢調査や工業センサスなど様々なセンサスが行われている。事例研究の場合は，面接や観察などの方法がある。センサスやアンケート調査で確率を調査するのであれば，平均値に偏りが出ないように十分な標本数を確保する必要がある。
　調査結果を分かりやすく説明するために，図表が用いられる。表には，様々な目的に使える一般的なものと，特定の目的のみに用いるものとがある。データの並べ方には漸層的，時系列的，論理的な並べ方がある。例外的な事例には説明を付けるか，その事例自体を除外するかしなければならない。また，測定の正確さを期すために標本の構成単位に偏りがないようにしなければならない。例えば，米国人と外国からの移民の間の犯罪件数を比較する調査で，対象を選ぶ際に成人と未成年の割合を考慮せず，移民の対象者から，米国民より少ない数の未成年を選んだとする。未成年者の犯罪率は低いので，その結果，移民の犯罪率が実際より高く現れることになる。
　図表は主に統計の説明に用いられる。統計は主に確率を扱うので，総計を求めるのが普通である。しかし，そのため，個々の事例に当てはめるのは適切で

ない。また，統計がいかに正確であっても，最初に立てた前提が間違っていれば意味をなさない。

事実とその作用の視覚化のための図式

図式には，地図，図表，統計グラフがある。

図式を用いる時に注意しなければならないのは，重要な事実だけを分かりやすく説明することである。人口統計で人間の形のシンボルを用いたり，建設関係の統計で建物の形のシンボルを用いたりすることは避けなければならない。図式においては簡潔さが肝要である。

実状調査の必要性

ビジネス経営（経営管理）（business administration）における量的統制に対する関心の高まりで，統計分析のための生データを提供したり，中には調査を請け負ったりする機関が出来た。社内にそのような部署を持つ企業も多く，また外部の専門機関に高額を支払って委託する企業もある。多くの都市や大学，業界団体が調査を行っている。国レベルでも，フーバー政権下でのNational Economic Commissionなどが調査を行っている。また，準公的機関のNational Industrial Conference BoardやU. S. Chamber of Commerceなども調査を行っているが，これらの間のさらなる調整が求められる。

自分の利益が他人の損失の上に成り立っていると考えるのが企業家心理である。全員を対象とした実状調査を行い，調査結果を全員が平等に入手出来るとなると，管理の優れた企業とそうでない企業との違いがなくなる恐れがある。

しかし，個人経営の段階を脱し，制度主義（institutionalism）の考え方が相当浸透している企業—すなわち，単純に利益だけを追求する金銭的関心を事実上捨てるような戦略的考えを持つ企業—の経営者は，上述のような恐れは持たない。そのような企業の製品はすでに消費者にとって欠かせないものとなっており，製品はいわば「公益」となっている。そのような組織は，今，産業を支配している管理の優れた企業の株主の利益が全て税金として持って行かれない限りにおいては，国家社会主義の可能性を冷静に議論することが出来る。

従って，Stuart Caseの唱える「超管理」（"super-management"）も人間の

能力を超えたものとは言えない。しかし、そのためには、企業には、利益追求型でない経営を行う覚悟が必要である。そうすれば、実状調査は、経営の協調によって安定化の問題の解決を目指すための欠かせない土台となるはずである。

精密性の限界

計算や機械加工の正確性には限界があり、正確性を求める余り無駄が生じてはならない。このことは組織にも当てはまる。

人的変数の測定

産業心理学者や精神分析医、病理学者は、人事担当役員が質的に捉えようとすることを、精密性をもって、すなわち量的に、捉えようとする。工学分野で達成された定量化を社会という実験室で繰り返そうとしているのである。しかし、彼らは管理に関わる実際の問題に直接関わっていないため、彼らが行う産業調査は、企業経営者や経営幹部の理解や尊敬、信任を得ることが少ない。

産業における人間関係や人間行動の科学的調査は、経営幹部ならすでに誰でも知っていることを、大騒ぎしながら発見しているに過ぎないようにも見える。そのため、経営幹部は、このような専門家から調査の提案を受けてもそれを無視する傾向がある。このような経営幹部は、このタイプの調査の本当の意味が、よく知られた現象に精密な尺度や式を与えることだということを認識出来ない。

企業の観点からすれば、精密性の利点は、代替コストを量的に表せることにある。労使関係の改善や作業の効率化により生産性を上げようと企業は毎年のように多額の予算を使っている。しかし、経営幹部は、在庫回転率の向上や保管原料の削減でどれだけ利益を上げられるかを極めて正確に示すことは出来るが、人事管理のことを聞かれると、曖昧な答えしか出せないことが多い。人事管理が適切に行われないと、結局、従業員を消耗させてしまう恐れもある。

しっかりした訓練を受けた熟練労働者は血液中の酸とアルカリのバランスを崩すことなく仕事が出来る。新陳代謝や血圧、疲労を精密に測定することで、従業員の体調や労働環境を知ることが出来る。その結果、改善すべき点とそれ

に必要な経費を知ることが出来る。これが精密性をもった科学的調査の利点である。

精密機器

現代の産業の特筆すべき特徴は極めて高い精密性である。非常に洗練された検査技術が開発された。特に，第一次世界大戦後は，自動精密機器が急速に発展した。

指数によって容易になった比較

指数は，系列を量的に比較するのに便利な手段である。異なる複数の項目に共通の基準をつくり，各項目がその基準からどれだけ変動しているかを示すのである。共通の基準として最も良く用いられるのが基準年である。指数によって，誤解しやすい数値データを，基準年などを基に書き直すことで，正確な比較が容易に出来る。

賢者の石ではない統計

統計は単に，評価や予測のための調査の対象となる複合効果の中に生じた様々な要因の影響を効率的に測定するものである。統計は完璧を求めようとすると宇宙全体をも引き込むことになる。人間が営む実際の経営（administration）においては，そのような完璧をも求めることは不可能である。企業は，統計によって，影響の主要因とその付随物を見つけ出し，それを少しでも減らそうとする。統計自体が，真実を発見する奇跡的な力を持っているわけではない。統計が持つ力は証明ではない。より効率的，そしてより容易に証明に達することが出来ることが統計の力である。どのようなデータが必要かによって統計の手法を選ぶ必要がある。今扱っている現象の経済的重要性を無視した手法では，解釈の永続性も信頼性も保証されない。企業経営者にとっては時系列の変化率が最大の関心事であろう。予測と計画は全て変化率の推定にかかっている。時系列変化は普通，(1)季節的変化，(2)周期的変化，(3)経年変化，(4)ランダム変化，に分類出来る。十分な年数の過去の変化率が分かれば，現在の変化率から将来の変化率を予測する際に，それを参考にして予測を

修正出来る。

　管理的統制（managerial control）においては，我々は，蓋然性―ハイゼンベルグの不確定原理―から始め，制度化された（institutionalized）集団行動の方向に沿ったルーティン化によって，経営活動における結果を統制するのだということを肝に銘じておく必要がある。これが管理（management）の唯一の機能である。管理によってルーティン化出来ないことは確率の領域に属する。従って，ランダム行動の危険を吸収するための保険数理が必要となる。保険は，管理が予測や計画，体系的統制の支配を受けるルーティン化された行動にまで低減させることが出来ないリスクを分散させる。

管理的統制

　成功の秘訣はたいてい驚くほど簡単である。その基本前提は，何かに少しでも良いものがあれば，その中にはより良いものがもっとある，ということである。成功への道は，もっと売り込め，もっと速く走れ，もっと大きな声でしゃべれ―「より大きく，より良い象になれ」―ということである。ビジネス経営者のうちでより洗練された者だけが「最適（optimum）」と「最大（maximum）」の区別を理解できる。残念ながら，経済学者たちがこの区別を管理的統制に対する効果的研究方法に発展させることに大いに貢献しているとは言い難いが，彼らが全ての良いことに何らかの制限が加えられると主張していることも事実である。満腹になったわんぱく坊主はもうリンゴを欲しがらない。軽い麦わらでも繰り返しラクダの背中に載せれば最後には背中は折れる。石炭が詰まった溶鉱炉にシャベル一杯の石炭を加えると熱量が下がる。水差しを持って井戸に水を汲みに行くのが一度余計だっただけで井戸は枯れることになる。楽観的過ぎる企業家に経済学者は「収穫逓減の法則」があると警告する。このようにして，素人は，無限の発展への希望を徐々に打ち砕く不吉な何かを感じ取るのである。制限は避けられない。「最適規模」が利益を伴う発展の極限を決める。素人はこれを最大と混同しやすい。そのため，素人はこれを昇進の真っただ中の自分を打ちのめすために死や税金のように待ち伏せている悪意のあるマルサス主義か何かのようにみなすのである。収益が投入資本を下回り，そして完全に消滅してしまう致命的な時点をどのように予測したらよい

のか，という素人の問いに対して，これは「需要と供給の法則」によって決まることであると言う経済学者もいるであろう。また，より通俗的でない論理を用いる経済学者は，答えは，行動全体にではなく，最後の極微量の投入による増加や減少が決定的に局面を変えると見られるぎりぎりの状態においてのみ見つけることができると主張するであろう。すなわち，危うく浮いている筏に最後に必死に飛び乗ろうとしている人間や，大食漢ののどにつかえたリンゴ，全長750フィートの大型船を動き出させる力を持っている引き船の7番目の漕ぎ手のように，ほんのわずかな力でも局面を変える力を持っているということである。

　しかし，忙しい企業家にとってこれらのことは単なる言葉だけのことでしかない。だが，これらの経済原理は，もし定量的に提示できさえすれば彼らも十分に理解でき，その重要性を認識し，ビジネスに適用する能力は持っている。とは言っても，彼らにとっては，ある段階で自らの投入資本が農場や工場，機械といった生産手段に反映されなくなるということを知るだけでは不十分である。ビジネス実践者はなぜそうなるのかを知りたがる。様々なことについてどの程度実施したらよいかを判断するためである。農業経済学者の中にはわずかではあるが，そのような経済法則の定量化に向けて多大な貢献をしている学者もいる。しかし，彼らは際立った例外であり，また彼らが用いる方法は製造分野における定量化の要素に比べ控え目である。大きく欠けているのは応用経済学である。企業経営者や経営幹部が不完全で曖昧な方法ながらも，管理の定量化という技術をもってつくり上げようとしているのは応用経済学なのである。管理の定量化とは，主に大まかな経験的方法によって経営比率の考え方や予算実行の漸進的改善策をつくり出すことである。このような試行錯誤の結果，企業経営者は新たな考えと目的を持った管理方法を用いることを学ぶようになる。そしてこの方法は次世代において多大な社会的，経済的影響を持つことになるのである。以前は，技術は指揮する力の源として求められた。管理が統制と強制―すなわち，様々な要因に力を加えること―の手段であったのである。「権限委譲による管理」という古い学派で学んだ若い経営幹部たちは，管理職という肩書が相手にはっきり分かる場合も，暗に分かる場合でも，常に邪魔され，負かされ，無視されることに大いに困惑し，苦々しい思いをさせられるこ

とが多い。なぜそうなるのか。「もし私が王様だったら」は，支配層に選ばれるだけの力を持ちたいと願っている若い人たちが口にする言葉である。

現代社会の複雑なメカニズムにおいては，命令や暴力ではもちろんのこと，説得したり，気を引こうとしたりしても物事はなかなか成し遂げられない。物事を成し遂げるには，目的に沿って様々な力を利用し，それらの力を自然な方向にそして自己の利益にかなった方向に向かわせる積極的で機敏な試みが必要である。これが，プロパガンダが成功する秘訣である。すなわち，相手の利己心を利用し，それを満足させるために様々な力を企業を通じて用いることで，利害関係者それぞれの利己心を満足させるという目的を達成するのである。「牛を満足させ，その牛の乳を絞る」のは情け深い善行によるものではない。それは乳製品の生産量を確実に高めるための，広く認められているやり方である。これは，Mary P. Follet ("Illusion of Final Authority"), H. S. Person, Oliver Sheldon, William Leiserson, John R. Commons, John Stratton Brooks, Ordway Tead, Mary Van Kleeck が予示した技術である。特に Mary Van Kleeck は，国際労使関係協会（International Industrial Relations Association）が1929年に編集した *Rational Organization and Industrial Relations* について論じた何人かの国際的著名人の意見を次のように要約している。

　　知識を最も重要なことと考えれば，「統制」という語は全く異なった意味を持つようになる。それは権力を意味するのではなく，研究と経験によりつくられた知識による正確な誘導を意味する……今日の世界の欲求を満たすことのできる，満足のゆく産業組織をつくり上げるためには，力は，われわれの経済活動の不十分な目的全てと共に諦められなければならない……知識以外の他のいかなるものも，産業界で手と頭を使って働く男女が生涯をかけるに値しない[27]。

管理の測定：経営管理能力の潜在性
大企業は，現にいる経営幹部や将来経営幹部になる可能性のある社員に対して，多額の費用を使って，性格分析を行っていると言われている。経営管理能

力の潜在性があるかどうかを全ての従業員に対して行っている企業もある。

　経営管理能力を見つけ出し，評価しようと企業が努力していることは，企業においてこの能力がいかに重要であるかを示している。これは，支配力の中心が既得権限を持つ個人から，個々の幹部の独断や衝動ではなくルーティンや標準的行為によって生じる，複合的な集団の力へ移りつつあるためである。

管理の法則

　「管理」（"management"）が，諸要因を選択された目的に向けて最適に配置する分配の過程であるとするならば，これらの割合は数式化出来るということになる。

　土地や労働力，資本といった基礎的要因を体系化し，これらの動きを時間や空間，エネルギーといったコストを通して追跡する方法がある。そうすることで，様々な数式の間の変動が驚くほど少ないことが分かるであろう。いくつかの数式間における著しい一様性を見ると，管理が，技術においては無限であるが，根本的な性質においては本質的に単純なものであると推測出来るであろう。

　数式化によって，管理を，でたらめなやり方でない，正確な量的計算による科学的なものとすることが出来る。

主制御装置としての予算策定

　投資から最大の利益を得るために収入を配置することが，予算策定というこの精密な定量化の最初の仕事である。全体予算を策定するには，まず販売曲線の作成から始めなければならない。販売曲線には売上高の他に販売価格，予想利益，販売コストが示される。生産量を増やせば製品1個当たりの生産コストを減らすことが出来るかも知れないが，追加生産した製品を販売するには価格を下げなければならず，利益が減るということが起きる可能性もある。また，工場の利用率を高めたり，従業員を増やしたりすることで生産を増やした場合，原料や労働といった生産財のコストが上がり，増えた売上高が相殺されてしまうということも起きかねない。このように，販売曲線は極めて重要であり，その作成には，経済，金融，マーケティングに関わる知識と，それに劣ら

ず生産に関わる技術が必要となる。

　販売曲線が出来ると，様々な販売品目のコストに対する予想売上収入の分布が正式に決まり，その分布を予算に組み込むことが出来る。予算には多少柔軟性を持たせた方が良いというのが識者の意見である。McKinsey教授は，予算は融通の利かない統制ではなく，指針であるべきであると述べている。予算は，曖昧であっても，単なる概算であっても良くない。予算は，明瞭であるべきである。しかし，同時に柔軟性があり，状況や要因の変化によって計画の変更が必要となった場合に速やかに対応出来るものでなければならない。

　販売曲線から全体予算を策定したり，各部署の予算の積み上げや削減によって，信頼出来る全体予算—これによって，最適な売上高と工場稼働による利益が生み出され，そのことが予算の存在意義となる—にまとめ上げたりするには，過去の実績が大いに参考になるかも知れない。

概要と結論

　産業界の管理部門に与える競争の圧力による経済の改善で利益を得ようとする試みにおいて，研究はその道筋を示すために機能する。研究は，管理可能な範囲での一貫性と不変性を前提として進められることになる。しっかりした前提条件を基に作業仮説を立てれば，研究のための労力を省くことができ，迅速に信頼できる研究成果を上げることが出来る。試験や計測，記録といった実験の手段と区別される研究の手段には，個々の個人行動を対象としたものと個人行動の総体を対象としたものがある。前者は事例研究，後者は統計による分析が研究手段となる。統計は，単に事例研究の延長線上にあるものとは大きく異なり，個々の事例ではなく総体に関わる蓋然性を扱う。そのために統計は個々のビジネスの予測に関しては信頼出来るかどうか疑わしい。統計は論理学原理を無駄なく適用したものと考えられるが，論理学がそうであるように，統計によって前提条件の不完全さや観測の不十分さといった問題点を是正することは出来ない。しかし，集められた事実は図表化することで体系化され，解説や計画，統制のために利用できる客観的かつ視覚的な資料となる。

　正確性の適用には限界がある。制限要因によって定められた適用の経済性の範囲を越えると，正確性を適用する価値が疑わしくなる。また，正確性の追求

のために資源を大量に消費してしまえば，それは本当に無駄なこととなる。従って，正確性は，研究によって明らかにされた制限要因や補完要因に対して用いるのが最も有益である。また，正確性は，分析と評価に対するのと同程度に管理と統制に対しても用いられるべきである。計画によって製品の性能に関する仕様書をつくる場合，一定の表示単位を示すだけでなく，これらの単位が，結果的に製品の性能が仕様書の内容を満たしたか否かを客観的に測ることが容易に出来るものでなければならない。このために精密機器がある。これらの機器は大まかに以下の二つに分類できる。目盛り上の数値を計測する装置と，試験あるいは検査された項目が規定された範囲内あるいは許容範囲内に収まっているかどうかを調べる装置である。どちらにも様々な種類の装置があり，その種類は増加している。それらの多くは，他の技術形態と同様に，機械化され，機械加工における自動部品として組み込まれるようになって来ている。

　管理の定量化は，幹部による決定の範囲そのもののルーティン化という最終段階をもって完成する。これは，管理ルーティンの進化によって達成されつつあるが，業務進行の標準化（これは J. R. コモンズとセリッグ・パールマンが「制度主義」によって意味するところのものである）によって支えられている。かつては業務上の個々の対処のために管理者による具体的な衝動的決断を必要とすると考えられていたものが，今では，ゴーイング・コンサーン（継続組織）において具体化されている企業の目的によってつくり出された内部の必要性により促されることで可能となっているように見える。いわゆる「管理の法則」や「管理統制の原理」といったいくつかの法則や原理がすでにかなり蓄積されているようであるが，真に利用可能なものはほとんどが散発的かつ局所的にしか見られない。原則の統合分類体系をつくり出そうという体系立った試みはまだなされていない[28]。今はそのような試みが，必要であるだけでなく，目前に迫っているようである。この課題に取り組むためにはまず，基本原則の策定が必要である。この基本原則は，いくつかの構成要素に続けて分解することが出来，分解の最終段階において各要素は生産要因から製品への転換そのものを形成する可能性を持っている。同様に，統合管理体制の流れも次のような形で見られる。まず，企業の目的を具体化するために最高幹部が決定した企業

方針が中間管理職層に伝えられる。中間管理職層は，この最高幹部の方針を管理ルーティンに変える機能を持つ。管理ルーティンに変えられた方針は書式，用紙，報告書といった定期的業務の形式を通じて製造現場へ伝えられる。製造現場には，原料や労働力，動力—各店舗に既にあるか，工場や機械，設備の資本資産として隠されたものであるかを問わず—を生産につなげるための生産の流れを定めた様式として伝えられるのである。

注

1) Willis Wissler, *Business Administration*, 1931.
2) G. A. Kleene, *Profit and Wages: a Study in the Distribution of Income*, p. 4.
3) *Ibid.*
4)「人からして欲しいと思うことを人にせよという」というキリスト教倫理の原理（訳者注）。
5) John Crowe Ransom, "The South Defends Its Heritage," *Harper's Magazine*, June, 1929, p. 109.
6) H. Paulvels, general secretary, Confederation of Christian Trade Unions in Belgium; Brussels; "Rational Organization as an Element in the Evolution of Economic Life."
7) 本書においては機械化（mechanization）と機械生産（machinization）とを区別している。前者は事業の遂行や事業行為を標準ルーティン化へ縮約することを指す。後者は無生物装置である機械が人間に代わって行為を行うことを意味する。
8) *Magazine of Business*, January, 1929；National Industrial Council 会長の John E. Edgerton が National Association of Manufacturers 第33回年次大会で行った演説，"Three Thoughts of Business"。
9) "Russian Five-Year Plan Haunts Europe with Dread," *Business Week*, April 9, 1930, p. 29.
10) ハーバート・フーバーの提案は，the Committee on Recent Economic Change から生まれたものである。
11) Clark Wissler は神秘主義（すなわち迷信）と科学を結びつけて考えている。神秘主義の形態—魔法—が，知識の中の割れ目が全て埋まるまで科学の道が横たわっていなければならない懸け橋となる，と考えるからである。
12) E. E. Fournier d'Albe, "Hephaestus or the Soul of the Machine."
13) *Ibid.*「人間の体を構造の観点から説明するよりも，機械を心理学の観点から説明する方がより直接的で，経済的である」
14) Cf. 環境への適応により進歩を開始する力が人間に与えられたとするハーバート・スペンサーの段階から，それを一歩進めて人間が意図的目標に合った環境をつくり出す力を与えられたとするジョン・デューイなどが主張する最近の段階への移行。
15) W. I. Thomas and F. Znaniecki, "Polish Peasant in Europe and America," Vol. I, 1918, p. 21.
16) 相対性理論の人気の理由の少なからぬ部分が，学識を持とうとする一時的流行にあることは疑いのないことである。しかし，人の動きが全てそうであるように，相対性理論の人気による恒久的な影響は残った。教育を受けた人の特徴は，他の人との意見の違いを敵意を持たずに受け入れる能力であると言えるであろう。これは，自分とは違う意見に対して礼儀正しく，思いやりを持って接するという洗練された行動を意味するというよりも，「角で突かれたのは誰の牛か」（訳者注：突かれたのが自分の牛なら心配するが，突かれたのが他人の牛なら何とも思わないということ）が当事者双方にとって極めて重要であるという古いことわざの意味を真に理解することから生まれる忍耐を

意味するのである。Eddington はかなり信頼できると思われる文章の中で，科学は，全てが単に都合のよいフィクションに過ぎない参照標準—すなわち測定値—で説明される世界を扱うのだということをより強く認識することで，古い自然科学の権威主義から解放されることの必要性を強調している。

17)「別々の科学—認識論，物理学，化学，数学，天文学—は加速度的に互いに近づいてきており，結果の完全同一性に向かって収束している。問題は，様々な形式の世界が融合し，それにより，一方では，自然において機能し数少ない基礎的公式に集約される数字の体系が現れ，他方では，いくつかの理論—すなわち最終的には現代のベールに覆われた春の神話のようなものと見られ，思い描くことができ人相学的に重要なものに単純化しうる，したがって必要があればすぐに単純化される分子にとっての分母—が現れる，ということになるであろう」—Oswald Spengler, "Decline of the West."
18) "Business as a Profession," ed. by Henry Metcalf.
19) Parent Teacher's Association State Convention, Ohio State University, 1928.
20) Rudolph Binder, "Principles of Sociology," p. 345.
21) *Ibid.*, p. 538.「進化においては人間は単に未知の目標への手段に過ぎないが，進歩においては人間は自ら決めた目標への自分自身にとっての手段である」。
22) Camp Tanament, Pa., June, 1928. 社会主義者として当時，会長に立候補していた Norman Thomas が議長を務めた。League for Industrial Rights と混同しないこと。
23) "Man and Culture," 1922, p. 74；curator of the Metropolitan Museum of Natural History.
24) Myers Y. Cooper, 1929.
25) Cf. Day., of Moody Service, luncheon address, American Economic Association, Chicago, December, 1927.
26) 19世紀後半，米国の労働運動を支配した労働組合（訳者注）。
27) "Rational Organization and Industrial Relations," pp. 130-131, concluding Summary; a symposium of views on "Management, Labor and the Social Sciences," International Industrial Relations Association.
28) P. N. Lehoczky が産業管理に関する博士論文作成のために本稿の著者と共同で現在行っている研究はこの方向に沿うものである。

第4章

制度的経営学の原点を繙く

第1節　本書に見る J. R. コモンズからの影響

　J. R. コモンズと W. ウィスラーの関係については，次のような見方がある。
「W. ウィスラーが J. R. コモンズの制度的方法（Institutional Approach）を継承して制度的経営学の樹立を試みたことは，周知のとおりである」[1]とか「W. ウィスラー自身，機能主義という言葉を用いなかったが，その研究態度，すなわち，経営に対する接近の方法は，まさに，機能主義であり，このことは，彼（著者注，W. ウィスラー）が最も強く影響を受けた J. R. コモンズの制度派経済学が機能主義の経済学への導入であるといわれることに徴しても，彼（著者注，W. ウィスラー）こそ，機能主義を経営学に導入した最初の人であるといいうるのである」[2]などである。

　それ故に W. ウィスラーの主著と目される *Business Administration* において J. R. コモンズからどのような形で，どの程度影響を受けているかを計ることは必要不可欠のことであると思い，その手掛りとして同書の INDEX に示された John R. Commons（33, 591, 790, 796, 842, 870）[3]に基づいて考察した。

　その結果は次のとおりである。ちなみに，テイラー（Fredrick W. Taylor）の INDEX 中の数は9ヵ所，同じくフォレット（Mary P. Follet）の数は7ヵ所であり，いずれも J. R. コモンズの6ヵ所を超えていることにも注目しておきたい。なお，関連した INDEX として Institutionalization および関連語が皆無であるのは意外なことである。

　INDEX に示された John R. Commons の6ヵ所の様子を探ると次のとおりである。

「『制度とは枠組みでなく，予期される取引の画一性のことである。』と J. R. コモンズは述べている」[4]（下記①，以下同様）と「J. R. コモンズは『法は信用を補完し，信用は法を生み出す』と言っている」[5]②）の 2 カ所のみが J. R. コモンズの主張を明確に表明している。

① *経営における制度化の性格*―「制度とは枠組みではなく，予期される取引の画一性のことである」と J. R. コモンズは述べている。この確固たる考えと相容れない一種の神秘主義をつくり上げているのは，事象に目的的因果原理（purposive causation）を持ち込もうとする一般的な傾向である。そのため，経営が制度化に近づいていると見られると，制度化が単に，日々の取引における経営行動の画一性と予測可能性を意味するものと考えられてしまう。企業活動に対し統制を課す形態や構造，あるいは「枠組み」があるという幻想を支えているのは，取引の画一性に対するこの誤解である。しかし，このような形態や構造，枠組みがあると考えることは，J. R. コモンズやパールマンがいみじくも指摘しているように，幻想か，よくてもせいぜい神話である。これは，集団をまとめ，それに方向性を与える気迫―ヴェナー・ゾンバルトとマックス・ウェーバーはこれをガイスト（精神）と呼んだ―が集団の中にあるという仮定を正当化するためのものである。経営は，その取引―制度派経済学の真の意義はそこにある―が予測の誘因となりその予測を支える一貫性を持った時に制度化されたとみなすことができるであろう。別の言い方をすれば，経営は，その活動が経営者の勝手な思い付きや，幹部の一貫性のない決定の結果でなくなった時に制度化されたと言えるであろう。しかし，この段階では，利己的管理の特徴である偶発的で一貫性のない幹部の反応が，「制度」という，より高い存在による懲罰的抑制の影響を受けているというよりも，むしろ，経営方針の決定に関わる力関係により幹部が自分の安泰と生き残りのためにその方針に従わなければならない状態にあると言えるであろう。

　この状態では，制度の中における組織間の取引という人間行動を起こすための活力が失われてしまう。ただ，感覚を持った意図が一連の事象に注入されても，それが計画を立てやすくするための虚構に過ぎないと理解されてい

第1節　本書に見るJ. R. コモンズからの影響　175

れば大きな害はない。それが独立した因果原理という悪意のある力を持つようになった時に初めて計画策定に支障が生ずる。

　制度はそれ独自のシステムで前進しているように見えるが，このシステムが制度の物理的構造ではなくその「精神」に起因するとされることが多過ぎる。経営幹部は，制度的必要性ゆえに自らの運営方針を決めることができると考えられるが，その必要性がなくなれば，彼の裁量の範囲は，極端な場合，彼が単に名ばかりの幹部や形式的な承認者に格下げされるまで縮小されてゆくと考えられる。そして有機体としての経営が個々人による管理を離れ，内在する法や原理—それらは言わば独り立ちしているようなものである—に従って独自の道を進んでいるように見えるのである。このために，経営に魂と肉体があるという幻想が生まれるように思える。この幻想はオスヴァルト・シュペングラーやヴェナー・ゾンバルト，マックス・ウェーバーといった社会学者などが，予測に欠かせない画一性を成し遂げた一連の取引における行動の連続性を説明する際に用いたものである。

　経済研究の単位としての個人に取って代わる集団—社会行動の単位として最近集団が出現したことに対する説明は，心理学と社会学，経済学の研究結果に頼らなければならない。行動主義者は，心理学の分野において，人間の行動の中に，明確化でき測定可能な刺激に対する，生化学的な物理的有機体の自然で容易に説明可能な反応を見る。行動学者がそうすることによってあまりに多くの事を説明しようとしている可能性は十分にある。行動学者は，ダルブが彼の優れた論文の中でいみじくも言っているように，何かを見過ごしている可能性がある。ダルブは「科学者は胃液分泌を説明するが，何が分泌を促すのだろうか」と言っているのである。行動主義は，ほとんどの新しい科学にその傾向があるように，我々がなぜ人間として行動するのかという問題を単純化し過ぎているのかも知れない。しかし，行動が環境と結びついた有機体の複合的結果であるという考え方は，経営の諸問題の解決にとって重要である。成功とは，有機体が周りの環境を自らの固有の目的に従属させる能力を持つことである，とユーモアをもって定義した人がいるが，このことは「犬の尻尾にいる蚤にも，国で最高の外交官や天才にも同じように当てはまる」とこの定義者は自慢げに言っている。しかし，行動主義者は，より

謙虚な先任者が現実主義者を見たように，人間行動の中に，環境を自分の意志に従わせようとする個々の有機体以上のものを見る。行動主義者は，個々人を人間と環境の混合と見る。時給2ドルを稼ぐ工具製作者のジョン・スミスは，時給60セントを稼ぐジョン・スミスとは違う。例え同じところに住んでいて，電話帳の同じところに載っていても二人は違う。肉体だけは同じ人間であっても，家や銀行預金，自動車，ラジオ，高校生の子供，ロッジ会員権などを含む集合体としては同じではない。そして，企業家に多大な関心を持たせ，多大な影響力を及ぼすのは，この集合体としてのジョン・スミス―彼が生産者であれ，消費者であれ―なのである。

② *制度主義の機械工としての法*―J. R. コモンズは「法は信用を補完し，信用は法を生み出す」と言っている。法は，制度化が自らのために定めた道を形づくるものである。それは，企業目的の組織的追求を確実にするためにつくられた組織に課される，共同でつくられた制限である。従って，法は，その性格においても起源においても決して政治的なものではない。法は，権力が集まるところに存在する。法は機械の後に続くよう強制される。個人は禁止されたり，命令されたりするが，機械はそうではない。機械は国家が課す法よりもさらに上位の法を課す。そのため，国家が産業発展のために身を引くか，自らを修正しなければならないことも時折ある。政府においてロビイストや専門家が幅を利かす理由の一端はこういう状況にある。

「管理の定量化は，幹部による決定の範囲そのもののルーティン化という最終段階をもって完成する。これは，管理ルーティンの進化によって達成されつつあるが，業務進行の標準化（これはJ. R. コモンズとセリッグ・パールマンが『制度主義』によって意味するところのものである）によって支えられている」[6]（③）と「J. R. コモンズとパールマンが定義し，本稿の初めに述べた制度派経済学の考えは効果的行動の基礎そのものとなるものである。社会行動のルーティン化がなければ，個人は気がつけば壊滅的な無政府状態の中に巻き込まれていることであろう」[7]（④）では，J. R. コモンズとパールマンがセットで表現されている。

③　管理の定量化は，幹部による決定の範囲そのもののルーティン化という最終段階をもって完成する。これは，管理ルーティンの進化によって達成されつつあるが，業務進行の標準化（これは J. R. コモンズとセリッグ・パールマンが「制度主義」によって意味するところのものである）によって支えられている。かつては業務上の個々の対処のために管理者による具体的な衝動的決断を必要とすると考えられていたものが，今では，ゴーイング・コンサーン（継続組織）において具体化されている企業の目的によってつくり出された内部の必要性により促されることで可能となっているように見える。

④　J. R. コモンズとパールマンが定義し，本稿の初めに述べた制度派経済学の考えは効果的行動の基礎そのものとなるものである。社会行動のルーティン化がなければ，個人は気がつけば壊滅的な無政府状態の中に巻き込まれていることであろう。社会行動に方向性を与え，社会統制に明瞭な根拠を与えるのは集団への融合である。Tead や Person, Mary P. Follet, Mary Van Kleeck などは，そのような統制が具現化され，指導力の骨組みが形づくられると考えている。産業管理学派という比較的最近の学派の人たちは，指導力の機能が，強力な力を持つ指導者による部下の搾取から，自己解決能力が優れた指導者による目的達成へ移行して来ていると考える。

残りの1カ所[8]（⑤）では，1924 年に J. R. コモンズが著した鋼材市場における取引価格に関する記事を引用する形で紹介しており，もう1カ所[9]（⑥）では，第 26 章「管理的統制の定量化―管理的統制―」において，Mary P. Follet, H. S. Person, Oliver Sheldon 等の一員として J. R. コモンズの名前があるに過ぎない。

⑤　*検査と回収*―商務省簡易実用基準部（Division of Simplified Practice）が 1922 年初めに業務を開始した。1929 年 2 月までには，無駄が出るほど多過ぎる製品の型を規格化によって単純化するという同部の業務の恩恵を受けたのは，企業が 1 万 2,000 社，産業団体が 1,000 団体に達した。その後は，一般社会の熱は若干冷めて行った。多くの企業にとって累積過剰生産から逃れ

る道は，製品のブランドの種類を増やすこと，製品のスタイルに力点を置くこと，それに製品のユニークさを強調することであった。このために，製造業者は二つの立場——原材料消費の規格化と完成製品の多様化——のどちらを取るかで悩むことになった。この点に関しては，規格化を論理的究極まで突き詰めてゆくと突き当たる潜在的ジレンマについて，J. R. コモンズがいみじくも以下のように指摘している。

　……圧延鋼材の物理的品質に関しては事実上競争の余地はない。仕様が規格化されることで全ての製鉄業者は競争相手がどのような鋼鉄を販売しているかを知っており，他業者より良い品質の製品を提供することで顧客を引きつけることができないことを知っている。競争できるのは価格と納期，販売技術だけである。

⑥　現代社会の複雑なメカニズムにおいては，命令や暴力ではもちろんのこと，説得したり，気を引こうとしたりしても物事はなかなか成し遂げられない。物事を成し遂げるには，目的に沿って様々な力を利用し，それらの力を自然な方向にそして自己の利益にかなった方向に向かわせる積極的で機敏な試みが必要である。これが，プロパガンダが成功する秘訣である。すなわち，相手の利己心を利用し，それを満足させるために様々な力を企業を通じて用いることで，利害関係者それぞれの利己心を満足させるという目的を達成するのである。「牛を満足させ，その牛の乳を絞る」のは情け深い善行によるものではない。それは乳製品の生産量を確実に高めるための，広く認められているやり方である。これは，Mary P. Follet ("Illusion of Final Authority")，H. S. Person, Oliver Sheldon, William Leiserson, John R. Commons, John Stratton Brooks, Ordway Tead, Mary Van Kleeck が予示した技術である。

このような状態をみていくと，北野利信教授がいみじくも指摘されている言葉が思い出されるのである。「W. ウィッスラーにとって，組織とはすなわち組織行動を意味する。いいかえれば，組織の実態は人間活動である。W. ウィッスラーは，それを『制度 institution』とよぶ。この『制度』という表現は，制

度派経済学からの影響である。(中略) しかし，W. ウィスラーにとっては，この語の選択のためにいわゆる制度学派とひとからげに歴史の棚の上に置去られ，その特異な理論内容が顧みられぬことになり，まことに不運なことであったといわなければならない」10)。なぜならば，(引用の順序は前後するが)「W. ウィスラーは動的組織観を経営学に持ち込んだ最初の人物といえる。(中略) W. ウィスラーは，1931年の著『事業管理論』の中で，この動的組織観を求めて経営学の枠外に出るより，むしろこれを経営学の中に吸収しようとした」11)からである。

さらにここで言葉を重ねて置くべきことは，村本芳郎教授が論文「W. ウィスラーにおける制度的接近について」で教示されている機能主義と W. ウィスラーの関係であるといえよう。「W. ウィスラー自身，機能主義という言葉を用いなかったが，その研究態度，すなわち，経営に対する接近の方法は，まさに，機能主義であり，このことは，彼が最も強く影響を受けた J. R. コモンズの制度派経済学が機能主義の経済学への導入であるといわれることに徴しても，彼こそ，機能主義を経営学に導入した最初の人であるといいうるのである」12)。

第2節　本書に対するわが国先達者の関心度

一方，斯界のわが国の先達者が，所謂制度学派的経済学にかかわる W. ウィスラーの著書と目される *Business Administration* を各自の論文中に本書のどこをどのように引用されているかを探索した。その意図するところは，先達者が本書をどのように読まれ，どの部分に関心を寄せ，評価された結果をどのような形で論述されているかを確認してみたいとの思いからである。

対象論文は以下の3篇とした。
A. …村本芳郎「W. ウィスラーにおける制度的接近について」13)
B. …北野利信「W. ウィスラーの動的組織論」14)
C. …田代義範「制度的管理論──W. ウィスラーの管理論──」15)
各論文の頁数は，A＝12頁，B＝32頁，C＝41頁である。各論文に本書が引

用されている箇所は，A＝約42，B＝約73，C＝約78であり，それらを章別に分けると下記の表の通りである。

論文頁数 \ 論文	A 12頁	B 32頁	C 41頁
第2章「アプローチの方法」	10 (23.8%)	23 (31.5%)	10 (12.8%)
第4章「用語等の定義」	5 (11.9%)	12 (16.4%)	8 (10.2%)
第15章「産業民主主義」	5 (11.9%)	—	6 (7.6%)
第16章「人間と機械」	—	—	10 (12.8%)
第24章「人的要因」	6 (14.2%)	23 (31.5%)	—
「序論」と「結論」	—	7 (9.5%)	—

　その結果，論文Aの場合，第2章「アプローチの方法」(24%)，第24章「人的要因」(14%)，第4章「用語等の定義」(12%)，第15章「産業民主主義」(12%)の順で引用が多く，上位4章で62%を占めている。

　論文Bの場合，第2章「アプローチの方法」と第24章「人的要因」が共にトップで32%を占め，第4章「用語等の定義」(16%)と「序論」と「結論」(10%)の上位4章で90%とほぼ全体を占めている。

　論文Cの場合，第2章「アプローチの方法」と第16章「人間と機械」が共にトップで13%を占め，第4章「用語等の定義」(10%)と第15章「産業民主主義」(8%)の上位4章で44%を占めている。

　これまでの過程で明らかになったことは30章からなる本書のうち，第2章「アプローチの方法」と第4章「用語等の定義」の2章は，A，B，C論文が共通して最多数引用しており，第15章「産業民主主義」はAとB論文が，また，第24章「人的要因」はAとB論文が各々引用している様子から大きなうねりというべきか傾向が見えはじめた感じがする。なお，ここに注記しておきたいことは，B論文が「序論」と「結論」に約73の引用箇所のうち約10%を占めている執筆姿勢に学ぶべき点があるように思われることである。

　いうまでもないが引用の箇所や回数は論文のテーマや頁数などによって左右されると思われるので，単純な論文同士の比較はあまり意味がないように思われるが，本書のように807頁，全30章に及ぶ大書の場合には大雑把ながら傾向を把握することは有益であると思われる。なお，引用箇所に「約」をつけた

のは，引用頁を例えば pp. 31-32 と表記されたものは便宜的に「2」カ所とカウントしたためであり，それに伴う割合（％）なども「約」をつけて見て頂きたい。

　ここで上述したことを要約すると，A，B，C の論文が多く引用した章は，第 2 章（A，B，C）と第 4 章（A，B，C）が第 1 位で，第 15 章（A，C）と第 24 章（A，B）が第 2 位，第 16 章（C）と「序論」と「結論」(B) が第 3 位という結果であった。よって，先達者からの暗黙のメッセージとして本書の中で読み過ごしてはならない箇所は，特に「序論」と「結論」，第 2 章，第 4 章，第 15 章，第 16 章，第 24 章であることを示していることを受けとめることが肝要であろう。

第 3 節　W. ウィスラーに対するわが国先達者の評価と要点

1．古川栄一教授に依る

　古川栄一博士が太平洋戦争終結間もない翌年（1946（昭和 21）年 9 月 6 日）に執筆された論文「アメリカ経営学の特質」の第一章「アメリカ経営学の文献」[16)] に 8 冊の文献（原書）を紹介されており，そのうちの一冊に A. Wissler, *Business Administration*, 1931 を取り上げられていることに注目したい。

　ここを注意深く見ると，この文献の著者名が A. Wissler であることに気付くはずである。したがって最初は，われわれが認知している Willis Wissler の他に「A」の頭文字のつく著者がいるのか，あるいは単なる「W」との誤植かのいずれかであろうと思った。「A」の頭文字に関しては，Willis Wissler の祖父が実業家の Aaron Wissler であるので，この人ではないかと探ぐってみたが年代的にも職業からみても，その可能性は殆んどないように思われた。

　つぎに「W」との誤植の可能性について調べてみた。1959（昭和 34）年初版発行の古川栄一著『アメリカ経営学』[17)]（経林書房）における「アメリカ経営学の文献」（9 頁）および欧文索引（287 頁）でも A. Wissler とあり，当然のことながら文中の引用（22 頁）でも同様に記されていることが確認できた。

　したがって結果的には，古川博士がご紹介されたり，ご自身も引用されてい

る *Business Administration* の著者は実在しないであろう A. Wissler であるといわざるをえなくなってしまうのである。

　さらに翻ってみると，古川博士の制度経営学に関する先駆者としての論文内容は間違いなく，1931 年に McGraw-Hill Book Company から出版された Willis Wisser 著 *Business Administration* に基づいたものであるといってよいはずである。

　もしもこのような流れが正しいとするならば，わが国の制度的経営学研究者達が，名著といわれている著者名の誤りを見過ごしてきたか，あるいは指摘または訂正をする労をとらなかったか等いずれにしても自戒をこめて由々しき問題であると思うのである。

　しかし，このようなことを取り上げることが本書の趣旨ではなく，外国文献の入手が困難であった戦後において紹介されたアメリカ経営学に関する文献 8 冊のうちの 1 冊が W. ウィスラー著 *Business Administration* であった程注目され，評価されていたことを喜びたいのである。

アメリカ経営学の文献
アメリカ経営学の一般的文献としては，次のごときものが代表的に挙げられるであろう[18]。
1. M. A. Brisco；*Economics of Business*, 1913.
2. E. D. Jones；*The Administrasion of Industrial Enterprise*, 1916.
3. L. C. Marshall；*Business Administration*, 1921.
4. H. P. Dutton；*Business Organizationand Administration*, 1921.
5. C. W. Gerstenberg；*Principles of Business*, 4th ed., 1924.
6. P. White；*Business Management*, 1928.
7. A. Wissler；*Business Administration*, 1931.
8. W. J. Donald；*Handbook of Business Administration*, 1931.

　「アメリカ経営学の代表的学者である W. ウィスラーは，アメリカ経営学を成立せしめるにいたった歴史的背景を，いわゆる産業革命（Industiral Revolution）の進展のうちに理解しようとしている。その理由は，ここにこそ大規模経営の成立の基礎となっている諸事実が正しく見とれるからである」[19]。

　「W. ウィスラーにおいては，経営の制度化的性質が強く認識されており，それには一種の社会制度（Institution）という理解が表面化しているからであ

る。そこでは，事業経営は一種の統一的組織体として，その構成体的特徴が強調されている。

　このような理解の仕方は，たしかにドイツ経営学的思考への近接とも考えられるのであるが，しかし，そこにはなおアメリカ経営学の伝統よりする新たなるアメリカ的展開の見られることも，後述のとおりである。すなわちW.ウィスラーにおいても，事業経営（Business）はまず経営活動（Busy-ness, Business Activity）と理解されており，経営の組織体的観点よりも，その行動体的観点が重視されていることが，注意される必要がある」[20]。

2．占部都美教授に依る

　「企業の制度理論（institutional theory）の起源は，T.ヴェブレン及びJ・R・コモンズに帰せられるが，それは古くしてまた新しいものである。いわゆる制度理論は，ホクシーの労働関係論，J. B.クラークの企業統制論ないしパーリ・ミーンズの大株式会社論などの中間期をへて，現在ではスリッヒター・ゴードン，ドラッカーなどの諸研究に展開されている。

　この間にあって，W.ウィスラーがJ. R.コモンズの制度的方法（Institutional approach）を継承して制度的経営学の樹立を試みたことは，周知の通りである。また時として，バーナムの経営者革命論は，制度的経営学者論と対立的に取扱われることがあるが，その考察方法と利害矛盾の社会哲学観において，強く制度学派の影響をうけているのであって，制度理論の一つの展開とわれわれはみるのである。このようにごく大まかに企業の制度理論の展望を試みることによって誰しもまず疑問をもつ点は，果して制度理論は，それ自体統一性をもつものかどうかということであろう。いま企業の制度化（institutionalization）の概念に問題を局限してみても，われわれはそこに統一的規定ではなくて，むしろ規定の多様性を見出すのである。

　まず，W.ウィスラーによれば，企業における行為態様（behavior）が所有者の恣意や個人経営者の作為的決定の結果ではなくて，それが将来における行為を規律する劃一性（uniformity）と持続性（consistency）をもつにいたるとき，その企業は制度化されていると考えられる。これにたいして，個人経営における行為態様は，偶然性と恣意性によって特色づけられるのであって，

W. ウィスラーにしたがえば，個人経営は非制度化企業として規定されるであろう。制度化された企業において企業という制度は個人（所有者，経営者を含めて）の人格的支配から離れて，独自の計画のもとに，その固有の法則と原理にしたがって運行していくものと考えられるのである。したがって，企業の制度化の段階においては，経営過程における目的性（たとえば利潤追求）は捨像され，経営は資本的目的から独立するとともに，経営者の恣意的目的や決定からも独立する。かくて，W. ウィスラーにおいては，企業の制度化とは経営の客観化と自働化とを意味するものと解釈してよいだろう」[21]。

「企業経営の制度的認識のうえに，社会科学としての経営学の成立基礎をおこうとする試みがある。アメリカ経営学の紹介において，早くより二つの経営学の主流があることが指摘されている。その一つは，F. W. テイラーの科学的管理法に起源をおく管理的経営学であり，他の一つは，いわゆる制度経済学（Institutional Economics）の思想的影響をうけた制度的経営学である。そして後者の制度的経営学を代表するものとして，W. ウィスラーの "Business Administration", 1931. があげられるのが常である。

W. ウィスラーが企業経営の制度化（Institutionalization）の事実に経営学の科学としての客観性をおき，それにより著しく経営者奉仕的な，かつ管理技術的な経営学の科学性を一段高めようとした努力は，もちろん注目されてよい。しかし，W. ウィスラーの意図はともかくとして，その努力の結果であるその特定の経営学の体系は，実際には一般的承認を得るにはいたっていない。すなわち，制度的経営学は，経営学の一つの統一的体系としてはまだ確立されたものではない。しかし，いま W. ウィスラーの試みたその特定の経営学の枠の問題をはなれて，経営学の基本問題としての企業にたいする制度的認識についてみると，その認識方法とそれにもとづく研究労作は，アメリカ経営学において圧倒的に重要な比重をもっていることをわれわれは注意しなければならない」[22]。

3．北野利信教授に依る

「W. ウィッスラー Willis Wissler（1884〜）は動的組織観を経営学に持ち込んだ最初の人物といえる。ようやく経営学界でも，静的な組織理論からの脱皮

がほぼ決定的になってきた。フォレット女史の動的組織観が最近とみに注目されているのは，その一証拠である。バーナードは彼女の「組織の動的要素への偉大な洞察」に敬意を払っている。彼自身の組織論がこの現代組織論のコペルニクス的転換の起点として，古典的地位を確立した。しかしこれら二人は実質的に経営組織を論じているのであるが，意図においては組織の一般理論をめざしている。これに比して，年代的に彼ら二人の中間に立つW.ウィッスラーは，1931年の著「事業管理論」の中で，この動的組織観を求めて経営学の枠外に出るより，むしろこれを経営学の中に吸収しようとした。それゆえ，今日の経営学の気運はW.ウィッスラーの現代的価値の再検討を当然要求する。それにもかかわらず，彼がいまだに歴史の一ページとしての地位しか与えられていないのは，当時の歴史的事情によるとはいえ，経営学にとっても不幸なことである。ハーピソンとマイアーズは，フォレットを評価して，「多くの点で彼女は個人を組織にはめ込むよりも，むしろ個人に組織実践を適合させることの重要性とその手段を認めた最初の人物であった。彼女の業績がそれに値するだけの影響をもたなかったのは，おそらく「科学的管理法」の勃興期に現われたためであろうと思われる」と言っている。フォレットの流れに属する経営学者W.ウィッスラーが同じような運命にあったのも，このような事情のためであったと思われる。しかし経営学転換の気配とともに，経営学関係書におけるフォレットやバーナードへの言及は増すが，それと平行してW.ウィッスラーが取り上げられることはまれである。他にさきんじて近代経営の方向を洞察した経営学の先駆者に改めて敬意を表してもよいのではなかろうか」[23]。

4. 村本芳郎教授に依る

「複雑な経営そのものが存立している基盤である私企業制度，自由経済体制に対して疑惑が感じられ，すべての経営が危機に直面したアメリカの大不況前後の時代を背景として生まれたのが，W.ウィスラーの制度的経営学なのである。テイラーの科学的管理法以来の伝統的な経営管理論が，個々の経営の管理の合理化，管理技術の研究を中心としたものであるのに対してW.ウィッスラーのそれは，すべての経営の存在根拠の究明から出発しているのである」[24]。

「W.ウィスラー自身，機能主義という言葉を用いなかったが，その研究態

度,すなわち,経営に対する接近の方法は,まさに,機能主義であり,このことは,彼が最も強く影響を受けたJ. R. コモンズの制度派経済学が機能主義の経済学への導入であるといわれることに徴しても,彼こそ,機能主義を経営学に導入した最初の人であるといいうるのである。科学の発達に有力な貢献をもたらした機能主義を経営学に導入するにあたって,経営学にのみ固有の困難が存在する。このような困難が存在するため,W. ウィスラー以前において,機能主義的接近を試みた人がなく,W. ウィスラー以後においても,機能主義的研究方法の明確な自覚および展開がなかったのではないかと思われるのである」[25]。

5．田代義範教授に依る

「W. ウィスラーこそアメリカの制度論の正統な後裔といってよいであろう。
けだし彼こそアメリカの制度理論を管理論に適用した最初の人物とみられているからである。彼はT. ヴェブレン（T. Veblen）らの制度論者とともに,企業を生産体(インダストリー)と営利体(ビジネス)からなるものとみており,営利体こそ文化の発展の担い手であり,科学を適用し発展せしめるものと考えている。このような二つの側面からなる企業は社会の必要不可欠の制度であるが,機構化を一層促進することによって（機械化も含まれている）管理も常規化された部分が多くなり,経営者は常規化されない部分に独創性を要求されるにいたるとする」[26]。

「W. ウィスラーの管理論はアメリカの制度学派経営学に属するといわれている。われわれは先にシェルドンを制度的に理論を展開したものとして把握できると考えたのであるが,とくにアメリカで展開されたT. ヴェブレンを始祖とする制度論の正統な流れのなかで管理論を展開した論者としては,ここに取上げるW. ウィスラーをもって始まるとしてよいだろう。

W. ウィスラーの著書は,いわばテイラーに始まる管理の流れに属するものと考えることができる。テイラーの工場管理において萌芽的な形で取上げられた分野ないし技術が,領域を広げるとともに,ヨリ深く検討されているからである。それは *Business Administration*, 1931 の目次を見ただけでも納得できるごとく,生産管理,配給,産業関係（賃金,職務分析,選択テストその他

のいわゆる人事管理），産業民主主義，工場制度とくに機械の利用に伴う諸問題，工場管理の問題，購買，原材料の問題，組織の問題と広汎多岐にわたっている」27)。

　本書の意図している「研究ノート」らしく，根拠（資料）を提示しながら各教授による"評価と要点"の確認を進めた結果，前記の「W. ウィスラーに対するわが国研究者の評価と要点」の通りとなった。それらをさらに簡潔にまとめると次の通りとなる。

　☆　W. ウィスラーはアメリカ経営学の代表的学者である。
　☆　W. ウィスラーが J. R. コモンズの制度的方法を継承して制度的経営学の樹立を試みたことは周知の通りである。
　☆　制度的経営学を代表するものとして，W. ウィスラーの *Business Administration* があげられるのが常である。
　☆　W. ウィスラーは動的組織観を経営学に持ち込んだ最初の人物といえる。
　☆　W. ウィスラーは 1931 年の著『事業管理論』の中で，動的組織観を求めて経営学の枠外に出るより，むしろこれを経営学の中に吸収しようとした。
　☆　J. R. コモンズの制度論より出発して経営学にアプローチした W. ウィスラーは機能主義的経営管理論，制度派経営管理論を最初にうちたてたのであった。
　☆　W. ウィスラーこそ，アメリカの制度論の正統な後裔といってよいだろう。
　☆　W. ウィスラーこそ，機能主義を経営学に導入した最初の人であるといいうるのである。

　上記によって明らかな如く，多数の経営学者の中でこれほど高い評価を受けている W. ウィスラーを従前から研究対象としてきた者（著者）としては当然と思うと共に誇りにさえ感じるのである。

　それにつけても，各教授による"評価と要点"が，W. ウィスラーと制度的経営，動的組織観，さらには機能主義と微妙に異なる表現で連結しているのに注意すべきだと思う次第である。

第4節　W.ウィスラーに関する新たな研究視点

　W.ウィスラーはT.ヴェブレン及びJ.R.コモンズの制度的方法を継承して，アメリカ経営学の理論的背景（根拠）となる制度的経営学を樹立した人物であると，わが国の先達の研究者が高く評価されているように思えるのである。

　例えば占部教授は次のように表現されている。

　「企業の制度理論（Institutional theory）の起源は，T.ヴェブレン及びJ.R.コモンズに帰せられるが，それは古くしてまた新しいものである。（中略）その間にあって，W.ウィスラーがJ.R.コモンズの制度的方法（Institutional approach）を継承して制度的経営学の樹立を試みたことは，周知の通りである」[28]。

　さらに，「企業経営の制度的認識のうえに，社会科学としての経営学の成立基礎をおこうとする試みがある。アメリカ経営学の紹介において，早くより二つの経営学の主流があることが指摘されている。その一つはF.W.テイラーの科学的管理法に起源をおく管理的経営学であり，他の一つは，いわゆる制度経済学（Institutional Economics）の思想的影響をうけた制度的経営学である。そして後者の制度的経営学を代表するものとして，W.ウィスラーの*Business Administration*（1931）があげられるのが常である」[29]。

　その他では田代教授は，「W.ウィスラーこそアメリカの制度理論の正統な後裔といってよいであろう。けだし彼こそアメリカの制度理論を管理論に適用した最初の人物とみられているからである。彼はT.ヴェブレン（T. Veblen）らの制度論者とともに，企業を生産体と営利体からなるものとみており，営利体こそ文化の発展の担い手であり，科学を適用し発展せしめるものと考えている」[30]といわれ，さらに「W.ウィスラーの管理論はアメリカの制度学派経営学に属するといわれている。われわれは先にシェルドンを制度的に理論を展開したものとして把握できると考えたのであるが，とくにアメリカで展開されたT.ヴェブレンを始祖とする制度論の正統な流れのなかで管理論を展開した論

第 4 節　W. ウィスラーに関する新たな研究視点　*189*

者としては，W. ウィスラーをもって始まるとしてよいだろう」[31)]ともいわれている（アンダーラインは著者注）。

したがって著者自身何等の抵抗もなくその流れにそって，いわゆる制度的経営学を最近まで研究し続けてきた。しかしながら現時点で冷静に観察してみると，不思議なことに，わが国の先達の研究者が W. ウィスラーを取り上げて論じている場合，彼の著書，すなわち *Business Administration* のみにもとづいており，彼の他の著書，論文の紹介はもちろんのこと引用もないことに気付いたのである。

それならば，大学教授である W. ウィスラーの著作は，果してこの 1 冊だけしかないのだろうか，さらにこの著作 1 冊をもって「制度的方法を継承している」と言い切れるだけの明確な論述（内容）があるのだろうかという疑問が生じてきたのである。

まず最初の疑問を解くために限られた条件下であるがインターネットにより検索した結果，幸いにも W. ウィスラー単著の論文 "Study of Content and Arrangement of Employe Magazines-（Plant Organs）"（1930）と共著 *Industrial Supervision / Organization*（1941）が存在することが分り，現物を入手することが出来た。しかし残念ながら両書は，「社内報（機関誌）の内容と構成の研究」と「業務監督と組織」というタイトルからも明らかな通り，期待していた制度的経営学とはおよそ無関係な内容であった。

この事実確認を他の研究者と共有したいために，あえて本章に第 5 節を設けて，両書の抄訳を掲載することにした。

二番目の疑問は前述の通り，「W. ウィスラーこそアメリカの制度理論の正統な後裔といってよいであろう」とも，また「W. ウィスラーの管理論はアメリカの制度学派的経営学に属するといわれている」との指摘があるにも拘らず，ハロルド・クーンツとオドンネルによる現代経営学の諸学派の分類[32)]においても，またハイネスとマッシイによる分類[33)]にも "制度学派" はおろか W. ウィスラーの名前さえ見当らないことである。

なお，クーンツ達はアメリカ経営学に見られる種々の見解を "あまり単純化しすぎる危険を冒して" までも整理統一した結果，次の六つの学派と接近方

法，人脈と彼等の主要著書を列記しており，ハイネス達は「経営管理思想の流れ」[34]の中で同じく六つの学派に分類しているので参考までに記しておく。

両者のアメリカ経営学の分類には「制度学派」は見当らない。この点に関しては，すでに著者は拙稿「アメリカにおける所謂制度学派的経営学への接近」[35]において，経済学の分野ながら「制度学派的経済学の現状と未来」と題して，このような状態に陥っている現状を予測した記述の一端を本書の終章第1節に収録した。

クーンツの分類[36]

① 経営過程学派（The Management Process School）
② 経験学派（The Empirical School）
③ 人間行動学派（The Human Behavior School）
④ 社会体系学派（The Social System School）
⑤ 決定理論学派（The Decision Theory School）
⑥ 数理学派（The Mathematical School）

ハイネスとマッシイの分類[37]

① 科学的管理学派（Scientific Management）
② 普遍学派（Universals of Management）
③ 人間関係論学派（Human Relations）
④ 管理経済学および管理会計学派（Managerial Economics & Accounting）
⑤ 行動科学派（Behavioral Sciences）
⑥ 数量学派（Quantitative Approaches）

三番目の疑問にして最大かつ難解な問題は，W. ウィスラーの主著と思われる *Business Administration* 唯一冊に如何ほどに制度的方法が継承されているのかを詮索することに絞られてきたことである。具体的には，本書を精読することにより，先入観にとらわれることなく，T. ヴェブレン及び J. R. コモンズの思想や学説の影響をどのように継承しているかを文脈，中でも引用状態を確認することに尽きることに行き着いた。それは同時に，先達の研究者が先述の通り，W. ウィスラーの立場や役割を所与のものとされて，"周知の通りである" "常である" "みられている" "よいだろう" 等論述されていることを正しく理解する道筋だと思えるからである。

第5節　検証のための W. ウィスラーの著作

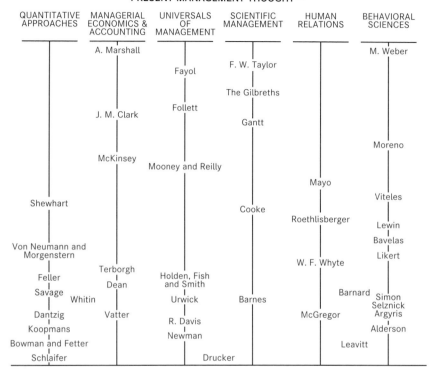

第5節　検証のための W. ウィスラーの著作

1．社内報（機関誌）の内容と構成の研究
第1章　序論：本研究の目的と意図
　社内報（employee magazine）の多くが出版されたのは，第一次世界大戦中と戦後である。1920〜1921年の経済危機の時には多くが廃刊になったが，1921年末までにはまた多くの社内報が発刊されるようになった。
　(1)　本研究の目的
　本研究の主な目的は以下の三つである。① 社内報発行の目的として顕著な

ものは何かを調べること，② 社内報に掲載される種々の項目の重要度を比較出来る尺度を提供すること，③ 社内報の一般的な構成を定量的に示すこと，である。

(2)　「機関誌」("plant organ") の定義

社内報は時として「機関誌」("plant organ") と呼ばれる。本研究では，機関誌を，主に社員を読者とする出版物と定義する。

(3)　データソース

社内報を発行している企業754社にアンケートを送付し，326社から何らかの回答を，110社から完全な回答を得た。アンケート調査には主観的内容が含まれることがあることから，アンケート調査と並行して，Bureau of Business Researchが保管している同様の刊行物99冊を対象とした抽出標本調査を実施した。

第2章：社内報発行の目的の分析

社内報発行の目的は以下のとおりに分類出来る。① 社員の士気を高めるため，② 会社の方針を伝えるため，③ 安全推進のため，④ 社員の意見を聞くため，⑤ 社員教育のため，⑥ その他，である。

社内報発行の目的を，① 社内報発行の歴史，② 編集権を持つ部署，③ 産業分野，④ 産業規模，の四つの観点から分析した。

(1)　社内報発行の歴史からみた目的の分析

1910年以前は，社内報発行の目的の1位は「社員の士気の向上」であったが，1925年以降「会社の方針の伝達」が重要な目的として加わった。1915年から1919年には「安全の推進」が重要な目的となった。「社員の意見を聞くため」は1920年まで目的として徐々に重要性を増した。「社員教育」は1920年から1924年に最も重要な目的となった。

(2)　編集権がどの部署にあるかに基づく目的の分析

アンケート調査の結果では，会社幹部が編集の最終権限を持ち，外部の編集者を重要な補佐役に付けるケースが最も多かった。編集権が安全担当部署以外の部署にある場合は，「社員の士気の向上」が目的の1位であった。安全担当部署に編集権がある場合は，「安全推進」が1位であった。「会社の方針の伝

達」は，安全担当部署と人事担当部署以外の部署に編集権がある場合は2位であった。安全担当部署に編集権がある場合は，「社員の士気の向上」は2位で，「会社の方針の伝達」が3位であった。人事担当部署に編集権がある場合は，「安全推進」が2位で，「会社の方針の伝達」が3位であった。アンケート調査の回答の信頼性を確認するために並行して行った抽出標本調査では，編集権がどの部署にあっても，「個人消息や地元情報」が1位であった。アンケート調査で2位であった「会社の方針の伝達」が抽出標本調査では8位と，かなり下位にあった。また，抽出標本調査では，安全担当部署に編集権がある場合に「会社の方針の伝達」が他を大きく引き離して1位であった。

(3) 産業分野別の目的の分析

産業分野によって社内報の目的が異なることがある。アンケート調査では，全ての産業分野において，「社員の士気の向上」が目的の1位で，「会社の方針の伝達」が2位であった。「安全推進」は9分野のうち5分野で3位であった。「社員の意見を聞くため」は4分野で3位であった。「社員教育」は5分野で5位であった。抽出標本調査における内容別紙面量調査では，全ての産業分野において「個人消息や地元情報」が1位であった。「個人消息や地元情報」が社員の士気の向上を目指すものと仮定すると，「自発性の推進」（金融保険分野を除くすべての分野で2位）と合わせて，「社員の士気の向上」が主要な目的として重点が置かれていることが分かる。デパート業界は，製造分野と比べて，安全性よりも個人的関心や娯楽に関する記事に紙面が割かれている。

(4) 企業規模による目的の分析

社内報を発行する企業は規模の大きい企業が多い。その理由は，(1)大企業は社内報を発行する資金的余裕がある，(2)大企業は使用者と社員の間の個人的接触が少なく，それを穴埋めするために社内報を出す，である。

アンケート調査では，社員1～2万人の企業以外では，「社員の士気の向上」が1位であった。1～2万人規模の企業では「会社の方針の伝達」が1位であった。抽出標本における内容別紙面量調査では，「会社の方針の伝達」がかなり下位になり，「個人消息や地元情報」が，企業の規模にかかわらず，1位であった。「ユーモアや漫画」を含む「娯楽とスポーツ」が僅差で2位であった。これらの内容が他の記事と比べスペースを取ることも上位にある要因であろう。

(5) 要約

抽出標本における内容別紙面量調査の順位では，割かれている紙面量の多寡が必ずしも内容の重要性を示すものではないことに留意する必要がある。特に「会社の方針の伝達」では量よりも内容が重要である。

抽出標本調査では，編集権がどの部署にあっても，「個人消息や地元情報」が１位であった。アンケート調査では，編集権が安全担当部門以外の部署にある場合は，「社員の士気の向上」が１位であった。

社内報を発行するのは大企業が多い。「会社の方針の伝達」は規模の大きい企業で上位にある。全体として，最も多く紙面が割かれているのは「個人消息や地元情報」である。これに「娯楽とスポーツ」「ユーモアと漫画」を加えると紙面はさらに増える。要するに，企業が社内報を発刊する目的は，人が関心を持ち，個人に訴えるような内容の記事などを載せ，社員に読んでもらおうとすることである。

第３章：抽出標本調査による項目別内容分析

約 200 冊の社内報を分析し，25 の項目を選び出した。これらの項目は社内報の内容として典型的なものである。

(1) 抽出標本から選んだ典型的項目の内容

（略）

(2) 項目別の紙面量の分布

（略）

(3) 表現手段別の紙面量の分布

文章，写真，図や絵の三つの表現手段別の紙面量の分布を分析した。抽出標本調査の対象の 297 冊の調査では，文章のみを使用しているのが 15 冊，文章と図や絵を利用しているのが 18 冊，文章と写真を利用しているのが 57 冊，全てを利用しているのが 207 冊であった。

(4) 独自欄を持つかどうかの分析

「論説」や「女性欄」，「個人消息」は独自の欄に掲載される量が多く，頻度が高い。「ユーモア」も独自の欄に掲載されることが多いが，それでも，「ジョーク」や「漫画」などは，真面目な記事を読ませるための導入部分とし

て社内報全般にちりばめられるのが普通である。

（5）通信社などの配信記事の利用

通信社などの配信記事を利用していると回答した企業は，338社中わずか36社であった。このように大部分の社内報は独自で作成した記事などを載せている。読者も，専門家がつくったがあまり親しみの持てない外部で作成された記事などより，社内で独自につくられたものの方を好むようである。

第4章：結論

社内報発行の目的は，全体では「社員の士気の向上」が他を引き離して1位であるが，社員1万人以上の企業では「会社の方針の伝達」が1位である。社内報が必要かどうかは企業の規模が大きく影響する。産業分野によって社内報に求められる内容が異なる。

社内報に割かれる紙面の量が必ずしも内容の重要性を表すとは限らない。「論説」は比較的少ない紙面の量で効果的にメッセージを伝えることが出来る。一方で，例えば，「スポーツ欄」は写真や試合結果，試合予定などで紙面を取る。内容別では，「個人消息や地元情報」が掲載の頻度と紙面量で1位であるが，頻度においては「論説」が1位である。「論説」は社内報発行の目的と緊密に関連しており，ここに社内報の目標が現れている。通信社などの配信記事の利用は社内報の編集者に人気がないようである。広告を掲載する社内報は少ない。独自欄を持つ項目では，文章による紙面量が，写真や図・絵による紙面量より多い。

2．業務監督と組織

著者

Vernon G. Schaefer, Ph.D., assistant professor of psychology in charge of supervisory training in industry, the Pennsylvania State College

Willis Wissler, member of defense training staff, the Pennsylvania State College

序文

ペンシルバニア州立大学は20年にわたり，ペンシルベニア州の各種産業における監督者訓練を実施して来た。これを教科書としてまとめたものが，1928年に同大学の生産工学のGeorge F. Mellenが著した『職長訓練』（*Foreman Training*）である。

この教科書は1938年に改訂され，今回3回目の改訂となる。今回の改訂版では，生産計画の章を書き直し，労使関係における職長の章と職務評価（job evaluation）の章を新たに追加した。

この教科書は主に，業務監督者訓練クラスで用いるためにつくられたものであるが，業務監督に関わる個人にとっても，どのようなレベルであれ，興味深く，参考となる読み物となるであろう。

第1章 産業の発達史

（産業の発達史の部分，略）

職長（foreman）は従業員に対しては会社を代表する立場であり，従業員に対して命令する立場にある。経営陣からは命令を受け，部下の行動に対して全面的責任を負う。経営陣に対しては従業員を代表する立場にある。

職長訓練の目的は，職長として持っていなければならない専門的知識を教えると同時に，部下と経営陣との関係に関する正しい見方を持たせるためである。後者の方がより重要である。

第2章 職長の職務

職務には様々な種類があり，レベルも様々であるが，全て明確な職責とそれを実行するための権限がある。

職責は権限を持つ者から与えられる。全ての職責は隙間や重複がないよう正確に割り当てられなければならない。職責は，具体的なものと全般的なものに分類出来るであろう。職務に伴う責務の範囲は，職務そのものによって決まる。職長は与えられた職務の中で工夫したり，効率を上げたり出来るが，職責の範囲で行うべきであり，他の部署の職域を侵してはならない。

職責はいったん割り当てられたら，完了するか，上司によって他の職責を与

えられるまで，変更されるべきではない。職責の遂行の形には，職長自身の判断で行うもの，上司の指示を仰いで行うもの，他の者が行動を起こし，職長は上司に報告するというものがある。職責の委譲は職責の遂行にはならない。

職長の職責は，(1)生産に関わるもの，(2)コストに関わるもの，(3)従業員間の円滑な関係の維持に関わるもの，とに分類出来るであろう。

職長にとって職責が明確でないことがしばしばある。職長は，個々の職責の内容やその実行方法をリストにしたり，重要度によって時間を割り振ったりして，職責の分析をすることで自分の職責がより明確になる。

第3章　職長と管理者（manager）

職長のそれぞれの現場における職務は，工場全体における工場長（general manager）の職務と同じ性質のものである。円滑な人間関係の維持の他に，最小のコストで求められる生産を生み出すことが職長の職務である。このため，職長は，原料や生産機械，従業員といった生産要素とコスト要素のバランスを取らなければならない。この二つの要素の重要度は状況によって異なるので，最も効率の良い操業を行うには，重要度を適切に評価しなければならない。

職長は監督者（supervisor）であり，管理者（manager）である。職長は生産要素に責任がある。材料が正しく扱われているか，機械が正常に機能しているかに責任がある。しかし，職長の最も重要な職責は人間関係にある。職長は部下の技能を評価し，適所に配置しなければならない。必要であれば，部下の技能の向上も図らなければならない。職長は十分な数の従業員を維持しなければならないが，コストを下げるために必要最低限の従業員数で生産を生み出さなければならない。

職長は常に最も低いコストを心掛けなければならない。このためには，現在の仕事の先を見て何をしたら良いかを考えなければならないことがしばしばある。

第4章　企業における協調的関係

企業の運営がうまく行くには，社員全員の協調が必要である。完璧な社員間の協力というものはない。従って，社員一人ひとりが全ての人のためになるよ

うお互いに協力し合わなければならない。協力は強制出来ない。自発的なものでなければならない。

職長は経営陣や直属の上司，整備部門，同僚の職長，部下と協力する必要があり，その機会もある。これらとの関係は全て重要であり，出来るだけ完全な関係を構築する必要がある。

協力には柔軟な態度が必要であり，また共通の利益のための犠牲的精神が必要となることが多い。協力は相互扶助に基づいて行われるべきであり，協力してもらうのを待つのではなく，自分から進んで協力することが大切である。企業の成功にとって真の協力的精神は極めて重要である。

第5章　職長の職務の分析

現代の企業の経営における調査（research）の重要な部分は業務分析（job analysis）と，その結果生まれた業務内容の規定化と標準化に基づいている。これらの手段は全て，人員の選択や配置，職務評価と職務分類，賃金設定，異動と昇進，教育と訓練，苦情の原因の発見と解決に対する科学的アプローチとして有益である。業務分析と，健康要因と疲労要因の分析，労働災害の原因分析，時間動作研究，調整と維持の間には類似の関係がある。

職業病や疲労は業務に固有の環境要因であるかも知れない。病気や疲労の原因となる状態を分析することは重要である。職務構造の研究を通して災害防止策が見つかるかも知れない。業務分析によって，防止可能な無駄や損害が避けられたり，軽減されたりすることもある。

保守派の経営幹部の多くは業務分析に共感を持たない。しかし，標準化は，より高い効率性と経済性にとって基本的なものである。そのため，業務分析と業務の規定化が人事計画の一環として益々受け入れられるようになっている。

第6章　職務評価（job evaluation）

職務評価は，賃金に相応しい仕事をしているかどうかを評価する手段で，賃金を公正かつ公平に決めるために益々必要になって来ている。職務評価は原価見積もりや予算策定に必要である。職務評価がないと，高すぎる給与を払ったり，安すぎる給与を払ったりしていても，それが見逃される可能性がある。業

務に最適の従業員を選ぶ際にも職務評価が必要である。これによって，有能な人材を見つけることが出来，離職者や不満のある社員を減らすことも出来る。

　生産を最も効率的に最大量にするために，生産の計画と統制に科学的な管理が益々必要となって来ており，職務評価には時間動作研究の適用が益々求められるようになるであろう。科学的方法による賃金決定が労働組合の団体交渉による賃金決定に取って代わるようになるであろう。職務評価の手段としては，業務分析，勤務評定（job rating），時間動作研究，昇進チャートがある。

　職務評価が行われる範囲は，一方では従業員の生活水準を基にした生活費と，他方では市場によって支配される売上金額との間の額に限定される。均衡のとれた賃金の分布と，業務における適切な賃金比率を確実にするには，常に注意を怠らず，調整することが必要である。このような調整は，従業員から不満が出て，問題が起きる前に行うことが望ましい。生産過程が複雑化して来ており，職長はこのような問題に割く時間があまりなく，専門の部署が対応することが必要であろう。しかし，職務評価の仕事がいかに機能分化されても，それが職長の責務から完全に除外されることはない。

第7章　人員の選択と配置

　人員の選択に係る通常の方法は非効率的であり，費用がかかる。職長は業務の状況を良く知っているので，職長が自分の部署で働く従業員について最終的な選択をするのは理に適っている。社員募集の初期段階では人事部門が責任を持ち，社員として相応しくない人や望ましくない人を除外する。職長は時間と能力がないため，この段階では責任を持たない。職長は，人事部門の面接担当者が参考に出来るように，自分の部署の最新の職務内容を保管しておく。

　人事部門は様々なところから求職者を募り，面接し，職種ごとの適格性を調べる。必要条件を満たした応募者は，新人の配置を要求している各部署に送られる。各部署では取締役（superintendent）や監督者（supervisor）が面接し，決められた基準に則り応募者を評価し，面接者同士が相談の上，最適の者を選ぶ。

　職長は新入社員を暖かく迎え入れ，同僚たちに紹介する。そうすることで，新しい職場に対して持つ新入社員の不安を解消するよう努力する。職長はま

た，先輩社員を新人教育に参加させることで，新入社員が入って来たことに対する社員の反発が起きないように心を配ることも必要である。こうすることによって，職長は，入社時から新入社員の信頼と尊敬を得ることが出来るのである。新入社員に対しては断固とした態度と同時に，親切心をもって接する必要がある。

人事部門の協力を得て，職長と監督者による新入社員のその後の管理が行われる。これにより，業務に適した能力を付けさせたり，場合によっては他部署への配置転換を検討したりすることになる。

第8章 社員訓練

社員訓練の必要性は古くから認められているところである。ギルドは商売や手工業を始めようとする人を訓練した。ギルドがなくなってからは，大規模な訓練をする組織はなくなり，訓練が無視されるようになった。

しかし，今では，産業界は，従業員を十分に訓練することが企業の繁栄に不可欠であるということに気付いている。各部署の監督者（supervisor）が従業員の訓練に責任を持つ。監督者は次に挙げる，良い訓練の基本を知っている必要がある。

(1) 準備（preparation）—訓練の分析，計画策定，概略策定を含み，受講者と講師の双方のためになる。
(2) 説明（presentation）—どのようにするか，なぜそうするのかを口頭で説明するだけでなく，実際にやってみせる。
(3) 適用（application）—受講者が，学んだことを実際にやってみる。この段階では失敗があっても，それが進歩の手段として用いられれば受講者にとってプラスになる。
(4) 確認（checking）—受講者と講師は，受講者が行った行動を確認する。講師は受講者に対しどこがうまく行かなかったかを伝える。
(5) 改善（improvement）—この段階では受講者はもはや新人ではない。受講者は，適切な監督の下に，自立出来る段階である。
(6) 評価（rating）—訓練の内容調査。

第9章　勤務評定（merit rating）

過去においては，昇進，賃金調整，解雇等に関する決定は個々の職長の個人的意見に基づいて，衝動的に，十分な考慮をせずに行われることが多かった。これでは満足の行く結果が得られないことは明らかである。そのため，より正確で，客観的な情報を得て，それに基づいて判断出来る勤務評定の方法が考え出された。

勤務評定の方法にはまだ改善の余地があるものが多いが，現在の段階でもかなり有望な方法も見られる。多くの経営幹部は，勤務評定の方法は，その限界を知って用いれば，人事を扱う上で大いに役立つと確信している。

職長は，基準に基づいて評価することで，出来るだけ正確な判断を下すことが自分にとって有益であることを認識する必要がある。個々の従業員に関する記録は，職長にとって極めて貴重である。記録を見れば，従業員の弱点がはっきり分かり，職長は彼らの能力向上のために訓練したり，監督したりすることが出来る。その結果，生産性，士気，協力精神の向上が見られ，それが組織にとっての職長の価値を高め，不満を持つ社員を監督しなければならないという大変な仕事から解放される。

第10章　生産計画（production planning）

「生産計画」（"production planning"）とは，生産の流れにおける障害や中断を予測するだけでなく，そのような障害や中断を最小限にとどめるために生産の流れそのものを変えるための，正式で体系的な作業の準備である。このような組織的な準備に必要不可欠なのは慎重な分析，信頼出来る基準，効果的な検査，正確な業績記録である。計画には3段階がある。(1)策定しようとする計画の範囲を決める，(2)計画を策定する，(3)計画を実行する，の3段階である。計画に要する労力と時間が，計画によって節約される労力と時間を超えてはならない。計画を立てたら，それを実行しなければならない。

生産計画の基本は他の全ての計画と同じである。「科学的管理」（"scientific management"）によれば，ルーティン化，スケジューリング，迅速な処理である。生産計画に必要な要素は，特に，人員，材料，機械，資金である。計画の基本を効果的かつ経済的に生産要素に適用するのが生産計画の過程である。

このような適用は経験的（試行錯誤あるいは実験による）であったり，統計的（実際の量的記録に基づく）であったりする。前者の方がより多く用いられているが，後者の方がより正確であり，確実である。

機能分化された職長職には，産業革命で現れた工場制度の特徴である「分業」と同じような専門化を，職長レベルで，管理に適用することで，生産計画を推進し，確実なものとすることが求められる。フレデリック・テイラーの8人の上司という極端な考え方では，事務部門と生産部門が均等に分割されており，「機能分化された職長職」はほとんど進歩しない。しかし，工学的設計部門，施設管理部門，時間動作研究に基づき職務評価を担当する部門，検査部門，人事部門などはテイラーの言う管理の機能分化が現代の形となったものである。今日の職長にも，経験則に基づくやり方で監督する，古いタイプの職長もいるが，これはテイラーの言う「組長」("gang boss")と同じようなものに思える。

計画が誠実に行われたか，成功したかを調べる方法が必要である。これがなかったり，体系的に用いられなかったりすれば，真の計画は存在しない。この方法には(1)職務明細書や指示書，工程フローチャート，製造指図書，ディスパッチ・ボード，在庫管理チャートなどによる機械的手段，(2)創造的な想像力や視覚化による手段，の二通りがある。全ての計画は，合理性によって導かれ，統制されなければならない。予算策定の技術が，業績と，基準との差異を測定し，評価するための最後の検査手段および規律手段となる。予算策定技術はまた，計画プロセスに加えるべき，さらなる分析や調整，修正の手掛かりとなる。

我々の社会経済体制という，より広い分野において，職長は生産担当責任者であると同時に，一市民でもある。ここで，「計画生産」("planned production")と「生産計画」("production planning")の違いが出て来る。ここでは，職長は，我々全てと同様に，専制的で，細かく規制された管理社会と，個人の自発性と選択の自由が保たれた民主的社会のどちらを選ぶかに直面している。どちらを選ぶかは，国防に向け迅速で効果的な産業の動員のために民主主義の特権を一時的に削減する必要に迫られている今，より慎重に考える必要があるであろう。

注

1) 占部都美「企業の制度理論―ヴェブレンとコモンズの比較を中心として―」日本経営学編『第25回大会年報 近代経営と経営財務』同文舘，1953年，147頁所収。
2) 村本芳郎「ウィスラーにおける制度的接近について」日本経営学会編『第35回大会年報 貿易自由化と経営学の諸問題』同文舘，1963年所収。
3) Willis Wissler, *Business Administration*, 1931, pp. 885-897.
4) *Ibid.*, p. 33.
5) *Ibid.*, p. 842.
6) *Ibid.*, p. 796.
7) *Ibid.*, p. 870.
8) *Ibid.*, p. 591.
9) *Ibid.*, p. 790.
10) 北野利信『アメリカ経営学の新潮流』評論社，1963年，61-62頁。
11) 同上書，51頁。
12) 村本（1963），前掲書，98頁。
13) 同上書。
14) 北野（1963），前掲書，51-83頁。
15) 田代義範『経営管理論研究』有斐閣，1970年，167-208頁。
16) 古川栄一「アメリカ経営学の特質」（昭和21年9月6日記）東京産業大学産業能率研究所編『アメリカ経営学研究』経営評論社，1948年，3-4頁所収。
17) 古川栄一『アメリカ経営学』経林書房，1959年，17頁。
18) 古川（1948），前掲書，3-4頁。
19) 古川（1959），前掲書，17頁。
20) 同上書，28頁。
21) 占部（1953），前掲書，147-148頁。
22) 占部都美『近代経営学』白桃書房，1955年，331-332頁。
23) 北野（1963），51-52頁。
24) 村本（1963），前掲書，97頁。
25) 同上書，98頁。
26) 田代（1970），前掲書，6頁。
27) 同上書，67頁。
28) 占部（1953），前掲書，147-148頁。
29) 占部都美（1955），前掲書，331-332頁。
30) 田代（1970），前掲書，6頁。
31) 同上書，67頁。
32) Harold Koontz (ed.), *Toward a Unified Theory of Management*, 1964, pp. 1-10.
33) W. Warren Haaynes and Joseph L. Massie, *Management*, 1961.
34) *Ibid.*, p. 3.
35) 長坂寛「アメリカにおける所謂制度学派的経営学への接近」『松蔭大学紀要』第14号，2011年3月。
36) Koontz (1964), *op.cit.*, pp. 1-10.
37) Haaynes and Massie (1961), *op.cit.*
38) *Ibid.*, p. 3.

終章
制度的経営学に関する研究の総括

第1節　制度学派経済学の現状と未来

　本章では，経済学の立場から制度学派を正面から取上げる必要性を感じている。なぜならば，すでに制度的学派と制度的経営の将来性について，不確実ながらも中堅以上のアメリカの経営学者達は一様に疑惑の眼をもってみているが，若手連はこの学派の発展に期待をもっているという状態であったからである。

　本章の主要部分は小原敬士教授「制度学派の発展」に依存しながら，その概要を探ることにする。

　「最初国家の保護の下に育成されてきたアメリカ資本主義は第19世紀の70年代以後においては，もはや必ずしも国家的保護を必要とせず，むしろ政府の干渉を排し，自由競争によって無限の発展と拡張を企てうる力をもつようになり，事実，アメリカの産業資本は外に向ってはイギリスその他の先進国のそれに追いつき，また追い越し，内に向っては資本の集積と集中によって，独占資本主義体制を打ち建てるようになった。そのような情勢がクラーク的限界理論を生み出す母胎となったのである。従って，そのような経済学が，経済進歩への楽観的見透しと社会的諸矛盾の自然的調和の観念によって導かれていたことは当然であった。しかし，この時期におけるアメリカの資本主義は，その目覚ましき前進の反面において，種々の矛盾と困難を生み出さざるをえない段階に達していた。殊に1890年以後においては，一方における独占資本の形成と他方における労働運動の高揚が相並んで発展し，深刻な社会不安を醸し出した。その頃，鉄道，鉄鋼業，石油等の諸産業部門においてはトラスト運動が急速に

進行し，農民や一般消費者への圧迫とか，中小企業の没落といったような社会的害悪を及ぼした。(中略)

このような経済的社会的現実を背景として，諸々の伝統的保守的思想に対する批判と革新の運動が醸成してきた。哲学や社会思想の分野においてはダーウィニズム，進化論思想の盛行，行動主義哲学の台頭などがそれであり，経済学の領域においては古典派経済学や限界理論に対する批判の再燃，社会主義を基礎とする「制度学派」の出現がそれであった。……これらの行動主義乃至はプラグマティズムの哲学，進化論思想，社会主義乃至は社会改良主義の社会観等はいずれも，第19世紀末から第20世紀初頭にかけてのアメリカの資本主義の危機を反映した革新的思想であったが，そのような思想界の新しい潮流の中から，ソースタイン・ヴェブレンを創始者とする「制度主義経済学」――古典派理論もしくは限界理論の最も決定的な批判・止揚であり，固有のアメリカ的経済学といわれるもの――が発展してきた」[1]。

アラン・グルチイによると，制度学派に属する経済学者の系統図は，次のように要約されるという。

「制度派の世代にはいくつかの重複があったが，制度派経済学の発展には，三つの明確な時期を識別することができる。第一の時期は，1890-1925年になされたソースタイン・ヴェブレンの業績と結び付いている。第二の時期は，ヴェブレンの後にやってきたウェズリー・C・ミッチェル，ジョン・R・コモンズ，ジョン・M・クラークなどの制度派を含む。彼らは，1925-1939年に活躍した。第三の，そして現代の時期は，ジョン・K・ガルブレイス，クラレンス・E・エイアーズ，グンナー・ミュルダールなど今日の制度派の時期であり，制度派経済学に対する彼らの貢献は，主として1939年以降になされた」[2]。

その上で多少冒険を犯してまでも，制度派経済学の要約を求めておくと，およそ次の通りであろう。

「われわれは，これらの制度学派に属する諸学者の見解や業績によって，制度派経済学が，(1)個人心理学に基づく古典派の機械論的世界観に対して，集団心理学もしくは行動心理学を基礎とする有機的世界観を主張したこと，(2)制度の累積的進化過程の研究を重要視したこと，(3)そのために，単なる演繹

的理論的分析の代りに，帰納的歴史的な研究方法をとったこと，(4)つねに社会福祉の増進を意図する社会改良主義的理念によって導かれていたこと，を知ることができるのである」3)。

さらに，エヴァ・プリュッゲ（Eva Plügge）は，制度派経済学の特徴として次のような諸点をあげている。

「制度学派の人々は，従来の経済学に対して，(1)古典派理論は個々人の意欲—個人心理—に重点をおき社会的制度による人間の結合を無視している。従ってその社会倫理は快楽主義に陥り，その理論は同時に，個人主義制度の弁護論と化している。(2)この誤まった前提の上に，抽象的な価値と価格の理論がうち立てられ，現代経済生活の証明には不十分なものとなっている。(3)この抽象的法則は，機械的に需要と供給の静態的な一致を生ずるように構成される。(4)このような機械的な構成的な法則は，もともと理論的研究の根本に横たわっている経済政策的理想たる全体としての「社会的福祉」とは無縁なものとなってしまった，というような批判を行うとともに，(a)経済学は正しい前提の上に立って十分な制度的記述を必要とする，(b)制度の解釈のためには，個人心理学並びに社会心理学の援助を必要とする，(c)機械的な研究方法の代りに，統計的方法と実験的研究とを併用しなければならない，(d)体系よりも個別的研究を行い，全社会科学の協力と「社会福祉」の指導理念の下に統一されなくてはならない」4)。

ここにおいて，制度学派経済学の現状というよりも将来性（都留重人著では未来）に言及しておきたい。

「アメリカの制度派が，いわば，ソースタイン・ヴェブレン（1857-1929）によってもたらされた影響とともに『誕生した』ということは，一般に同意されている。T. ヴェブレンの『変貌する秩序についてのエッセイ』（1934）を編纂したレオン・アルツルーニは，その序文において，次のように記している。

T. ヴェブレンは，実際，自己の時代を超えて進んでしまったといってもよい希有な人間の一人であった—時代に先んじたという意味は，彼が話し考えたことは，同時代の人々には受け入れられなかったが，次の世代の人々には受け入れられる運命にあったということである。『それゆえ，彼は異邦人のように孤独であった』。

また，ウェズリー・ミッチェル（1874-1948）も，T.ヴェブレンの死の直後に，『混乱を引き起こす天才』の影響に言及して，『社会科学においては，現状の捉えどころのない圧制からこのように知性を解放した人は，他に知られていなかったし，また，このような研究領域を拡張した者はいなかった』と書いている。

　こうした弟子たちによる賞賛の言葉にもかかわらず，T.ヴェブレンとアメリカの制度派は，忘却の彼方に押しやられたか，あるいは，アメリカの学界の今日の状況では価値のないものと見なされている。たとえば，ポール・サムエルソンは，彼の標準的な教科書の第12版（『経済学』1985年）において，制度派への言及を完全に省略してしまった。また，ロバート・カットナーは，最近の『アトランティック・マンスリー』誌に寄稿した論文の中で，次のように記している。

　（前略）「1920年代と1930年代に，制度派として知られた折衷的な経済学派が隆盛した。ヴェブレンに鼓吹された制度派は，具体的な社会制度としての株式会社，銀行，労働組合などの実証的な研究に携った。彼らは，皮肉にも，部分的に，より厳密な経験主義を確約した計量経済学者によって取って代られたのである。制度派は，現在でも存在する。……しかし，相互の間で終身在職権をもつ教授が存在する学部を有する15ないし20のエリート大学大学院においては，制度派はわずかしか見出すことができない。制度派という言葉自体も，低く見られるようになった」[5]。

　一方，このような動向を十分熟知されている都留重人先生は著書『制度派経済学の再検討』の序文の冒頭において，次のように記されている。

　「私が制度派経済学の『再検討』を提案するのは，経済学という学問が現在直面している混乱状況の中で，われわれがいま取り組むべく求められている課題に対して，より大きな意味をもつ見込みのある思想学派として，制度派を再評価すべきだと思うからである」[6]。

　都留先生は，たとえ現在アメリカにおける制度派の評価が低いとしても，またケネス・E.ボールディングが制度派経済学を「1930年代には現実的な目的をもっていたものの，すでに終わりをとげた間奏曲のようなもの」と説明しようとも，「私はこのような判断とは意見を異にするが，その理由について

は，本書での一連の講義を進める中で説明したいと思う」[7]と穏やかな表現ながら毅然たる態度をもって学識に裏付けされた確固たる信念によって方向を示されているように読み取れる。それは，繰り返しになるが，書名の"制度派経済学の再検討"自体と序文の冒頭の数行が如実に物語っている。

なお，本書は"広義の「制度派」としてのマルクス政治経済学の再評価"から説きおこし，"アメリカの制度派経済学　ヴェブレン"に至り，"現代の制度派"を経て"制度派経済学の未来"へと進んでいく。そして，われわれに，おおきなモチベーションを与えてくれる。その一つは，所謂制度学派経済学の理論的根拠が健在であることが確認できたばかりではなく，二つめは，近年の世相を表わす平等，環境破壊，食糧飢饉，再生不能な資源の枯渇などの問題にも新しい局面で有効性を発揮していることを知らしめているからである。

第2節　制度的経営学を書き終えて

本来ならば，本節の見出しを終章のタイトルである「制度的経営学に関する研究の総括」と同じにすべきところ，あえて「……書き終えて」とした。その理由は，総括とは"全体を総合して，しめくくること。また，すべての過程を検討・評価すること"（広辞苑）であるので，研究が終了した時点，もしくは結論が解明された場合に用いるのが適切だと考えたからである。総括にこだわるのは，第4章第4節「W.ウィスラーに関する新たな研究視点」において指摘したいくつかの課題が未解決のまま残っているからに他ならない。それ故にこの研究は続行中であることを示すために，本書の書名を『コモンズ／ウィスラー制度的経営学の追究』とした次第である。

その主なことは，藻利重隆教授がいわれているように「いわゆるアメリカ経営学は，これを二つに大別することができるであろう。その第一は管理技術論的経営学であり，第二は制度論的経営学である」[8]に同感であり，又そう考えたいにも拘らず，アメリカ経営学を分類した場合に「制度学派」も，したがってどの人脈にもW.ウィスラーの名前が見当たらないことがある。

その二は，何故わが国のW.ウィスラー研究者が，彼の著書 *Business*

Administration 以外の文献を紹介も引用もしていないのか，すなわち，本書のみに論拠をおいているのかという問題である。

その三で最重要なことは，著者自身「制度的経営学」それ自体に対するさらなる研鑽を継続していく意向を反映しておきたいと考えたからである。換言すれば，未解決な課題を新たな視点から引続きそれらを解明しようとする営み，より具体的には通説になっている W. ウィスラーの経営学上の功績をうのみにするのではなく，懐疑的に冷静に検証することこそ，研究者に与えられた特権であり醍醐味だと心得る心境に至ったことである。

とはいえ，現時点までの成果といえそうなことをひとまず整理してみると以下の通りである。

1. 当初の研究目標であったアメリカ経営学には理論的背景（根拠）はあるのかという疑問に対しては，（アメリカ経済学）制度学派理論の存在をあきらかにすることができた。
2. T. ヴェブレンに関しては，J. ドーフマン著／八木甫訳『ヴェブレン〈その人と時代〉』等により，遥か遠くから仰ぎみていたヴェブレンの輪郭がようやく掴めるような状態になった。それに伴い彼の理論を「有閑階級の理論」「営利企業の理論」「製作本能論」等によって一段と理解を深めることができた。
3. J. R. コモンズに関しては，彼の主著（遺書）*The Economics of Collective Action* を改めて精読する機会がもてた。その結果は拙稿「制度学派的経営学における J. R. コモンズと彼の業績に対する所見」(『松蔭大学紀要』第 16 号）に記載したとおり，原書にもとづき執筆した拙稿とその後に出版された邦訳書との違いである。

    その相違点を明確にするために，"John Rogers Commons, 1862-1945"，"Introduction" および "John Rogers Commons Point of View" の抄訳を紹介して J. R. コモンズの真意をより正確に伝えようと努力したことである。
4. T. ヴェブレンと J. R. コモンズの両者に係わる文献である，J. R. コモンズの指導を受けたレオナ・スピルマンの博士論文「ヴェブレンの制度経済学とコモンズの制度経済学の比較」"A Comparison of Veblen's and Commons'

Institutionalisms" の主要部分を邦訳して稀覯文献として本邦ではじめて紹介することができた。

5. W. ウィスラーに関しては，*Business Administration* のみ注目されており，わが国の W. ウィスラー研究者で本書以外の文献を引用もしくは紹介されていることは寡聞にして知らないことに気付いた。

　それゆえ，W. ウィスラーの単著の論文 "Study of content and arrangement of employe magazines (Plant organs)"[9] と V. G. Schaefer 他との共著 *Industrial Supervision Organization*[10] の入手ができたことによって，制度学派からの影響を検討してみたが，徒労に終った。なぜならば，両書の抄訳は前章「検証のための W. ウィスラーの著作」に記載の通りであり，前著は「社内報」，後著は「業務監督と組織」に関するものでそれ自体読みごたえのある内容ではあるが制度学派とは無縁であり，香りすら感じられないものであった。

6. その結果，W. ウィスラーは制度学派を継承した経営学者であるとする通説を今まで全面的に肯定してきた姿勢を反省して，浅学を顧みず，それを否定するのではなく懐疑的にしかも冷静に検証し直す必要があるのではなかろうかという課題に行き着いた。その理由の一つは，W. ウィスラーの主著と目される *Business Administration* は序論などによると研究者，実務家及び学生を想定して執筆したもので，事実「目次」からでも明らかなように経営学全域を網羅した普遍的，基本的な重厚な教科書といえる存在に思える。その一端は第3章「W. ウィスラーの主著 *Business Administration* (1931) による所見」に記載した「用語等の定義」等に見られる通り，大変丁寧な論述で大勢の人々を引き付ける内容だといえるからである。

　二つめの理由は T. ヴェブレンと J. R. コモンズからの影響を計るために引用箇所とその内容を調べてみると，T. ヴェブレンは 1 カ所，J. R. コモンズでも数カ所のみであり，その引用内容も取り立てて制度学派固有の概念を強調している様子は窺えないからである。

　三つめの理由は，北野利信教授が指摘されている下記の二点が頭をよぎるからである。

　「ウィッスラー（著者注：原文通りの表示）にとって，組織とはすなわち

組織行動を意味する。いいかえれば，組織の実体は人間活動である。ウィッスラーはそれを『制度 institution』とよぶ。この『制度』という表現は，制度派経済学からの影響である。(中略) しかしウィッスラーにとっては，この語の選択のためにいわゆる制度学派とひとからげに歴史の棚の上に置去られ，その特異な理論内容が顧みられぬことになり，まことに不運なことであったといわなければならない」11)。

「彼（著者注：ウィッスラー）は，このような狭義の組織の定義と同時に，また時として，いわゆる制度と同義に，この『組織』なる表現を用いている場合もある。それゆえ，彼がその構想する活動体系を表現するためにコモンズから『制度』なる語を借りたということが，彼を一部で考えられるほど完全に制度学派と結びつけるとは考えられない。とにかく，経営職能によって，管理機構として狭義の組織が生きた組織，ないしは彼のいう制度になる」12)。

注

1) 小原敬士「制度学派の発展」『アメリカ経済思想の潮流』勁草書房, 1951 年, 第 7 章, 173-225 頁。
2) 都留重人著／中村達也・永井進・渡会勝義訳『制度派経済学の再検討』岩波書店, 1999 年, 112 頁。
3) 小原 (1951), 前掲書, 200-201 頁。
4) 同上。
5) 都留 (1999), 前掲書, 92-93 頁。
6) 同上書, 1 頁。
7) 同上書, 1-2 頁。
8) 藻利重隆「ドラッカァの企業論―ネオ・フォーディズム―」『米国経営学（中）』東洋経済新報社, 1957 年, 3 頁。
9) Willis Wissler, "Study of Content and Arrangement of Employe Magazines- (Plant Organs), The Ohio State University Press Columbus, 1930.
10) Vernon G. Schaefer Ph.D., Willis Wissler and Others, *Industrial Supervision ╱ Organization*, New York and London: McGraw-Hill Book Company, Inc., 1941.
11) 北野利信『アメリカ経営学の新潮流』評論社, 1963 年, 61-62 頁。
12) 同上書, 64-65 頁。

索　引

【ア行】

アプローチの方法　86, 107, 180
アメリカ経営学　1, 75, 182, 208
ウィスラーに関する研究　5
ヴェブレンの制度経済学　64, 209
宇沢弘文　12
占部都美　1, 76, 183, 318
お飾り者（Figure Head）　8
小原敬士　12, 204

【カ行】

科学的管理　76, 91, 104, 126, 133, 184, 201
管理　4, 125, 149
管理経営学　77
管理的経営学　76, 184, 188
管理的統制の定量化　86, 159, 177
稀覯文献　64, 210
希少性　35, 52, 54
北野利信　5, 81, 178, 184, 210
機能主義　173, 179, 185
クーンツの分類　190
経営　149
経営管理　107, 123, 190
経営取引　28, 40, 52, 81
経営は経営である　107
経営は，一言でいえば，制度になりつつある　109
経済行為の五つの原理　35
経済制度　16, 27, 33
結論　86, 90, 104, 180
権限　129
原理　91
ゴーイング・コンサーン　5, 82
効率性　35, 49, 84, 101, 150, 198

ゴム印（Rubber Stamp）　8
コモンズの制度経済学　64, 209

【サ行】

桜井信行　12
佐々木吉郎　2
産業　123, 162, 196, 202
事業管理論　12, 185
実効規律　4, 78
指導力　39, 87, 116, 153, 177
集団行為　3, 36, 43, 78
集団行動　27, 33, 69, 89, 111, 124, 153, 165
集団行動のワーキング・ルール（行動規範）　35
主権　4, 35, 82
将来の状態　35
序論　86, 180
人的要因　86, 135, 149, 160, 180
スピルマン，レオナ　63, 209
制度　77
制度学派　2, 11, 63, 77, 179, 189, 204
制度主義　177
制度的の経営学　2, 77, 184
制度派経済学　31, 93, 109, 179, 205
組織　26, 32
組織は，静的な物である　9

【タ行】

田代義範　13, 179, 186, 188
賃金　54, 97, 136, 154, 186, 198
都留重人　12, 206
ドイツ経営経済学　1
統制　99, 167
動的組織観　179, 184, 187
ドーフマン，J.　209
取引　4, 34, 40, 80

【ナ行】

人間と機械　86, 139, 180

【ハ行】

ハイネスとマッシイの分類　190
売買取引　28, 40, 52, 80
パーソンズ，ケネス・H.　21, 30
パールマン，セリッグ　14, 21, 93, 109, 170
評価　48
プラグマティズム　29, 113, 205
古川栄一　5, 75, 81, 181
米国労働史　15

【マ行】

三戸公　5, 76, 78

村本芳郎　5, 179, 185
藻利重隆　75, 208

【ヤ行】

用語等の定義　86, 122, 130, 180, 210

【ラ行】

労使関係　3, 14, 86, 118, 131
労働組合　78, 138, 199, 207

【ワ】

ワーキング・ルール（行動規範）　24, 26, 35-38, 43, 56, 75
割当取引　28, 40, 81

【著者紹介】

長坂　寛（ながさか・ひろし）

松蔭大学名誉教授
経営学博士

1934 年	東京生まれ
	立教大学経済学部卒業
	立教大学大学院経済学研究科修士課程修了
	明治大学大学院経営学研究科博士課程修了
1957 年	スタンレー電気株式会社入社
	秘書課長，調査室長，社長室長等を経て 1978 年取締役に就任，1989 年取締役を辞任
1989 年	松蔭短期大学教授就任
	松蔭大学教授，経営文化学部長
	学長補佐，副学長を経て 2018 年辞任
主要著書	『管理職の研究』『能力開発』『人事管理自由化論』（共著）『スタッフの役割と課題』（共著）
	以上，ダイヤモンド社
	『ヨコ割り組織』『企画部課長の実務』以上，日本経営出版会
	『経営学総論』（共著）『人事・労務管理論』（共著）以上，同文書院
	『労務管理論』（共著）日本規格協会
	『働く女性の味方です』（共著）ぎょうせい
	『男女共同参画と女性労働』（共著）ミネルヴァ書房
	『管理者のための実践経営学』マネジメント社
	『革新経営へのミドルの道』学文社

··

田中　一郎（たなか・いちろう）

松蔭大学コミュニケーション文化学部異文化コミュニケーション学科教授
教務部長併任

1947 年	宮城県生まれ
	上智大学外国語学部卒業（文学士）
1970 年	特殊法人国際観光振興会（現・独立行政法人国際観光振興機構）
	ロスアンゼルス観光宣伝事務所次長，国際協力部調査役，ニューヨーク観光宣伝事務所次長，海外宣伝部宣伝課長，ソウル観光宣伝事務所所長，海外誘致部広報宣伝課長等を経て，2007 年定年退職
	東アジア観光協会（EATA）事務総長，駐韓外国政府観光局協会（ANTOR-KOREA）会長，ビジット・ジャパン・キャンペーン実施本部事務局管理部長等を併任
2008 年	松蔭大学異文化コミュニケーション学部異文化コミュニケーション学科教授
	同大学観光メディア文化学部観光文化学科教授，教務部次長（併任）を経て，現在に至る
主要著書	『観光キーワード事典』（共著）学陽書房
	『観光の事典』（共著）朝倉書店

コモンズ／ウィスラー制度的経営学の追究

2019年7月13日　第1版第1刷発行　　　　　　　検印省略

著　者　長　坂　　　　寛
　　　　田　中　一　郎

発行者　前　野　　　　隆
発行所　㈱ 文　眞　堂
　　　　東京都新宿区早稲田鶴巻町533
　　　　電　話 03（3202）8480
　　　　Ｆ Ａ Ｘ 03（3203）2638
　　　　http://www.bunshin-do.co.jp/
　　　　〒162-0041 振替00120-2-96437

印刷・モリモト印刷／製本・高地製本所
©2019
定価はカバー裏に表示してあります
ISBN978-4-8309-5048-3　C3034